AF559120

RUSKIN

Grundlagen des Zeichnens

D
Handbibliothek
Dieterich

JOHN RUSKIN

Grundlagen des Zeichnens

in drei Briefen für Anfänger

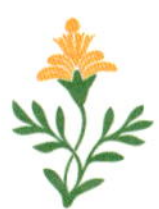

Aus dem Englischen von

HELMUT MOYSICH

Mit einem Nachwort von

WOLFGANG KEMP

Dieterich'sche
Verlagsbuchhandlung,
Mainz

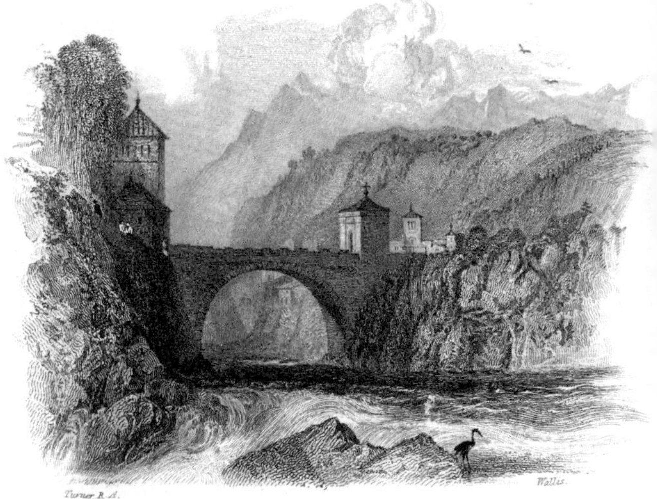

Turner R.A. Wallis.

Vorwort

Man wird vielleicht denken, dass ich im Vorwort zu einem Zeichenhandbuch ausführlich auf die Gründe für das Zeichnenlernen zu sprechen kommen sollte; doch erscheinen mir diese Gründe zu zahlreich und gewichtig, um sie hier nur kurz anzuführen oder darzulegen. Es sei daher gestattet, dass ich die Bedeutung des Themas nicht weiter diskutiere und nur jene Punkte berühre, die hinsichtlich der Methode seiner Behandlung fraglich erscheinen mögen.

Vorab: Das Buch ist nicht für Kinder unter zwölf oder vierzehn Jahren bestimmt. Ich halte es nicht für ratsam, ein Kind zu künstlerischer Betätigung anzuhalten, wenn es das nicht vollkommen freiwillig tut. Hat es Talent zum Zeichnen, wird es unablässig auf jedes Papier kritzeln, das ihm in die Hände fällt; man sollte ihm erlauben, zu kritzeln, soviel es mag, und es dabei für jedes Anzeichen von Sorgfalt oder Wahrheit in seinen Bemühungen durch angemessenes Lob bestärken. Man sollte ihm erlauben, sich mit billigen Farben zu vergnügen, sobald es den Wunsch danach hat; und ohne die Wahl von militärischen Sujets, für die Kinder ein besonderes Faible haben, strikt zu beschränken, sollten die Eltern sie sachte dahin führen, das zu zeichnen – in wie kindlicher Art auch immer –, was sie sehen und mögen: Vögel oder Schmetterlinge oder Blumen oder Früchte. [...]

Um einen Zeichenunterricht des Kindes brauchen sich die Eltern nicht zu kümmern; es genügt, wenn sie auf seinem sparsamen und ordentlichen Umgang mit Farben und Papier bestehen, ihm zeigen, wie es Stift und Lineal am besten hält, und – falls sie von seinen Zeichnungen Notiz nehmen – es darauf hinweisen, wo eine Linie zu kurz oder zu lang geraten ist. [...] Ab einem Alter von etwa zwölf, vierzehn Jahren ist es früh genug, Jungen und Mädchen zu ernsthaftem Arbeiten anzuhalten, und dann, denke ich, wird ihnen dieses Buch auch von Nutzen sein. Und ich habe guten Grund, dasselbe auch für ältere Interessierte anzunehmen, die etwas über grundlegende Kunstgesetze erfahren wollen.

Dabei beachte man, dass die hier empfohlene Lernmethode nicht die absolut beste sein will, sondern nur die beste, die ich mir gegenwärtig für selbständig Lernende vorstellen kann. [...]

Hauptziel der folgenden Anleitungen ist es, eine Arbeitsweise zu befördern, die sich zunächst durch äußerste Geduld, und dann, nach besten Kräften des Schülers, durch Feinheit und Genauigkeit auszeichnet, so wie es ihn ein genaues, wahrhaftiges Sehen lehrt. Denn ich bin nahezu überzeugt, dass es wenig Schwierigkeiten macht, das zu zeichnen, was wir sehen, wenn wir nur scharf genug hinsehen.

Und selbst wenn es doch erhebliche Schwierigkeiten bereitete, glaube ich, dass das Sehen wichtiger ist als das Zeichnen. Lieber lehre ich meinen Schülern das Zeichnen, damit sie die Natur lieben lernen, als das Anschauen der Natur, nur um das Zeichnen zu lernen. Auch ist es für junge Leute und nicht berufsmäßig Lernende weit wichtiger, die Kunst anderer richtig einschätzen zu können, als ihre eigenen künstlerischen Fähigkeiten zu perfektionieren. Nun laufen aber die gängigen Methoden im Zeichenunterricht einer Ausbildung des Kunsturteils völlig zuwider. Keiner, der flüchtig in moderner Aquarellmalerei unterrichtet wurde, ist mehr in der Lage, die Arbeiten von Tizian oder Leonardo zu verstehen; für die Finesse ihres Zeichenstils, die Präzision ihres Denkens werden sie für immer blind bleiben. Doch möchte ich zugleich behaupten, dass wer immer auch nur ein Mal die hier in diesen Briefen empfohlenen Übungen durchläuft – wie bescheiden seine dabei erworbene Handfertigkeit auch sein mag –, zu verstehen beginnt, was künstlerische Meisterschaft bedeutet. Und sobald er sie einigermaßen beherrscht, wird sich auch ein erhöhtes Vergnügen bei der Betrachtung der Gemälde der großen Schulen einstellen, zusammen mit einer neuen Wahrnehmung der Herrlichkeit von Naturlandschaften, was den Schüler am Ende noch für weit höhere Anstrengungen entschädigen wird, als ich sie je von ihm fordern könnte.

Sicherlich bedarf es einiger mühevoller Anstrengungen, doch solange dem Schüler kein Lehrer zur Seite steht, geht es nicht anders. Denn der geradlinige und direkte Weg zu ungehindertem Fortschreiten, so fürchte ich, wird ebenso eintönig wie geradlinig sein; und dazu eng gesäumt sein müssen von gut geschnittenen Hecken, wenn kein Führer den sonst vom Weg abkommenden Reisenden warnen oder zurückpfeifen kann. Die in diesem Handbuch verfolgte Methode mag daher zunächst jene etwas überraschen und beunruhigen, die mit unserer Kurspraxis am Working Men's College[1] vertraut sind; denn dort werden die Schüler – mit dem Lehrer zur Seite, der sogleich bei den Schwierigkeiten hilft, welche die ersten Versuche mit sich bringen – unmittelbar angehalten, nach einem festen Körper zu zeichnen, wobei sie schnell Vergnügen an ihren Versuchen finden und die Schwierigkeiten nur ihre Neugier wecken. Zweifellos ist eine Kugel der einfachste Festkörper, den man Schülern vor die Augen setzen kann, und in der Praxis eignet sich dafür nichts besser als ein Kinderspielzeug wie ein weißer Lederball, denn die Abtönungen von Gipskugeln, mit denen ich manchmal fortgeschrittene Schüler auf die Probe stelle, sind doch etwas zu fein, um von einem Anfänger wahrgenommen zu werden. Dagegen wurde eingewendet, dass ein Kreis oder der Umriss einer Kugel zu den am schwierigsten zu zeichnenden Linien gehöre. Das ist wohl wahr;* aber ich verlange auch nicht, dass sie gezeichnet wird. Das Einzige, was der Schüler bei der Betrachtung des Balls begreifen soll, ist, auf welche Weise die Schatten den Schein von Körperhaftigkeit erzeugen.

*Oder genauer gesagt, es scheint so, weil einen Fehler in einer Kreislinie jeder erkennen kann.

Und das lässt sich am besten an einer Kugel zeigen; denn jeder von geraden Linien oder ebenen Flächen begrenzte feste Körper verdankt seine Tiefenwirkung zu einem gewissen Teil der Perspektive. Bei einer Kugel dagegen erscheint, was ohne Schatten ein flacher Kreis war, allein durch die Hinzufügung von Schatten als ein greifbarer Ball: eine Tatsache, die den Schüler völlig verblüfft, gleich, ob sein Kreisumriss richtig oder falsch ist; worüber er sich auch nie weiter Gedanken machen sollte. Wenn er den Ball oval wie ein Ei aussehen lässt, wird man ihn schlicht auf die Art seines Irrtums hinweisen, das nächste Mal wird er es dann besser machen und in der Folge noch besser. Dabei wird seine Aufmerksamkeit immer auf die Schattenabtönungen gerichtet, der Umriss ergibt sich dann mit der Zeit von selbst. Ich spreche hier von Umriss nur zum einfacheren Verständnis, genau betrachtet ist es nur der Rand des Schattens und keinem Schüler meiner Klasse ist es erlaubt, einen Umriss im gewöhnlichen Sinne zu zeichnen. Dagegen wird ihnen von Beginn an gezeigt, wie die Natur Massen oder Farben gegeneinander abhebt, ohne je Umrisse zu ziehen. Die Übung zu den Umrissen, die zweite hier im ersten Brief, soll dem Schüler nicht zeigen, wie Umrisse zu zeichnen sind, sondern ihm vielmehr einzig dazu dienen, ohne Beisein eines Lehrers die Genauigkeit seines Blicks zu erproben und seine Hand zu schulen. Ist der Lehrer zugegen, so kann er die Fehler in der Darstellung von Form und Ausdehnung der Schatten ebenso leicht aufzeigen wie bei den Umrissen, und die Ausführung kann dann Schritt für Schritt an den Einzelheiten der Arbeit korrigiert werden. Doch der auf sich gestellte Schüler kann seine eigenen Fehler allein mittels der Umrisslinie herausfinden und die Festigkeit und Entschiedenheit seiner Handführung allein durch eine Übung erproben, die nichts anderes als eben solche Festigkeit erfordert, ohne Berücksichtigung aller anderen Beobachtungen (wie etwa zur Weichheit, Komplexität usw.).

Beide Methoden, sowohl die im Working Men's College angewandte, wie auch die hier vertretene, folgen einem gemeinsamen Grundsatz, der seit jeher entscheidend mein Lehren bestimmt: nämlich von Anbeginn der Lokalfarbe ihre volle Bedeutung beizumessen. Ich bin überzeugt, dass der Versuch, im Unterrichtsverlauf die Beobachtung von Licht und Schatten von der der Lokalfarbe zu trennen, immer schon der Genauigkeit des Auges beim Schüler geschadet hat, seinen guten Geschmack verdirbt und seine Fortschritte verlangsamt. Ich will den Leser jetzt nicht mit weiteren Diskussionen zu diesem Grundsatz aufhalten, aber doch hervorheben, dass er allein bezeichnend für meine Methode ist, insofern er für sich schon eine Methode ausmacht. Denn der Rat zu naturgetreuem Kopieren, ohne Veränderungen, gleich welche Naturgegenstände sich der Schüler vornimmt, ist unter anderem schon deshalb sehr zweckdienlich, weil sich dadurch jede systematische Regel erübrigt und man so das Zeichnen lernt wie Landburschen das Reiten, ohne Sattel und Steigbügel; ist es zunächst doch mein Ziel, meine Schüler nicht dazu zu bringen, elegant ihre Zügel zu halten, sondern »fest zu sitzen wie ein Affe: niemals herunter.«[2] [...]

Eine Aufgabe hingegen wird dem Schüler erspart bleiben, nämlich das Erlernen der Gesetze der Perspektive. Es würde sich lohnen, wenn das eine leichte Sache wäre; aber ohne den Beistand eines Lehrers und bei der Art, wie die Perspektive in gegenwärtigen Abhandlungen erklärt wird, bringt es mehr Schwierigkeiten mit sich als Gewinn. Denn die Perspektive hat nicht den geringsten Nutzen, ausgenommen bei rudimentären Zeichnungen. Man kann den Umriss eines Tisches in Perspektive zeichnen, aber nicht den Bogen einer Meeresbucht; man kann einen Holzklotz perspektivisch verkürzen, aber nicht einen Arm. Die Gesetze der Perspektive sind zu grob und eingeschränkt, um sie auf differenzierte Formen anwenden zu können. Daher musst du differenzierte Formen mit den Augen zeichnen lernen, während du die einfacheren mit dem Stift zeichnen kannst. Kein großer Maler macht sich viel aus der Perspektive und nur sehr wenige kennen ihre Gesetze; sie zeichnen alles mit ihren Augen und kümmern sich natürlich umso weniger bei den einfachen Partien ihrer Arbeit um Regeln, die ihnen auch bei schwierigen Partien nicht weiterhelfen. [...]

Ich empfehle meinen Schülern daher, die Perspektive mit einem Minimum an Achtung zu behandeln, ohne sie zu hofieren. Die beste Art, sie für sich selbst zu erlernen, ist es, eine gerahmte Glasscheibe in dem Abstand aufrecht vor die Augen zu stellen, aus dem der intendierte Bildausschnitt durch die Glasscheibe sichtbar ist. Dann werden die Augen auf einen fixen Punkt gerichtet, der dem Zentrum der Glasscheibe gegenüberliegt, wobei die Höhe des fixierten Punktes gleichgültig ist. Nun werden mit einem an einem Stock befestigten Pinsel und etwas guthaftender Deckfarbe die Linien der durchscheinenden Landschaft auf dem Glas nachgezeichnet. So gezeichnet erscheinen alle Linien in naturgetreuer Perspektive. Auch bei gleichwelcher Neigung der Glasscheibe sind die Linien weiterhin in Perspektive, nur dass es dann um jene Perspektive geht, die der geneigten Bildebene entspricht, während die normale Perspektive eine vertikale Bildebene voraussetzt. Am Anfang ist es ratsam, du gewöhnst dich daran, deinen Gegenstand mit einem leichten Holzrahmen einzufassen, den du aufrecht vor dir hältst; er zeigt dir, was du tatsächlich in dein Skizzenbild aufnehmen kannst und verdeutlicht dir die mögliche Wahl zwischen einem eng begrenzten Vordergrund nah vor dir und einem ausgeweiteten in größerer Entfernung; auch bis zu welcher Höhe du etwa Bäume oder Bauwerke proportionsgerecht aufnehmen kannst, usw.

Über das Figurenzeichnen wird auf den folgenden Seiten nichts gesagt, denn Figuren als Hauptgegenstand zu zeichnen, überfordert einen Dilettanten völlig. Als bloße Accessoires einer Landschaft hingegen werden sie nach denselben Prinzipien gezeichnet wie alles andere auch. [...]

Jedenfalls bin ich zuversichtlich, dass dieses Buch genug Leitlinien an die Hand gibt, um jedwede ernsthafte Schwierigkeit abzuwenden; und ich bin überzeugt, dass, wer immer diesen Leitlinien folgt, als beste Antwort auf viele Fragen die Beharrlichkeit sehen wird; und Wälder und Hügel als die besten Zeichenlehrer.

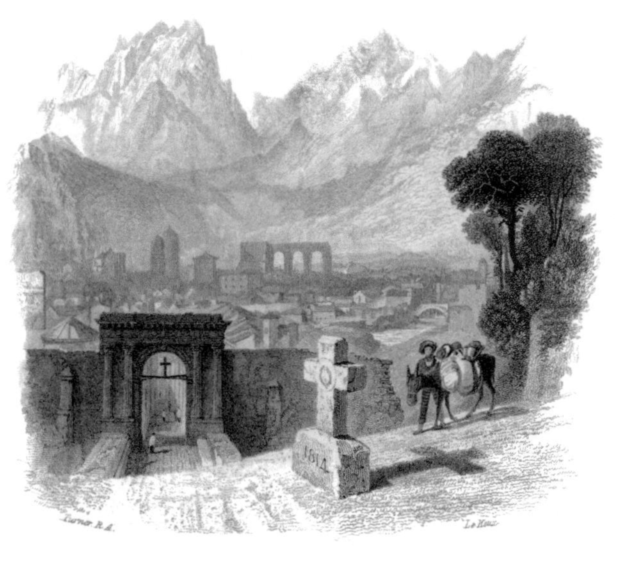
1814
Turner R.A.
Le Keux

Erste Übungen

Lieber Leser, welchen Gewinn du aus diesem Buch ziehen wirst, hängt ganz davon ab, warum du zeichnen lernen willst. Wenn du es lernen willst, um Dinge klar und sichtbar fixieren zu können, die nicht mit Worten zu beschreiben sind, sei es, um deiner eigenen Erinnerung auf die Sprünge zu helfen oder anderen eine genaue Vorstellung davon zu geben; wenn dir an einer lebendigen Wahrnehmung der Naturschönheiten liegt und du so etwas wie ein wahrhaftes Bild von flüchtigen schönen Dingen zu bewahren wünscht, oder Dingen, von welchen du selbst dich trennen musst; wenn du dazu den Geist großer Maler verstehen und mit deinen eigenen Augen Einsicht in ihr Werk gewinnen willst, um es tatsächlich lieben zu können, ohne nur die Meinung von anderen zu übernehmen; ja dann *kann* ich dir helfen oder, besser noch, dir zeigen, wie du selbst weiter vorankommen kannst.

Vor allem aber muss dir bewusst sein, dass diese wirklich herrlichen und erstrebenswerten Fähigkeiten sich nicht ganz ohne Arbeit erwerben lassen. [...]

Nicht anders als beim Erlernen einer neuen Sprache geht es auch beim Zeichnenlernen nicht ohne mitunter hartes und mühsames Arbeiten. Wenn du aber bereit bist, diesen Preis zu zahlen, brauchst du nicht zu befürchten, aus Mangel an Talent nicht voranzukommen. Es ist zwar wahr, dass die besonders Kunsttalentierten von Natur aus gut zeichnen können und nahezu ohne Unterricht Fortschritte machen; doch auch das nur mit viel Arbeit. Ebenso wahr ist es, dass es viele Grade von minderem Talent fürs Zeichnen gibt: So werden für dieselben Ergebnisse die einen weit mehr Zeit brauchen als andere, und das dann so mühsam Erreichte wird nie so befriedigend sein wie das bei einer Naturbegabung mit größerer Leichtigkeit Erzielte. Doch bin ich in all den Fällen, mit denen ich zu tun hatte, noch nie auf jemand gestoßen, der überhaupt nicht zeichnen lernen konnte; und im allgemeinen hat jeder von uns gute Anlagen dazu, wenn er es will.

Nehmen wir also an, du bist bereit, eine gewisse Dosis beschwerlicher Arbeit auf dich zu nehmen, auch einige Verdrießlichkeiten und Enttäuschungen tapfer zu ertragen. Dann kann ich dir versprechen, dass eine Stunde täglicher Übung über sechs Monate, oder eine Stunde alle zwei Tage über zwölf Monate, oder einhundertfünfzig Stunden wann und wie es dir beliebt, dich in die Lage versetzen werden, alles getreu zu zeichnen, was du zu zeichnen wünscht, und auch, bis zu gewissem Grade, die Werke anderer angemessen einzuschätzen.

ÜBUNG I

Alles was wir in der Welt ringsum sehen können, zeigt sich unseren Augen nur als Anordnung verschiedener Farbflecken von verschiedener Schattierung.* In manchen dieser Farbflecken zeigt sich etwas Strichhaftes oder Gewebehaftes, wie ein Stück Tuch oder Seide Fäden aufweist, oder ein Tierfell Haare: aber gleichgültig, ob dies der Fall ist oder nicht, der erste Gesamteindruck ist der eines Fleckens von bestimmter Farbe. Und so ist auch die erste Lernaufgabe, texturlos glatte Farbflächen herzustellen.

*Die Wahrnehmung fester Körper ist vollständig erfahrungsabhängig. Tatsächlich sehen wir nichts anderes als farbige Flächen, und erst durch fortgesetzte Beobachtungen entdecken wir, dass ein schwarzer oder grauer Fleck die verschattete Seite eines Körpers anzeigt, oder dass ein sich abschwächender Farbton signalisiert, dass das zugehörige Objekt weiter entfernt ist. Die ganze Wirkungskraft der Malerei im Technischen hängt von unserer Wiedererlangung jenes Zustands ab, den man die Unschuld des Auges nennen könnte, das heißt eine Art kindlicher Wahrnehmungsweise dieser flachen Farbflecken als solche, ohne Bewusstsein ihrer Bedeutung – so wie ein Blinder sie sehen würde, wenn er plötzlich seine Sehkraft zurückerhielte.

Dazu ein Beispiel: wenn Gras aus einer bestimmten Richtung von grellem Sonnenlicht angestrahlt wird, wechselt seine Farbe von grün zu einem eigentümlich staubartigen Gelb. Wären wir blindgeboren und stünden, plötzlich wieder sehend, vor einem derart beschienenen Stück Gras, hätten wir den Eindruck, dass ein Teil davon grün wäre und ein anderer staubgelb (sehr ähnlich der Farbe von Primeln). Und wenn es gleich daneben Primeln gäbe, würden wir denken, dass das sonnenbeschienene Gras schlicht eine weitere Pflanzenansammlung von derselben schwefelgelben Farbe wäre. Wir würden einige Primeln pflücken und dann feststellen, dass das Gras die Farbe verliert, sobald wir uns zwischen Gras und Sonne stellen, doch nicht so die Primeln. Und so würden wir nach einer Reihe von Beobachtungen herausfinden, dass es tatsächlich die Sonne war, die in dem einen Fall die Farbe verursachte, aber nicht im anderen Fall. Solche Erfahrungsprozesse durchlaufen wir in der Kindheit unbewusst; und selbst wenn wir

Am besten eignet sich dafür ein Pinsel, doch lässt ein Pinsel mit seiner weichen Spitze eine ungeübte Hand so unsicher werden, dass es kaum möglich ist, damit von Beginn an zeichnen zu lernen. Daher nimmt man zunächst besser eine Feder mit harter feiner Spitze, einmal, um der Hand mehr Halt zu geben, und andererseits erlaubt eine sehr feine Spitze, die Aufmerksamkeit beim Bearbeiten des Sujets konzentriert auf die kleinsten Details zu lenken. Selbst die größten Künstler greifen bei ihren Sujetstudien gelegentlich auf ein spitzes Zeichenwerkzeug zurück, um so ihre Aufmerksamkeit

einmal die Bedeutung bestimmter Farben begriffen haben, denken wir immer noch, dass wir sehen, was wir eigentlich nur wissen, und haben kaum ein Bewusstsein von der wirklichen Erscheinung der Zeichen, die wir gelernt haben zu interpretieren. Sehr wenige Menschen nur wissen, dass sonnenbeschienenes Gras gelb erscheint.

Nun hat sich jeder ausgezeichnete Künstler immer schon so nah wie möglich diesem Zustand kindlichen Sehens angenähert. Er sieht die Farben in der Natur genau so wie sie sind, und erkennt daher am sonnenbeschienenen Gras augenblicklich den klaren Zusammenhang zwischen den beiden Farben, die seinen Schatten und sein Licht bilden. Wobei sie ihm nicht wie Schatten und Licht erscheinen, sondern wie goldgestreiftes Blaugrün.

Versuche also zuallererst, dich von dieser wichtigen Tatsache über das Sehen zu überzeugen. Das Ding da in deiner Hand, das du durch Erfahrung und Tastsinn als ein Buch erkennst, ist für deine Augen nichts anderes als ein weißer, verschieden abgetönter und gesprenkelter Fleck; das andere Ding da neben dir, das du durch Erfahrung als Tisch identifizierst, ist für deine Augen bloß ein brauner, verschieden dunkel getönter und geäderter Fleck, und so weiter: die ganze Kunst der Malerei besteht bloß in der Wahrnehmung von Form und Intensität dieser Farbflecken und im Auftragen von Flecken in entsprechender Größe, Intensität und Form auf die Leinwand. Was dem Gelingen dabei im Wege steht, ist, dass viele der natürlichen Farben der Wirklichkeit heller und blasser sind als man sie auf die Leinwand bringen könnte: um sie abzubilden, muss man auf dunklere Farben zurückgreifen.

zu schulen: um so mehr sollte ein Anfänger dem gleichtun, auch für längere Zeit.

Bedenke auch, dass wir vor aller Beschäftigung mit Farbunterschieden in der Lage sein müssen, *eine* Farbe richtig aufzutragen, in jedem gewünschten Intensitätsgrad und jeder gewünschten Form. Dazu werden wir zunächst versuchen, graue Farbtöne oder Farbflecken von gewünschter Tiefe mit einer spitzen Feder anzulegen. Nimm dazu jede beliebige, feinspitzige Stahlfeder und ein Stück cremefarbenes mattglattes Zeichenpapier, sowie etwas tiefschwarze, möglichst dickflüssige, aber nicht klumpende Tusche. Dann zeichne mit einem Lineal vier gerade Linien, um ein Quadrat zu bilden, oder annähernd ein Quadrat, ungefähr so groß wie in Abbildung 1a. Ich sage »annähernd ein Quadrat«, denn es ist völlig gleichgültig, ob es tatsächlich ein Quadrat ist, wesentlich ist hier nur eine von geraden Linien begrenzte Fläche.

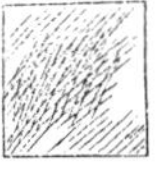

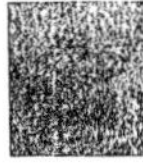

Abb. 1a+b

Jetzt füll dieses Quadrat so vollständig und gleichmäßig mit Kreuzlinien aus, dass es aussieht wie ein ausgeschnittenes und aufs Papier gelegtes quadratisches Stück grauer Seide oder grauen Tuchs, wie in Abb. 1b. Geh dabei rasch vor, zuerst mit eher geraden Linien in beliebiger Richtung, ohne sie etwa dichter oder geordneter zu zeichnen als in Quadrat a. Lass sie gut trocknen, bevor du sie überarbeitest. (Wenn du drei oder vier Quadrate nebeneinander zeichnest, kannst du immer gleich zum nächsten übergehen, während die anderen trocknen). Über diese Linien zeichnest du dann eine weitere Schicht Linien in anderer Richtung und lässt sie ebenfalls trocknen; dann noch eine, wieder in anderer Richtung und auch diese lässt du trocknen. Lass genug Zeit dazwischen, damit nichts verschmiert, und dann zeichne die Linien so rasch wie möglich. Das sollte mit der schwungvollen Schnelligkeit der Federführung eines guten Schreibers vor sich gehen, doch forcierst du diese Schnelligkeit gleich bei den ersten Versuchen, wirst du leicht über die Ränder des Quadrats hinauszeichnen, was in diesem Stadium ein Fehler wäre. Aber besser, es bisweilen zuzulassen, als die Linien zu langsam zu zeichnen, denn dann hinterlässt die Feder leicht einen kleinen Tuschtropfen am Ende jeder Linie und diese Tröpfchen können die ganze Arbeit verderben. Also jede Linie rasch zeichnen und die Feder so nah wie möglich bis an die Ränder des Quadrats führen. Die darüber hinausgehenden Linienenden werden später mit dem Federmesser entfernt, doch nicht vor Beendigung der gesamten Arbeit, andernfalls wird das Papier zu rau und bei der nächsten Linie über den Rand hinaus entsteht ein Tuscheklecks.

Nach drei oder vier Linienschichten übereinander werden einige Stellen im Quadrat dunkler als andere erscheinen. Versuche nun die helleren Stellen nachzudunkeln, sodass alles dieselbe Tiefe oder dunkle Färbung aufweist. Bei näherer Betrachtung wirst du sehen, dass die dunkelsten Stellen von sehr dicht zusammenliegenden oder vergleichsweise viel dunkleren Linien gebildet werden; bei den helleren Partien solltest du daher weitere Linien oder kleine Striche und Punkte *zwischen* die Linien einzeichnen. Und wo noch sehr dunkle Linien herausstechen, kannst du sie mit dem Federmesser leicht wegkratzen, denn das Auge sollte von keiner einzelnen Linie aufgehalten werden. Beim Ausfüllen dieser kleinen Lücken und Zwischenräume kannst du gar nicht sorgfältig genug sein. Es bringt dich schneller weiter, wenn du auf diese Weise nur zwei oder drei Quadrate perfekt überarbeitest, als eine große Anzahl schlecht. Sobald die Schraffur zunehmend dichter und gleichmäßiger wird, arbeite nur noch mit sehr wenig Tusche, kaum mehr sichtbar auf dem Papier. Zum Schluss geh wiederholt und nur ganz leicht mit der Spitze deines Federmessers über die zu dunklen Stellen, um ihnen einen gleichmäßigen Tonwert zu geben. Diese Gleichmäßigkeit zu erzielen, wirst du herausfinden, das ist das Schwierigste daran: immer wird in deinem Quadrat eine Stelle dunkler als die andere aussehen, oder das Ganze granuliert und sandig wirken. Ist das Papier am Ende ganz rau und verschmiert, zeichne ein neues Quadrat und gib dich erst zufrieden, wenn du jedes einzelne Quadrat bestmöglich ausgeführt hast. Dann sollten die Schraffuren annähernd so dicht und gleichmäßig sein wie in Abb. 1b. Dagegen wirst du merken, wie äußerst schwierig es ist, einen hellen Tonwert zu erzeugen, denn hier schwärzen die Tuschstriche, die für eine dichte Schraffur natürlich notwendig sind, das Papier mehr als erwünscht. Dem ist nun weniger durch größere Abstände zwischen den Linien abzuhelfen, als vielmehr durch ein extrem feines, leichtes und rasches Zeichnen der Linien, mit viel Vorsicht beim Ausfüllen der Zwischenräume und Überarbeiten mit dem Federmesser. Die ganze Arbeit wird dir leichter fallen, wenn du an mehreren Quadraten gleichzeitig arbeitest und für das hellere Quadrat deine Feder mit nahezu verbrauchter Tusche benutzt. Am Ende jedenfalls sollte das Papier durchgehend eine gleichmäßige Tönung aufweisen, ohne dass einzelne Linien sichtbar bleiben.

ÜBUNG II

Da diese Schattierübung ziemlich monoton ist, bietet sich an, sie abwechselnd mit einer anderen Übung fortzusetzen. Eine gute Schattierung erfordert vor allem Leichtigkeit der Hand und ein scharfes Auge, aber auch eine sichere Handführung ist unerlässlich beim Zeichnen, und um alle Fähigkeiten des Auges zu nutzen, muss es nicht nur zu präzisem, sondern auch zu aufmerksamem Sehen erzogen werden; nicht bloß mit Verstand sehen, sondern auch genau Maß nehmen können.

Besorg dir deshalb ein beliebiges, preisgünstiges Botanik-Buch mit Umrisszeichnungen von Blättern und Blüten, gleich von welcher Qualität, zum Beispiel WILLIAM BAXTER: *British Phaenogamous Botany Or Figures and Descriptions of the Genera of British Flowering Plants*. Zeichne zunächst mit einem weichen Bleistift einen der einfachsten Umrisse daraus ab, indem du den Umrisslinien so genau wie möglich mit den Augen folgst; wenn die Proportionen nicht recht zu stimmen scheinen, radiere und korrigiere immer wieder und weiterhin nach Augenmaß, bis dir alles richtig zu sein scheint. Dann legst du ein Blatt Pauspapier auf das Buch, zeichnest den soeben von dir kopierten Umriss nach und legst das Blatt auf deine eigene Kopie. So erkennst du gleich deine Fehler und kannst sie sorgfältig korrigieren, bis ein möglichst getreues Abbild erreicht ist. Benutze dafür einen sehr weichen Bleistift und vermeide zu kräftiges Radieren, damit die Papieroberfläche nicht beschädigt wird. Es ist gleichgültig, wie sehr das Papier dabei verschmiert wird, es soll nur nicht zu rau werden, und kümmere dich auch nicht weiter um fehlerhafte Umrisslinien, solange sie nicht zu sehr den korrekten Umriss stören. Es ist nicht schlecht, wenn du dir angewöhnst, deine Zeichnung aus einem verschmierten Blatt Papier hervortreten zu lassen. Ist das so gut wie möglich getan, nimmst du eine Kielfeder mit nicht zu feiner Spitze, legst deine Hand auf ein ungefähr vier Zentimeter dickes Buch, sodass du die Feder weiter oben hältst und ziehst nun deinen Bleistiftumriss mit Tinte nach, die Federspitze dabei so wenig wie möglich absetzend und ohne den Druck auf die Feder zu verändern. Meist werden heute in Umrisszeichnungen gebogene Linien kräftiger gezeichnet, um eine Schattenwirkung zu erzielen, was du keinesfalls nachahmen solltest, auch wenn die Umrisse als solche für unsere Übungszwecke dienlich bleiben. Doch ist es jedenfalls besser, du besorgst dir eine Vorlage mit möglichst einfachen, reinen Umrissen. Es spielt nicht die geringste Rolle, ob deine Umrisslinie dick oder dünn ist, sie soll nur *gleichmäßig* sein, nicht mal breiter, mal feiner. Ziel ist, eine gleichmäßige Linie langsam und in jede Richtung zeichnen zu können. Flotte Linienwürfe oder Annäherungen an die Kalligraphie sind schlecht. Die Feder sollte gleichsam langsam über das Feld dahingehen und du solltest sie, wie ein gutgeführtes Pferd, jederzeit anhalten oder in eine andere Richtung lenken können.

Sobald du in der Lage bist, jede Kurve *langsam* und genau zu kopieren, hast du bereits gute Fortschritte gemacht, wobei du merken wirst, dass die Schwierigkeit eben in der Langsamkeit liegt. Es ist leicht, eine scheinbar schöne Linie mit einer schwungvollen Handbewegung zu zeichnen, oder, wie es gerne genannt wird, mit Freiheit hinzuzeichnen.* Das wirklich Schwierige aber, was zugleich echte Meisterschaft ausmacht, besteht darin, die Hand niemals *frei agieren* zu lassen, sondern sie in jedem Punkt der Linie völlig unter Kontrolle zu halten.

*Was so oft gewöhnlich mit dem Begriff »Freiheit« verbunden wird, ist die Zeichenweise eines großen Künstlers, der es eilig hat und dessen Hand dabei gleichzeitig so durch und durch diszipliniert ist, dass er ihr freien Lauf lassen kann, ohne weit fehlzugehen. Aber auch die Hand eines großen Künstlers, der an einem wirklichen Werk arbeitet, ist niemals frei: auch der raschest hingeworfene Strich ist vollkommen kontrolliert. Paolo Veronese oder Tintoretto konnten auch den raschest gezogenen Strich ein Haarbreit vor einem markierten Punkt unterbrechen und dann ein Haarbreit weiter die ursprüngliche Kurvenlinie fortsetzen. Deshalb solltest du im Zeichnen niemals Freiheit anvisieren. Niemand fordert, dass dein Zeichnen frei sein sollte, aber es sollte korrekt sein. Mit der Zeit wird es dir leichtfallen, korrekt zu zeichnen, und dann wird deine Arbeit auch im besten Sinne frei sein; aber es ist kein Verdienst, mit Leichtigkeit falsch zu zeichnen.

Diese Hinweise beziehen sich allerdings nicht auf die Linien-

ÜBUNG III

Unterdessen fährst du mit dem Schattieren deiner Quadrate fort, die Umrissübungen dienen dabei bloß der Abwechslung.

Sobald du einige Übung im Schattieren mit der Feder erlangt hast und eine beliebig helle oder dunkle Schraffur anlegen kannst, versuche eine Tonwertskala herzustellen wie in Abbildung 2, die von dunklen Schraffuren allmählich zu helleren übergeht. Nahezu jede zeichnerische Darstellung einer körperhaften Form hängt ab von deiner Fähigkeit, fein abstufen zu können. Und die Abstufung wirkt umso kunstgerechter, wenn der Übergang von einem Ton zum nächst helleren kaum wahrnehmbar ist. Zeichne dazu wie in Abb. 2 zwei parallele Linien zur Abgrenzung deiner Skala und versuche dann in einem Zug über eine möglichst weite Strecke gleichmäßig von weiß zu schwarz

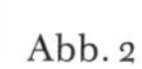

Abb. 2

zeichnung beim Schattieren, die wie gesagt so rasch als möglich erfolgen sollte. Aus dem einfachen Grunde, dass, je rascher eine Linie gezogen wird, sie desto feiner zu ihrem Ende hin ausfällt und daher umso einfacher mit anderen Linien verbunden und von ihnen verdeckt werden kann; denn Ziel einer perfekten Schattierung ist es ja, die Linien weitestgehend zu verdecken.

Und bedenke dabei auch, dass es eher Ziel dieser Übung ist, eine sichere Handführung zu erreichen, als ein präzises Auge für Umrisslinien auszubilden. Denn in der Natur gibt es keine Umrisslinien, und der gewöhnliche Schüler wird sie zwangsweise falsch zeichnen, falls er sie überhaupt zeichnet. Also nicht den Mut verlieren, wenn deine Umrisse fortgesetzt fehlerhaft geraten; und freu dich für den Augenblick, wenn deine Hand zunehmend sicherer im Kurvenzeichnen wird.

zu schattieren, aber doch so, dass in jedem Teil des schattierten Bandes die Änderung des Tonwerts sichtbar ist. Den Anfängern (ganz zu schweigen von vielen Künstlern) fehlt meist noch völlig der Sinn für Schattenabtönungen, wobei du wahrscheinlich eine Zeitlang deine Schattierungen bereits für recht gelungen halten wirst, auch wenn sie noch ganz fleckig und ungleichmäßig sind. Wenn du gleich bei deinen ersten Versuchen ein grau schattiertes Zierband mit deiner Zeichnung vergleichst, wirst du wahrscheinlich eine heilsame Enttäuschung erleben. Wenn du langsam Fortschritte machst, kannst du dein Skalenband nach und nach verbreitern und deinen Abstufungen so mehr seitlichen Raum geben. Gleichzeitig solltest du auch in der Natur nach Licht- und Schattenübergängen Ausschau halten. Der weiteste und schönste Raum solcher Übergänge ist der Himmel; betrachte ihn in der Dämmerung nach Sonnenuntergang und versuche, jede einzelne Glasscheibe deines Fensters, durch das du hinaussiehst, als ein mal blau, mal grau, mal violett gefärbtes Stück Papier zu sehen, und beobachte dann, wie ruhig und kontinuierlich die Farbübergänge sich über die Fensterscheiben erstrecken, Felder von dreißig oder vierzig Zentimetern Breite. Studiere auch die Schatten auf der Außen- und Innenseite einer gewöhnlichen weißen Tasse oder Schale, welche sie rund und hohl aussehen lassen; und dann die Schatten bei dem Faltenwurf eines weißen Vorhangs. Auf diese Weise wirst du allmählich die subtilen Übergänge des Lichts erkennen, wenn es auf ebenen Flächen zu- oder abnimmt. Und ist erst dein Auge wahrhaft geschärft dafür, wirst du überall in der Natur Licht- und Schattenabstufungen sehen.

Doch wirst du eine Zeitlang noch nicht in der Lage sein, Objekte mit vielfachen und komplexen Abstufungen nachzuzeichnen; deshalb ist es kein schlechtes Omen für deine künftigen Fortschritte wie für deine Beschäftigung mit Kunst überhaupt, wenn du dich zuerst auf ein kleines Stück Himmel konzentrierst. Wähle also einen schmalen Ausschnitt Abendhimmel, wie du ihn gewöhnlich siehst, zwischen den Ästen eines Baumes, oder zwischen zwei Kaminen, oder durch die Ecke einer Glasscheibe im Fenster, an dem du gerne sitzt, und versuche diesen kleinen Ausschnitt auf einem weißen Blatt Papier so gleichmäßig abzutönen wie es der abgetönte Himmel ist – so *zart*, das wird dir ohne Farbe nicht gelingen, nein, aber auch nicht mit Farbe, aber ebenso gleichmäßig, das schon. Und bist du unzufrieden mit deinen Tuschlinien und Punkten, wenn du die Schönheit des Himmels betrachtest, so wirst du dabei einen Sinn für diese Schönheit gewonnen haben, der dich dankbar werden lässt. Doch sollten dich Feder und Tusche nicht ungeduldig werden lassen, suchen doch alle großen Maler mit dem feinsten Sinn für Farben immer wieder auch den Reiz der besonderen Lichtwirkung, sei es in einer Skizze mit Feder und Tusche oder einem Holzschnitt, der das weiße Papier zwischen den schwarzen Linien aufschimmern lässt. Und wenn du keine guten Abstufungen mit reinen schwarzen

Linien herstellen kannst, wird es dir umso weniger mit helleren Linien gelingen. Schaust du dir die Holzschnitte in billigen Publikationen von heute an, wirst du sehen, wie die Abstufungen des Himmels durch immer größer werdende Abstände zwischen den Linien erzielt werden; zugleich aber sollten mit den zunehmenden Abständen zum Licht hin deine Linien so fein als möglich sein, ohne sie lang oder gerade zeichnen zu wollen; lasse sie vielmehr mit leichter Hand in alle Richtungen sich kreuzen, der beste Effekt ergibt sich allein aus der Feinheit der Abstufung. Auf das Thema der Linienrichtung werde ich noch genauer zurückkommen; doch das soll dich vorerst nicht weiter beschäftigen.

ÜBUNG IV

Sobald du einigermaßen gut mit der Feder schattieren kannst, versuche es genauso mit der Spitze eines Bleistifts H oder 2H, von möglichst dunkel zu möglichst hell, zum Aufhellen nun aber anstelle des Federmessers den Radiergummi verwendend. Dabei wirst du sehen, dass alle *hellen* Abtönungen sich in großer Genauigkeit und Zartheit erreichen lassen, aber nicht der gleiche tiefdunkle Tonwert wie mit Feder und Tusche, und dass die Oberfläche der dunklen Schattierung leicht metallisch glänzend, schmutzig oder sandig wirkt. Auf jeden Fall solltest du mit der Bleistiftspitze versuchen, auch die dunklen Abtönungen möglichst gleichmäßig aussehen zu lassen, wozu du jeden einzelnen Fleck und allzu schwarz geratenen Strich mit der *Spitze* des Federmessers entfernst, ohne gleich, wie bei der Tusche, das Ganze mit dem Messer wegzukratzen. Wenn die gesamte Schraffur zu fleckig aussieht, kannst du alles mit dem Radiergummi aufhellen und dann erneut mit der Bleistiftspitze mit äußerst feinen und raschen Strichen überzeichnen, bis die zu hellen Stellen gleichmäßig in die dunkleren übergehen.

Dabei kannst du gar nicht sorgfältig genug sein; benutze den Bleistift als müsstest du den Flaum eines Schmetterlingsflügels zeichnen.

An diesem Punkt angelangt, wenn nicht schon früher, kannst du sicher sein, dass irgendein besonders schlauer Freund bei dir auftaucht, mit spöttischem Erstaunen die Hände zusammenschlägt und dich fragt, wer dich wohl zu solch kleinkarierter Tüftelei anstiften konnte, und wenn du so weiter machst, wirst du seitens deines künstlerischen Bekanntenkreises unter erheblichen Druck geraten und dir sagen lassen müssen, dass zum guten Zeichnen vor allem Kühnheit gehört. Aber höre nicht auf sie. Denn sie würden auch keinem Kind in den ersten Klavierstunden raten, mit seiner kleinen Hand auf die Tasten zu dreschen, in vorgeblicher Nachahmung der großen Meister; oder vielleicht doch, in demselben guten Glauben, in dem sie dir bei deinem gegenwärtigen Wissensstand raten, kühn zu sein. Kühn im Sinne von unerschrocken, ja; aber kühn im Sinne von nachlässig, eingebildet oder effekthascherisch, nein, nein, und tausendmal nein. Denn selbst wenn du kein Anfänger mehr wärst, du wärst schlecht beraten, Kühnheit anzustreben. Missglückte Arbeit ist schnell getan, aber gute und schöne Werke erfordern gewöhnlich Langsamkeit. Es gibt nichts Kühnes in der natürlichen Färbung einer Blume oder eines Vogelflügels; und wenn die Natur schon nicht kühn arbeitet, warum solltest du es bei deiner Arbeit tun? Also vergiss, was die Leute sagen und arbeite weiter geduldig mit der Spitze deines Bleistifts. Denn in einer Sache kannst du mir vertrauen: Auch wenn es viele Arten von Kunst gibt und viele Arten, Kunst auszuüben – große Werke für große Räume, kleine Werke für kleine Räume, langsam ausgeführte Werke für Leute, die warten können, und schnell ausgeführte für die, die es nicht können – es gibt eine Eigenschaft, und ich glaube, es ist die einzige, in der alle große und gute Kunst übereinstimmt: sie ist immer von großer Feinheit. Grobe Kunst ist immer schlechte Kunst. Du wirst das jetzt noch nicht verstehen, weil du noch nicht weißt, wieviel zarten Sinn und sorgfältige Finesse die großen Maler in ihre Pinselstriche legen, die auf den ersten Blick grob erscheinen; und doch ist es wahr, glaube mir, und zu gegebener Zeit wirst du dich selbst davon überzeugen können.

Vielleicht wird dich bei deinen ersten Zeichenversuchen mit Bleistift auch die Beobachtung verwirren, dass sich durch gelegentlichen Gebrauch des Radiergummis in kürzester Zeit feinere Abstufungen erzielen lassen als nach einer Stunde mühseliger Arbeit mit dem Bleistift, und du fragst dich, warum ich dir diese Anstrengung abverlange, wo es doch scheinbar so viel einfacher geht. Es gibt zwei Gründe dafür: zum einen musst du später beim Zeichnen körperhafter Formen mit absoluter Präzision schattieren können, an welcher Stelle und in welche Richtung auch immer, und in keiner Weise verschwommen, wozu der Radiergummi verleitet. Zum andern sind alle natürlichen Schatten mehr oder weniger vermischt mit Lichtschimmer. Aus dem dunklen Erdboden das Aufschimmern kleiner Kieselsteine und Staubteilchen; aus der Dunkelheit des Laubwerks das Aufglänzen der Blätter; in der Dunkelheit des Fleisches Transparenz; in der des Steins helle Körnigkeit: in jedem Fall spielt das Licht hinein, was sich weder durch den bleiernen Ton, der beim Radieren entsteht, wiedergeben lässt, noch mithilfe des bei Künstlern als »Wischer« bekannten Zeicheninstruments. Wenn du erst einmal gut mit dem Bleistift umgehen kannst, wirst du auch dieses Instrument gut einsetzen können, oder auch deine Finger; doch in diesem Fall musst du später die matten Tönungen überarbeiten, ihnen Licht und Leben verleihen, und das geht nur mit der Bleistiftspitze. Also nur mutig weiter mit ihr allein.

ÜBUNG V

Wenn du das zarte Abtönen und Abstufen mit dem Bleistift beherrschst, verschaffe dir ein Alphabet mit großen Buchstaben und versuche sie durch Schraffieren mit dem Bleistift zu kopieren, ohne vorher ihre Umrisse zu zeichnen. Vielmehr solltest du die Höhe und maximale Breite der Buchstaben mit Hilfe eines Zirkels bestimmen wie in Abbildung 3, *a–b a–c*, und dann ihre Form nach und nach in die Linienbegrenzung hineinstricheln; so wie der von den drei Linien eingeschlossene Buchstabe A, der sich hier, wie Turner es genannt hätte, in einem »fortgeschrittenen Stadium« befindet. Wenn du einmal mit der Form des Buchstabens zufrieden bist, ergänze und konturiere die Schraffierung mit kräftigen Tuschlinien wie in *d*, und entferne jegliche Striche, die über den Umriss des Buchstabens hinausgehen, zuerst mit dem Radiergummi und darauf mit dem Federmesser, bis alles sauber und korrekt aussieht. Falls du versehentlich etwas von der Binnenschraffur des Buchstabens ausradieren solltest, schraffiere erneut mit Bleistift bis zur konturierenden Tuschlinie. Die geraden Linien des Umrisses werden mit dem Lineal gezogen,* die Kurvenlinien dagegen nach Augenmaß aus der Hand, und schon nach kurzer Zeit wirst du sehen, was für eine gute Übung es ist, den gebogenen Buchstaben wie dem B und dem C die richtige Form zu geben und sie möglichst gerade stehend abzubilden.

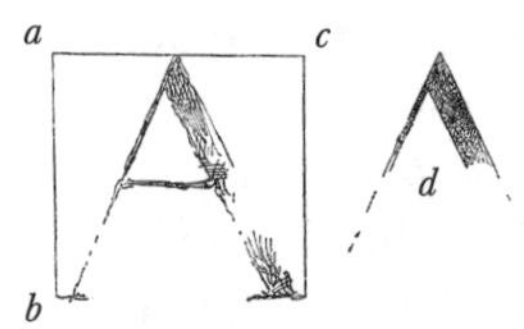

Abb. 3

Alle diese Übungen können ziemlich mühsam sein und man muss sich auch nicht ausschließlich auf sie versteifen; auch ist es nicht notwendig, irgendeine von ihnen perfekt zu beherrschen. Allerdings sollte ein Meister im Zeichnen mit Bleistift oder Pinsel durchaus in der Lage sein, in einem Zug gleichwelche Form zu zeichnen, wie Giotto seinen Kreis.[3] Doch eine derartige Fertigkeit lässt sich nur bei einem vollendeten Künstler erwarten, der sein ganzes Leben lang rund um die Uhr den Bleistift in der Hand hält – gerade deshalb ist Giottos Beweis seines Könnens so bemerkenswert. Dabei ist es durchaus möglich, sehr schön zu zeichnen, ohne auch nur annähernd solche Kunstfertigkeit zu erreichen; wesentlich ist ja nicht, dass jede Linie exakt das darstellt, was wir beabsichtigen oder wünschen, sondern dass die Linie, wie wir sie zu zeichnen beabsichtigten oder wünschten, dann auch korrekt ausgeführt erscheint. Wenn wir immer richtig sehen und das Richtige im Sinn haben, dann machen wir Fortschritte, selbst wenn die Hand ein wenig unsicher ist; wenn wir jedoch etwas Falsches im Sinn haben, oder überhaupt gar nichts, dann nutzt auch keine sichere Hand mehr. Quäle dich also nicht damit, dass du es nicht so gut machst, wie du es gerne würdest, sondern arbeite geduldig weiter, im Wissen, dass mit jedem einzelnen Quadrat und jedem Buchstaben dein Können ein wenig zunimmt. Und kannst du erst deine Buchstaben recht schön zeichnen, dann habe ich hier eine etwas unterhaltsamere Übung für dich.

*Das mag Künstler, die nebenbei einen Blick in dieses Buch werfen, vielleicht überraschen. Mein Hauptargument ist, dass es mir wichtiger scheint, den Schüler genau begreifen zu lassen, wie sich Kurven zu geraden Linien verhalten, indem er gerade Linien absolut getreu zeichnet, als ihn zum Zeichnen gerader Linien aus freier Hand anzuhalten. Darüber hinaus denke ich, auch wenn ich mir darin nicht ganz sicher bin, dass er niemals fähig sein *sollte*, eine gerade Linie zu zeichnen. Und ich glaube nicht, dass selbst eine perfekt geschulte Hand jemals eine Linie zeichnen kann ohne eine gewisse Krümmung oder Richtungsänderung. Prout konnte eine gerade Linie zeichnen, aber ich glaube Raffael oder Tintoretto waren dazu nicht in der Lage. Ein großer Zeichner kann nach meinen Beobachtungen jede nur erdenkliche Linie zeichnen, nur nicht eine gerade.

ÜBUNG VI

Wähle irgendeinen Baum, der dir gefällt, nahezu ohne Blätter, und der sich in deiner Blickrichtung gegen den Himmel abhebt, oder gegen eine blasse Mauer, oder einen anderen hellen Hintergrund: nur nicht gegen ein zu blendendes Licht, weil sonst nur deine Augen schmerzen würden; auch darf der Baum nicht in der direkten Sonne stehen, weil dich sonst die Lichtreflexe auf den Ästen irritieren würden. Er sollte also im Schatten stehen; der Himmel blau sein, oder grau oder weißlich trübe. Ein völlig grauer oder regnerischer Tag ist die beste Voraussetzung für diese Übung.

Vor dem Himmel werden dir alle Äste des Baumes dunkel erscheinen. Betrachte sie als dunkle Flüsse, die mit absoluter Präzision in eine Landkarte einzutragen sind, ohne im Geringsten an ihre Rundung zu denken. Lege sie alle als flache Schatten an, indem du sie, wie schon bei den Buchstaben, mit dem Bleistift strichelst, dann korrigiere ihren Verlauf immer wieder mit dem Radiergummi, ohne Rücksicht darauf, wie sehr dein Blatt dabei verschmiert wird (nur darf seine Oberfläche nicht beschädigt werden), bis jeder einzelne Ast in seiner Biegung und Dicke exakt getroffen ist, oder zumindest nach Maß deines Könnens. Kümmere dich so gewissenhaft um die weißen Zwischenräume zwischen den Ästen, als wären sie Grundbesitze, die du für einen wichtigen Gerichtsprozess vermessen und kartographieren müsstest, mit schweren Strafen im Falle du würdest auch nur ein winziges Eckstück abschneiden oder dem Grenzzaun irgendwo zuviel Biegung geben. Und versuche dir immer dabei vorzustellen, der gesamte Baum wäre nichts als eine flache Verzweigung auf weißem Grund. Beachte auch nicht weiter all die dünnen Ästchen, die wie ein undeutliches Wirrwarr oder Nebel aussehen; du kannst sie alle getrost auslassen* und wirklich nur die Hauptzweige zeichnen, solange sie klar und deutlich zu erkennen sind, denn dein Ziel ist jetzt nicht, einen Baum zu zeichnen, sondern zu lernen, wie man das am besten tut. Wenn du soweit dein Möglichstes gegeben hast – besser eine gute Skizze, als zwanzig abgebrochene und ungenaue – nimmst du deine Feder und konturierst, wie schon bei den Buchstaben, alle Äste mit feinen Umrisslinien, darauf achtend, dass die Umrisslinien möglichst innerhalb des schraffierten Schattens bleiben, damit die Äste nicht dicker wirken. Die Umrisslinien dienen dazu, die Deutlichkeit des Ganzen zu verstärken, kleine Unregelmäßigkeiten und Ausbuchtungen verschwinden zu machen und vor allem die Stellen zu markieren, wo die Äste sich kreuzen oder sich überlappen, denn gerade an diesen Stellen würde bei dieser Art von Skizze die Anordnung der Äste ohne eine Umrisslinie ganz unverständlich bleiben. Es kann gut sein, dass dies in der Natur weniger sichtbar ist, als es in deinem Umriss erscheint, doch bei Skizzen dieser Art wird der tatsächliche Zustand der Dinge besser klar markiert. Man ist immer wieder versucht, nachlässig und

*Oder, wenn du dich dazu imstande fühlst, skizziere sie mit schnellen, durcheinanderlaufenden Strichen, die den groben Umriss der Wolke oder des Gewirrs von Verästelungen um die Hauptzweige herum andeuten; aber verwende nicht viel Mühe darauf.

schludrig zu sein, da wirkt der Umriss dann wie ein Zügel, der unsere Faulheit zu Aufmerksamkeit und Genauigkeit zwingt. Die Dicke des Umrisses sollte ungefähr jener in Abbildung 4 entsprechen, welche das Astwerk einer kleinen Steinpinie darstellt, auch wenn ich hier keine Bleistiftschattierung innerhalb der Umrisse vorgenommen habe, was bei einem Holzschnitt nicht leicht ist. Das angedeutete Blattwerk der Baumkrone muss dich hier nicht weiter berühren; dazu später mehr. Auch bist du frei, deine Bäume in einem größeren Maßstab als hier angezeigt zu zeichnen; wichtig ist nur, die Umrisslinien fein zu halten und die Äste weit genug bis zu den äußeren dünnen Zweigen zu verfolgen, um eine ähnlich schlanke Verzweigung wie in der Abbildung zu erreichen. Auf diese Weise wirst du vollen Gewinn aus der Übung ziehen können.

Du kannst gar nicht zu viele Studien dieser Art anfertigen: mit jeder wirst du etwas Neues über Bäume lernen. Aber falls du einmal die Baumäste leid bist, kannst du dir auch andere, in matten Farben gezeichnete Darstellungen gleichwelcher Art vornehmen; so etwa Stoff- oder Porzellanmuster, die nur in zwei Farben ausgeführt sind, und dann übe dich darin, sie nach Augenmaß form- und größengerecht zu zeichnen und ihnen die richtig getönte Schattierung zu geben.

Die Schwierigkeit dabei ist zunächst, die Tiefe der Farbtöne durch eine entsprechende Tiefe der Schattentönung wiederzugeben. So ist ein Muster in ultramarinblau mit einem dunkleren Grauton wiederzugeben als ein gelbes Muster.

Und jetzt ist es an der Zeit, die Handhabung des Pinsels zu erlernen, besonders auch um eine Farbenskala zu erstellen, die du später benötigen wirst. Wenn möglich, suche unbedingt den Kontakt zu einem talentierten Aquarell-Maler und lass dir von ihm zeigen, wie man mit dem Pinsel Farben aufträgt, mache das unbedingt; nicht, dass du jetzt schon fürs Kolorieren bereit wärst, sondern weil der Pinsel sich besser als der Bleistift dafür eignet, größere Schattenflächen anzulegen, und je früher du damit umzugehen lernst, desto besser. [...]

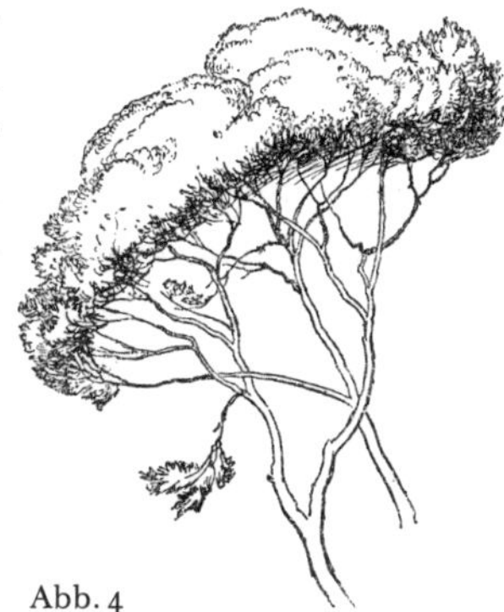
Abb. 4

ÜBUNG VII

Besorge dir für einen Schilling ein Stück Preußisch Blau. Du tauchst ein Ende davon in Wasser, sodass ein Tropfen daran hängenbleibt, und reibst es dann in eine weiße Schale bis die breiartige Farbe dunkel, dick und ölig aussieht. Gib zwei Teelöffel Wasser zur abgeriebenen Farbe hinzu und vermische alles gut mit einem Kamelhaarpinsel von knapp zwei Zentimetern Haarlänge.

Dann nimm einen Bogen glattes, aber nicht glänzendes Bristol-Papier oder Karton und unterteile ihn mit Bleistift und Lineal in Quadrate, gleich den Feldern eines großen Schachbretts: sie müssen nicht exakt quadratisch sein, es reicht ein schnelles Augenmaß. Lege den Karton auf eine leicht geneigte Arbeitsfläche, wie etwa bei einem Schreibpult; dann tauchst du den Pinsel in deine vorbereitete Farbe, nimmst so viel wie möglich davon auf, und beginnst längs des oberen Rands eines Quadrats eine kleine Farbpfütze aufzutragen. Diese Farbpfütze führst du dann mit dem Pinsel gleichmäßig nach unten, ohne die Geschwindigkeit zu ändern, so als würdest du beim Hausbau in einem Zug eine Reihe Ziegel setzen (nur dass du nach unten baust und nicht aufwärts), wobei du immer wieder den Pinsel in die Farbe tauchst, um ihn voll zu halten und durchgehend möglichst viel Farbe auf dem Papier zu haben; nur darauf achten, dass sie nirgends als kleines Rinnsal herunterläuft. Doch selbst wenn, mach dir nichts draus und fülle ruhig weiter vollständig dein Quadrat aus. Wenn du zum Boden des Quadrats kommst, wird die Farbe sich dort wie zu einer großen Welle stauen. Halte ein Löschpapier bereit, trockne damit deinen Pinsel und nimm mit ihm, wie mit einem Schwamm, die überflüssige Farbe auf bis alles gleichmäßig aussieht.

Beim Herunterführen der Farbe wird dein Pinsel immer wieder über den Rand des Quadrats hinausgehen oder kleine Aussparungen darin zurücklassen. Bemühe dich nicht, hier nachzubessern, und beachte es einfach nicht; das Wichtigste ist, dass die Farbe, wo immer sie hinreicht, gleichmäßig fließend aufgetragen ist, ohne zwischen dunklen und hellen Flecken zu wechseln. Versuche daher, sie so rasch wie möglich über das Quadrat zu verteilen, dabei immer die Ränder genau im Auge behaltend. Die Übung soll dich ja schließlich befähigen, die Farbe mit größter Akkuratesse bis genau an die Ränder zu bringen. Die Hauptsache hier aber ist, sie gleichmäßig aufzutragen – die Fertigkeit, mit der Farbe genau den Rand zu treffen, kommt erst nach langer Zeit des Übens: selbst die größten Maler beherrschen sie nur selten vollkommen.

Ist ein Quadrat fertig, gehe zum nächsten über, das nicht gleich an das erste anschließt. Wenn du auf diese Weise jedes zweite Quadrat wie bei einem Schachbrett ausgefüllt hast, drehst du den Karton von oben nach unten und beginnst beim ersten Quadrat erneut damit, eine weitere Farbschicht darüber zu ziehen und so auch bei allen übrigen. Das Drehen des Kartons dient dazu, die zum Boden der Quadrate hin zunehmende Dunkelheit der Farbe auszugleichen, die sonst durch den nach unten vermehrten Farbfluss entstehen würde.

Gewöhne dich daran, zum Trocknen des Pinsels Löschpapier oder einen Lappen zu benutzen, und nicht deine Lippen. Ist dir das einmal zur festen Gewohnheit geworden, brauchst du dich auch nicht vor einer schleichenden Vergiftung fürchten. Achte auch darauf, den Pinsel immer von der Wurzel zur Spitze abzuwischen, andernfalls verdirbst du ihn. Wenn du ihn sehr trocken haben möchtest, kannst du ihn sogar wie eine Feder trockenwischen, ohne dass er davon Schaden nimmt, solange du ihn nicht gegen das Haar ausdrückst. Zuallererst aber besorge dir einen guten Pinsel und gehe sorgsam mit ihm um, dann wird er dir länger und besser dienen als viele schlechte.

Wenn du so alle Quadrate erneut übermalt hast, lege eine dritte Schicht darüber, dabei immer auf möglichst saubere Ränder achtend. Sobald dir die Farbe ausgeht, setze im selben Mischverhältnis neue Farbe an, zwei Teelöffel Wasser zu so viel Farbe, wie du mit einem Tropfen zerreiben kannst. Bist du mit dem dritten Übermalen der Quadrate fertig, wodurch das Papier sehr feucht wird und länger zum Trocknen braucht, verfahre auf dieselbe Weise mit den weiß gebliebenen Quadraten bis auch sie den entsprechenden Farbton erreicht haben. Wie gut oder ungeschickt du das machst, lässt sich dann daran messen, wie mehr oder weniger schartig und dunkel die Randlinien der Quadrate geraten.

Sobald du die Quadrate leid bist, zeichnest du mit dem Zirkel Kreise, die du dann mit unregelmäßigen geraden Linien durchziehst, anschließend kolorierst du die Zwischenräume zwischen den Linien und dem Umkreis; dann zeichnest du beliebige einfache Blattumrisse, wie in Übung 11 beschrieben, und kolorierst auch diese, bis du jede gewünschte Form gleichmäßig mit Farbe ausfüllen kannst.

Da du nicht immer exakt dieselbe Menge Wasser zur Farbe hinzugeben kannst, wirst du im Laufe dieser Übung feststellen, dass der gleichmäßige Farbauftrag umso schwieriger ist, je tiefer die Farbe ausfällt. Daher versuche, hast du erst einmal ein gewisses Können erreicht, die gewünschten Formen in einem Zug mit einem Pinsel voll tiefer Farbe auszufüllen, anstatt mehrere Farbschichten übereinander aufzutragen, stets darauf achtend, dass auch sehr tiefe Farbe immer noch genügend flüssig sein sollte, und dass du nach dem Auftragen überflüssige Farbe wieder mit dem Pinsel aufnimmst, damit sich beim Trocknen keine schwarzen Ränder bilden. Mit ein wenig Erfahrung wirst du sehen, wie leicht die Farbe ins Fließen kommt und wie das verhindert werden kann; aber das muss es auch nicht immer unbedingt, so wie ein großer Aquarell-Maler manchmal bewusst einen Umriss betonen will, indem er auf diese Weise einfach die Farbe an den Rändern trocknen lässt.

Sobald du allerdings beginnst, kompliziertere Formen mit dunkler Farbe auszufüllen, wird auch die größte Schnelligkeit dabei nicht verhindern können, dass die Farbe stellenweise ungleichmäßig trocknet. Folgende Methode kann Abhilfe schaffen. Trage zunächst die Farbe sehr leicht und flüssig auf, so leicht, dass sie gerade noch auf dem Papier zu erkennen ist. Fülle die Umrisse vollständig aus und halte dabei die ganze Fläche gut nass. Dann nimmst du dunklere Farbe auf und setzt etwas davon in die Mitte der nassen Fläche. Sie wird sich astförmig ausbreiten und du kannst sie nun mit dem Pinsel bequem über die ganze Fläche bis zu den Umrissen verteilen. Nach dem Trocknen wird die Farbe so makellos gleichmäßig erscheinen wie nach einem einzigen Pinselüberzug und zugleich alle komplizierten Umrisse genau definieren.

Nachdem du das gleichmäßige Farbenauftragen recht gut beherrschst, kannst du jetzt mit dem

Abtönen fortfahren. Bereite eine Farbmischung mit drei oder vier Teelöffeln Wasser vor, gieße zwei Drittel davon weg, sodass noch ein Teelöffel verdünnte Farbe übrigbleibt. Dann legst du wie vorher dein Papier auf eine geneigte Arbeitsfläche und zeichnest von oben nach unten zwei parallel verlaufende Bleistiftlinien mit einem Zwischenabstand von der Breite eines Schachbrettfeldes. Von oben beginnend trägst du dann zunächst einen Pinsel voll Farbe auf und führst sie etwas nach unten. Dann tauchst du den Pinsel tief in Wasser ein und mischst in deiner Schale rasch so viel verdünnte Farbe dazu wie der Pinsel mit einem Mal aufnehmen kann. Mit dieser noch blasseren Farbe führst du dann den ersten Farbauftrag auf dem Papier weiter herunter. Darauf den Pinsel erneut ins Wasser, wieder mit Farbe vermischt und aufs Papier gebracht und so weiter und so fort, dabei jedes Mal den Pinsel ins Wasser tauchend, bevor man mit ihm in der Schale weiter rasch die Farbe verdünnt. So fortfahren bis die Farbe so blass geworden ist, dass sie nicht mehr sichtbar ist. Dann den Pinsel gründlich in Wasser auswaschen, den Farbauftrag noch einmal etwas weiter heruntertreiben, die überflüssige Nässe mit trockenem Pinsel aufnehmen und alles trocknen lassen.

Wenn du bereits am Papierende angelangt bist, bevor deine Farbe blass geworden ist, kannst du entweder ein längeres Papier nehmen oder du machst oben auf einem neuen Blatt weiter mit dem zuletzt benutzten Farbton; wichtig ist nur, dass du diesen am Ende bis zu einem reinen Weiß verdünnt hast. Wenn alles trocken ist, legst du von oben nach unten eine weitere Schicht ähnlicher Farbmischung darüber, und das wiederholst du wieder und wieder, bis die Farbe oben am Papieranfang so dunkel ist wie dein Stück Preußisch Blau und dann zum Ende deiner Säule hin in reines Weiß übergeht, mit perfekt gleichmäßiger Abstufung von einem Ton zum nächsten.

Anfangs wird dein Papier noch eher fleckig oder wellig aussehen, als gleichmäßig abgetönt, was daran liegen mag, dass du mal mehr, mal weniger Wasser mit deinem Pinsel aufgenommen hast, oder es in der Schale nicht gründlich mit Farbe abgemischt hast, oder auch vor dem nächsten Durchgang einen Farbauftrag zu weit heruntergezogen hast. Da hilft nur weiteres Üben, um dich zu verbessern. Selbst den größten Künstlern gelingen solche Abtönungen nicht immer wie gewünscht, und dann auch selten ohne nachträgliches Retuschieren.

Wenn du erst geübter bist und die Farbe rascher auftragen kannst, wirst du auch in der Lage sein, Farbe auf kleinerer Fläche abzutönen;* zunächst mit wenig Farbe und nur einem Tropfen Wasser, anstatt einem Pinsel voll Wasser. Und auch mit feineren Pinseln lässt sich gut in einem kleineren Maßstab abtönen. Doch selbst mit weniger Übung wirst du Fortschritte machen und näher das Verhältnis von Farbe zu Schatten studieren können, in dem Maße wie es die folgende Übung zeigt:

*Es ist, anfangs, schwieriger, eine farbige Abtönung auf kleinerer als auf ausgedehnterer Fläche zu erzielen; aber die eigentliche Schwierigkeit besteht wie mit dem Stift auch darin, dass die Abtönung stufenlos verläuft.

Beschaffe dir die Farben Karmin, Gummigutt, Sepia, Blauschwarz, Kobalt und Zinnober und erstelle nun abgestufte Säulenskalen von Karmin und Blauschwarz, ebenso wie vorher schon mit dem Preußisch Blau.* Von jeder Säulenskala, angefangen mit der Preußisch-Blau-Skala, schneidest du nun einen schmalen Streifen der ganzen Länge nach ab, legst sie alle drei nebeneinander, befestigst sie und ziehst dann über alle drei mit dem Lineal Querlinien mit gleichen Zwischenabständen, sodass sich insgesamt fünfzig Tonwerte ergeben, die du von hell zu dunkel durchnummerierst, 1, 2, 3 usw. Bei korrekter Abstufung wird der dunkelste Ton gleich ob vom Rot oder vom Blau von annähernd gleicher Tiefe und Intensität sein wie der dunkelste Ton vom Blauschwarz, und ebenso wird jeder beliebige Tonwert auf einer entsprechend angelegten Schwarz-Weiß-Skala, mit für unsere Zwecke ausreichender Genauigkeit, dem ähnlich nummerierten Tonwert auf dem roten oder blauen Streifen entsprechen. Wenn du also beim Zeichnen von karminroten oder blauen Objekten ihre natürliche Farbe einem entsprechenden Tonwert des Karminrots oder des Blaus auf deinen Skalen zuordnen kannst, dann zeigt das Grau mit derselben Tonwertnummer auf der Grau-Skala eben das Grau an, mit welchem jenes Karminrot oder Blau in deiner Chiaroscuro-Zeichnung wiederzugeben ist.

*Es versteht sich, dass die Säulenskalen alle gleich lang sein sollen.

Als Nächstes erstellst du Skalen mit Gummigutt, Kobalt und Zinnober. Du wirst sehen, dass sich diese Farben nicht über einen gewissen Grad hinaus dunkler machen lassen; denn Gelb und Scharlach, solange sie Gelb und Scharlach bleiben sollen, können sich nicht dem Schwarz nähern. Es gibt im eigentlichen Sinne weder ein dunkles Gelb noch ein dunkles Scharlach. Trage also zunächst ein kräftiges Gelb, Blau und Scharlach bis zur Hälfte der Streifen auf und stufe dann erst bis Weiß ab. Anschließend nimmst du das Karmin zum Abdunkeln der oberen Hälfte des Zinnober und des Gummigutt, und das Preußisch Blau zum Abdunkeln des Kobalt. Auf diese Weise erhältst du drei weitere Skalen, die von Weiß über Gelb und Orange, über Himmelblau und über Scharlach, bis annähernd Schwarz aufsteigen. Durch Mischen von Gummigutt und Preußisch Blau kannst du eine entsprechende Grün-Skala anfertigen; durch Mischen von Kobalt und Karmin eine violette; und mit Sepia allein erhältst du eine ganze Braun-Skala. So kannst du weiter beliebig viele Skalen herstellen, von Schwarz zu Weiß die verschiedenen Farbtonwerte durchlaufend. Bei korrekter Abstufung und regelmäßiger Unterteilung wird dann in deiner Chiaroscuro-Zeichnung das Feld mit dem Tonwert № 1 auf der Grau-Skala die entsprechende № 1 von allen anderen Farb-Skalen wiedergeben, № 2 der Grau-Skala die № 2 der farbigen und so fort.

Wichtig ist, das Prinzip dabei zu verstehen; denn du wirst letztlich deine Farbskalen niemals so fein abstufen können, dass sie in der Praxis exakt verwertbare Entsprechungen für deine Chiaroscuro-Zeichnungen liefern. Und selbst wenn das ginge und du hättest zehntausend Skalen und könntest die Farben schneller mischen als je ein Zauberkünstler seine Karten, wärst du nicht imstande, innerhalb eines Tages die Abtönungen auf nur einer Seite eines frostbefallenen Apfels festzustellen. Aber hast du einmal voll und ganz das Prinzip begriffen und erkannt, dass alle Farben einen bestimmten Dunkelheitsgrad oder einen dunklen Anteil, der sich von Weiß abhebt, aufweisen – einige mehr, einige weniger; und dass dieser Tonwert jeder Farbe sich durch äquivalente graue Tonwerte wiedergeben lässt, dann wirst du bald so versiert sein, ohne jede Skala, allein mit bloßem Auge, den annähernd richtigen Tonwert bestimmen zu können.

An diesem Punkt solltest du fortfahren, wieder mit der Feder Motive und Schattenformen zu zeichnen, die du schön findest, wie etwa die Äderung im Marmor oder Schildpatt, Flecken auf Muscheln und so fort, so zart wie möglich und in den Dunkelheitsgraden, die den natürlichen Farben entsprechen. Und wenn du das beherrschst, ist es Zeit, zu rundlichen Formen überzugehen.

ÜBUNG VIII

Gehe hinaus in deinen Garten oder auf die Straße, und nimm den ersten besten runden oder ovalen Stein, den du findest, weder zu weiß, noch zu dunkel, und je glatter desto besser, nur *glänzen* darf er nicht. Stelle deinen Arbeitstisch nah ans Fenster und lege den Stein, der nicht viel größer als der von Abbildung 5a sein sollte, auf ein nicht allzu weißes Papier vor dich hin. Setz dich so, dass das Licht von links kommt, weil sonst der Schatten des Bleistifts die Sicht auf deine Arbeit stören würde. Vermeide direktes Sonnenlicht auf dem Stein, nur normales Tageslicht, und richte danach die Wahl deines Fensters. Falls sich die Läden der übrigen Fenster schließen lassen, ist es umso besser, aber auch nicht unbedingt notwendig.

Wenn du diesen Stein zeichnen kannst, dann kannst du jedes Ding zeichnen, solange es sich überhaupt zum Zeichnen eignet. Viele Dinge, so wie beispielsweise Meeresschaum, lassen sich nicht zeichnen, allenfalls lässt sich davon eine Vorstellung andeuten. Aber wenn du den Stein *korrekt* zeichnen kannst, bleibt dir kein Bereich der Kunst mehr verschlossen.

Denn alles Zeichnen hängt grundsätzlich ab von deiner Fähigkeit, Rundheit wiederzugeben. Wenn dir das erst einmal gelingt, geht alles Übrige leichter und unkomplizierter; wenn nicht, wird alles andere, was du tust, unnütz sein. Denn in der Natur ist alles rundlich; das meint nicht die perfekte Rundheit einer Kugel, sondern die kurvige Vielfalt der Oberflächen. Äste sind rundlich, Blätter sind

Abb. 5a+b

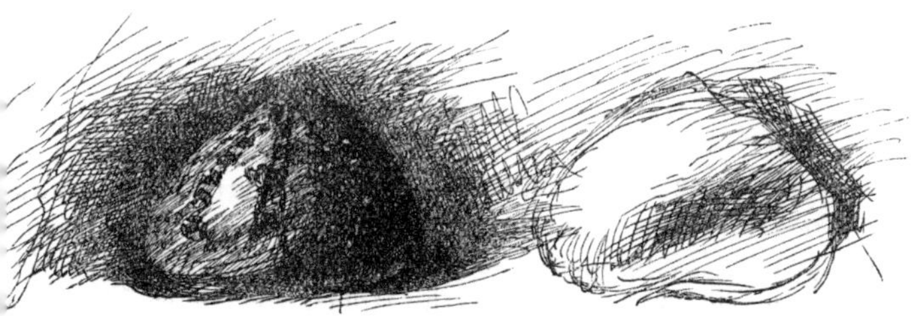

rundlich, Steine sind rundlich, Wolken sind rundlich, und Wangen und Locken sind rundlich: in der natürlichen Welt gibt es nicht mehr Flachheit als Leere. Die Erde selbst ist rund und so ist mehr oder weniger alles auf ihr rund, außer Menschenwerk, welches in der Tat oft sehr flach ist.

Also bereite dich entschlossen darauf vor, diesen runden Stein zu erobern und du hast die Schlacht gewonnen.

Schau deinem Stein-Gegner mutig ins Gesicht und du wirst sehen, dass seine dem Fenster zugewandte Seite heller ist als der größte Teil des Papiers und die vom Fenster am weitesten abgewandte Seite dunkler als das Papier; und dass das Licht nach und nach ins Dunkle übergeht, während zur rechten Seite der Stein einen Schatten auf das Papier wirft: das Ganze erscheint etwa so wie in Abb. 5a, abgesehen von den Flecken auf dem Stein, auf die ich gleich zurückkomme.

Du erinnerst dich an das zu Anfang Gesagte, dass nämlich alles, was du in der Natur sehen kannst, nur in dem Maße sichtbar ist, als es heller oder dunkler als seine unmittelbare Umgebung ist, oder von einer verschiedenen Farbe. Entweder wird es als farbiger Fleck auf einem andersfarbigen Grund gesehen, oder als ein helles Ding, das sich von einem dunkleren abhebt oder umgekehrt. Und wenn es dir gelingt, Farb- oder Schattenflecken von exakt der gleichen Größe, Form und Abstufung wie die des betrachteten Objekts und seines Hintergrunds zu malen, wirst du Objekt wie Hintergrund naturgetreu zum Erscheinen bringen.

Die größten Zeichner wie Tizian und Paolo Veronese taten nichts anderes; und auch du wirst bald so weit sein, auf einem niedrigeren Niveau Ähnliches zu realisieren, sobald du siehst, wie extrem einfach es zu erlernen ist. Nehmen wir an, du hast ein braunes Buch auf einem weißen Blatt Papier auf einem roten Tischtuch vor dir liegen. Du brauchst dann nichts anderes zu tun, als entsprechende Farbflecken aufzutragen, von der gleichen Form, mit einer Hell-Dunkel-Abstufung in den gleichen Tonwerten und schon ist deine Zeichnung fertig. Wenn du aber nicht betrachtest, was du vor dir siehst, und versuchst, leuchtendere oder mattere Farben hinzusetzen, als du sie vor Augen hast, und sie mit dem Pinsel nur so hinwischst oder hinkleckst, oder versuchst, dein Papier mit »energischen« Linien zu überziehen, oder jedenfalls irgendetwas anderes wiederzugeben als die einfache, unverfälschte und in sich vollendete Stille des Gegenstandes vor dir, dann gibt es keine Hoffnung für dich, voranzukommen. Nichts wird die Natur dir zeigen, wenn du dich als ihr Meister aufspielst. Vergiss dich besser selber und versuche ihr zu folgen, und die Gefolgschaft wird dir leichter fallen und dich mehr beglücken als du denkst.

Die wirkliche Schwierigkeit besteht in der Wiedergabe der Feinheit der Form und der Gleichmäßigkeit in den Abstufungen. Du kannst sicher sein, wenn du nicht zufrieden bist mit deiner Arbeit, so immer, weil sie zu grob oder zu ungleichmäßig ausfällt. Dabei muss sie nicht einmal missraten sein – mit aller Wahrscheinlichkeit ist sie es in den sogenannt wichtigsten Punkten auch nicht. Aber die Ränder geben nicht getreu genug den Umriss wieder und die Schattierung wirkt verkratzt oder fleckig oder ist voll weißer Löcher. Arbeite zarter und naturgetreuer und du wirst sehen, wie deine Arbeit an Kraft gewinnt.

Glaube also nicht, deine Zeichnung müsse schwach wirken, nur weil du eine fein gespitzte Feder in der Hand hältst. Solange du damit nicht zu zeichnen verstehst, kannst du es auch anders nicht. Doch wenn du damit zeichnen kannst, dann wird dir selbst ein verkohltes Holzscheit zu Diensten sein. Wahre Kühnheit und Kraft lassen sich nur durch Sorgfalt erreichen. Selbst beim Fechten und beim Tanz beruht die höchste Anmut, von den frühesten Anfängen an, auf Präzision; und das gilt umso mehr für das Singen und Zeichnen.

Im Übrigen will ich gar nicht, dass du nun meine Skizze der Abb. 5 kopierst, sondern vielmehr direkt den vor dir liegenden Stein, nach Art meiner Skizze. Dazu miss zunächst mit dem Zirkel seine Länge und übertrage sie auf dein Papier. Zwischen den so markierten Punkten lässt du dann die ungefähre Form des Steines als helle Fläche entstehen, indem du sie rundum strichelnd umreißt. Abb. 5b zeigt den Anfang einer solchen Skizze. Dabei gib dem hellsten Teil der Form eher zu viel Raum als zu wenig. Dann beginnst du sorgfältig zu schattieren, indem du den hellen Teil nach und nach eingrenzt und die Schattenseite langsam verdunkelst. Du brauchst dich nicht mit der exakten Wiedergabe der Form zu quälen, denn ohne unendlich viel Übung ist es unmöglich, die Form des Steines ganz getreu zeichnen zu können, und so bleibt nur, dir mittels dieser Übungen nach und nach mehr Sicherheit anzueignen: worum du dich jetzt vor allem bemühen sollst, ist, den Stein körperhaft und rund aussehen zu lassen, ohne dir den Kopf über seine exakte Kontur zu zerbrechen – die wirst du besser hinbekommen, wenn du sie nach und nach durch gestrichelte Schatten andeutest, als wenn du vorab eine Konturlinie zu zeichnen versuchst. Denn wirklich *sehen* kannst du überhaupt keine Kontur; was du siehst, ist ein gewisser Bereich von Schattenabstufungen mit ähnlichen Schattenbereichen ringsherum. Und die Formen dieser Schattenbereiche solltest du so getreu wie nur möglich durch Stricheln auf dem Papier zu imitieren versuchen, mit den gleichen Abstufungen, die sie in der Natur haben. Und das wird dir besser mittels etwas wirren Schraffuren in deiner Skizze gelingen, als durch eine akkurat gezeichnete Umrisslinie. So hatte ich beispielsweise nach dem Skizzieren des fossilen Seeigels in Abb. 5a, dessen unregelmäßige Form mehr Sorgfalt in der Ausführung verlangte als die Form eines gewöhnlichen Steines, mich in einer weiteren Skizze darangemacht, den besonderen Effekt durch das reflektierte Licht auf dem Stein zu zeichnen, nämlich wie stark es die Schattenseite des Steines aus dem Hintergrund heraushebt: aber schon nach wenigen Strichen beschloss ich, besser damit aufzuhören und das bis dahin Skizzierte, wie in 5b, zu zeigen. In diesem ersten Skizzenentwurf ist gut zu erkennen, dass noch vieles unbestimmt ist, und somit auch mehr oder weniger verändert werden kann, wie auch die Kontur sich weiter ausdehnen oder zusammenziehen lässt, da die sie nur andeutenden Linien bei Bedarf leicht mit den übrigen zu verschmelzen sind. Und auch das dann notwendige Ausfüllen der Leerstellen und Korrigieren der Unregelmäßigkeiten wird am Ende zu einem besseren Ergebnis führen, als wenn vorab eine halbe Stunde auf das Zeichnen eines getreuen Umrisses verwandt worden wäre.

Dabei ist darauf zu achten, dass die Zeichnung nicht zu dunkel wird. Um die wirklichen Tonwerte der Schatten bestimmen zu können, schneide ein kleines rundes Loch von halber Erbsengröße aus einem Stück Papier heraus, das die gleiche Farbe hat wie dein Zeichenpapier. Halte dieses Papierstück mit dem Loch zwischen dich und den Stein und bewege es vor und zurück, sodass du die verschiedenen Bereiche des Steines (oder eines anderen Gegenstands) durch das Loch sehen kannst. Dabei wirst du feststellen, dass das in der Öffnung Gesehene jenen Farbflecken gleicht, die du schon früher wiederholt angelegt hast, nur dass sich hier mit dem jeweils gesehenen Bereich des Steines auch seine Tönung ändert. Indem du nun das Papier neben der runden Öffnung entsprechend angleichend schraffierst, kannst du die natürliche Tönung von jedem Bereich des Steines wiedergeben. Ebenfalls wirst du feststellen, dass die Öffnung niemals völlig *schwarz* erscheint, sondern dass alle Rundungen des Steines sich als gedämpfte Grautöne darstellen.*

Du wirst wahrscheinlich auch bemerken, dass einige Partien des Steines oder des Papiers, worauf der Stein liegt, durch die Öffnung hell aufleuchtend wirken, sodass sich das kleine Loch dann als heller Fleck zeigt und nicht als ein dunkler. Wenn das der Fall ist, kannst du es nicht imitieren, denn du verfügst über keine Mittel, das Licht strahlender als weißes Papier wiederzugeben: wenn du aber das Papier mehr zum Licht hin neigst, wirst du feststellen, dass viele Partien des Steines, die vorher durch das Loch hell schienen, jetzt dunkel erscheinen; und wenn du das Papier so positionierst, dass alle Partien des Steines leicht dunkel scheinen, wird sich das kleine Loch durchgehend als ein Schattenfleck zeigen; und wenn deine Zeichnung in die gleiche Position zum Licht gebracht wird, kannst du jeden Tonwert imitieren. Du wirst verblüfft sein, wie gering die Unterschiede zwischen den Schattentönen sind, durch welche die Natur in unendlich feinen Abstufungen körperhafte Formen ausdrückt.

*Die Zeichnung Abb. 5a ist sehr dunkel, doch sollen dadurch nur die vielen möglichen Dunkelheitsgrade veranschaulicht werden, ohne eine Vielzahl von getrennten Skizzen anfertigen zu müssen.

Wenn es dann immer noch eine Stelle gibt, die sich durch das Loch hindurch hartnäckig nur als helles Licht zeigt, so gib es auf, auch diese Stelle imitieren zu wollen. Du kannst dann nichts Besseres tun, als sie weiß zu lassen.

Nachdem du dein Bestmögliches gegeben hast, um die allgemeine Form des Steines zu erfassen, kannst du dazu übergehen, seine Textur, all seine Risse und Flecken genau wiederzugeben. Beachte dabei, dass Risse oder Spalten jeder Art, ob zwischen Steinen in einer Wand, oder in der Maserung von Holz oder Felsen, oder in einer ihrer tausend anderen Erscheinungsformen, niemals durch einzelne schwarze Linien oder einfache Schattenlinien wiedergegeben werden können. Ein Riss ist immer als ein komplettes System von Licht und Schatten zu betrachten, so klein er auch sein mag. In Wirklichkeit ist er eine winzige Schlucht mit einer dunklen oder Schattenseite und einer hellen oder Sonnenseite, und üblicherweise Schatten auf dem Grund. Hier haben wir einen Fall, wo sich die Ursachen der äußeren Erscheinung durchaus verstehen lassen; was beim Zeichnen nicht oft vorkommt, denn die Erscheinungsweisen der Dinge sind meist derart subtil und verworren, dass sie im Allgemeinen nicht erklärt werden können. Und schon beim Versuch, nur einige ihrer Aspekte zu erklären, können wir sicher sein, andere dabei aus den Augen zu verlieren, da wir es gewohnt sind, die Bedeutung jener Aspekte, auf die wir uns fixieren, zu überschätzen und zu übertreiben, sodass bloß wissenschaftlich orientierte Zeichner nicht mehr als die Karikatur eines Drittels der Natur zusammenbringen und die anderen zwei verfehlen. Der beste Schüler der Natur ist der, dessen Auge so scharf ist, dass er auf einen Blick die Erscheinung eines Dings erfasst und sich nicht weiter fragen muss, warum es so aussieht: Aber nur wenige haben diese scharfe Wahrnehmungsgabe und für die, denen sie fehlt, kann ein gelegentliches Hinweisen auf grundsätzliche Zusammenhänge durchaus hilfreich sein, besonders wenn ihnen kein Lehrer zur Seite steht. Meinen eigenen Schülern gestatte ich niemals, nach Ursachen von irgendetwas zu fragen, weil ich ihnen beim Betrachten ihrer Arbeit immer zeigen kann, wie das abzubildende Ding sich tatsächlich darstellt und was sie an seiner Erscheinung verfehlen; doch wenn kein Lehrer da ist, um den Blick aufs Offensichtliche zu lenken, können auch einmal wissenschaftliche Erklärungen an seine Stelle treten.

Allgemein gesprochen hat also jeder beleuchtete Körper – wie der Stein, den du zeichnest – eine dem Licht zugewandte helle Seite, eine dem Licht abgewandte dunkle Seite und einen Schatten, der auf eine andere Fläche geworfen wird (wie auf das Papier, auf dem der Stein liegt). Abhängig von deinem Blickwinkel siehst du mal nur die helle Seite und den Schatten, mal nur die dunkle Seite und den Schatten, manchmal beide Seiten oder nur je eine Seite ohne Schatten; aber in den meisten Fällen, wie beim vorliegenden Stein, geben feste Körper alle drei Seiten zu sehen.

Während du jetzt seitlich vor dem Fenster sitzt, hebe einmal deine Hand hoch, die Schmalseite dir zugekehrt, sodass eine Handfläche auf das Fenster zeigt. Du wirst die eine Seite deiner Hand deutlich beleuchtet sehen, die andere deutlich im Schatten. Hier haben wir den Fall einer hellen und einer dunklen Seite ohne direkt sichtbaren Schatten, der vielleicht wie abgetrennt auf dem Tisch oder auf der anderen Zimmerseite liegt, was uns aber hier nicht weiter interessieren soll.

Nun nimmst du ein weißes Blatt Papier und schwenkst es mit einigem Abstand seitlich auf und ab, vorbei an der lichtabgekehrten Seite deiner anderen ebenfalls seitlich erhobenen Hand. Dabei kannst du beobachten, wie die Schattenseite deiner Hand bei jedem Passieren des Papiers stark beleuchtet wird. Das ist *reflektiertes* Licht, das vom Papier auf deine Handfläche zurückgeworfen wird, ganz so wie ein Ball, den jemand durch das Fenster hindurch gegen die Wand wirft, nach dem Zurückprallen von dir aufgefangen werden würde.

Als nächstes nimmst du anstelle des weißen Papiers ein rotes Buch oder ein Stück roten Stoff und du wirst sehen, dass nun rötliches Licht auf deine Hand fällt. Und ein blaues Buch wirft entsprechend bläuliches Licht zurück. Auf diese Weise wirft jeder Gegenstand etwas von seiner eigenen Farbe mit dem von ihm reflektierten Licht zurück.

Doch nicht nur Bücher oder Papiere reflektieren Licht auf deine Hand: Alles im Raum auf dieser Seite tut es, nur schwächer, und die sich dabei mischenden Farben bilden ein neutrales* Licht, welches die deiner Hand eigenen Farbe deutlicher sehen lässt als jene irgendeines anderen Gegenstands, der Licht auf sie reflektiert. Wenn es dieses reflektierte Licht nicht gäbe, würde die Schattenseite deiner Hand kohlenschwarz erscheinen.

*Annähernd neutral unter normalen Bedingungen, aber in seiner Neutralität doch mit jeweils unterschiedlicher Farbtönung, abhängig von den Farben der gegebenen reflektierten Lichtstrahlen, aus denen sie sich zusammensetzt.

Allgemein werden die Gegenstände teils in direktem Licht, teils in dem reflektierten Licht der sie umgebenden Objekte, der Atmosphäre oder der Wolken gesehen. Die Farbe ihrer Lichtseite richtet sich größtenteils nach der des direkten Lichts, diejenige ihrer Schattenseite nach der Farbe der sie näher umgebenden Objekte. Daher ist es unmöglich, vorweg die Farbe zu bestimmen, die ein Objekt an irgendeiner Stelle seiner Oberfläche haben wird, da zu seiner eigenen Farbe noch unendlich viele Kombinationen von Lichtstrahlen hinzukommen, die von den umgebenden Dingen reflektiert werden. Das einzig Sichere, was sich über Schattenseiten sagen lässt, ist, dass ihre Farbe veränderlich ist, und dass ein Bild, welches ihnen bloß dunklere Tönungen von der Farbe der Lichtseiten gibt, notwendig missraten muss.

Jetzt lege deine Hand flach auf dein weißes Zeichenpapier und du wirst eine Seite jeden Fingers beleuchtet, die andere dunkel und den Schatten deiner Hand auf dem Papier sehen. Somit sind die drei Schattenarten gleichzeitig sichtbar. Und obwohl das Papier weiß und deine Hand von rosiger, etwas dunklerer als weißer Farbe ist, wird der Schatten gerade unter den Fingern, die ihn auf das Papier werfen, dunkler als die Haut sein, von einem sehr tiefen Grau. Das liegt daran, dass viel Licht vom Papier auf die dunkle Seite deiner Finger reflektiert wird, aber nur sehr wenig Licht von den umgebenden Dingen auf das Papier selbst, in jenen schmalen Zwischenraum unter den Fingern.

Aus diesem Grund ist im Allgemeinen der Schatten eines Körpers, oder zumindest der dem Körper nächste Teil des Schattens, dunkler als die dunkle Seite des Körpers. Ich betone »im Allgemeinen«, denn es gibt tausend Umstände, die dazwischen kommen können. Nimm beispielsweise einen Glasgegenstand wie ein Weinglas oder das Tintenfass und spiele etwas damit herum neben der vom Fenster abgekehrten Seite deiner Hand; du wirst sehen, dass du auf diese Weise Lichtspritzer über die dunkle Seite deiner Hand wirfst und dass in bestimmten Positionen das reflektierte Licht des Glases den Schatten gar ganz verschwinden lässt und deine Hand sich dann dunkel vom weißen Papier abhebt. Ein unbesonnener Maler etwa wird ein Trinkglas neben die Hand einer seiner Figuren malen und, die gelernte Regel befolgend, dass der »Schatten dunkler ist als die dunkle Seite eines Objektes«, darüber ganz die Lichtreflexe des Glases außer Acht lassen und einen dunkelgrauen Schatten unter die Hand malen, so als gäbe es überhaupt kein Glas. Ein großer Maler dagegen wird die wahre Lichtwirkung mitbedenken und sie entsprechend wiedergeben; und dann kommt ein dummer Kritiker daher und wundert sich, warum die Schattenseite der Hand so hell ist.

In Kunstsachen ist es immer gefährlich, irgendetwas als feste Regel aufzustellen; in jedem Fall ist es nützlich, im Kopf zu behalten, dass im Allgemeinen der Schatten dunkler ist als die dunkle Seite des Körpers, der ihn wirft, vorausgesetzt beider Farben stimmen überein; das heißt, wenn ein weißer Körper einen Schatten auf eine weiße Fläche wirft, oder ein dunkler Körper auf eine dunkle Fläche: sind die Farben aber verschieden, stimmt die Regel nicht mehr. So ist für gewöhnlich der Schatten eines schwarzen Körpers auf einer weißen Fläche natürlich nicht so dunkel wie der schwarze Körper selbst, der ihn wirft. Der einzige Weg in solchen Fragen, die letzte Wahrheit herauszufinden, ist genau *hinzusehen*; in der Zwischenzeit wird dir jedenfalls die Vorstellung helfen, dass die Risse im Stein kleine Schluchten bilden, deren eine Seite von scharfem Licht getroffen wird, während die andere im Schatten bleibt. Diese dunkle Seite wirft gewöhnlich einen etwas dunkleren Schatten in den Grund des Risses und der allgemeine Farbton der Steinoberfläche ist nicht so hell wie die helle Wand der Schlucht. Wenn es dir also in deiner Zeichnung gelingt, der Oberfläche des Körpers eine einheitliche Tönung mit angedeuteter Schattierung zu geben, und du daraus dann einen weißen Fleck oder Streifen gleichwelcher Form herausradierst und neben diesem weißen Streifen noch eine dunkle Schattierung setzt, so kannst du daraus nach Belieben einen Grat oder einen Einschnitt machen, einen Buckel oder eine Aushöhlung. Wenn du die dunkle Schattierung auf die Seite setzt, die der Sonne am nächsten ist, oder vielmehr dem Punkt der Lichtquelle am nächsten, so entsteht ein Einschnitt oder eine Aushöhlung; setzt du sie auf die entgegengesetzte Seite, so machst du einen Grat oder eine Erhebung daraus. Der Erfolg dieses Effekts hängt dabei weniger von der Tiefe der Schattierung ab, als vielmehr von der Richtigkeit der Zeichnung, das heißt der augenfälligen Übereinstimmung der Form des

Schattens mit der Form des Körpers, der ihn wirft. Beim Zeichnen von Felsen oder Gehölz, oder anderen ungleichmäßig geformten Körpern, wirst du weit mehr erreichen, wenn du mit ein wenig Geduld sorgfältig genau, aber auch mit leichter Hand, den Formen nachgehst, als durch mühsames Feinausführen der Oberflächentextur und Schattentransparenz.

Nachdem du dem Ganzen eine gute Form gegeben hast, gehst du dazu über, mit ebenso großer Sorgfalt Flecken und Sprenkel anzubringen. In vielen Fällen können Flecken oder Streifen in Lokalfarbe besser eine Form ausdrücken als selbst Licht und Schatten dies vermögen, und als Mittel der Natur, durch welche sie Licht in ihre Schatten bringt und Schatten in ihre Lichter, sind sie immer von Interesse für uns; dazu werden wir noch einiges mehr zu sagen haben wenn es später um die Komposition geht. Die Abbildung 5a ist eine flüchtige Skizze eines fossilen Seeigels; die aus schwarzem Feuerstein bestehenden Höcker seines Panzers heben sich von einer kreidigen Oberfläche ab. Im Licht bilden diese Höcker dunkle Flecken, wobei ihre Seiten im Heraustreten aus dem Schatten kleinere weiße Flecken inmitten des Dunkels ausformen. Derartige verstreute kleine Lichter lassen sich leicht mit dem Federmesser herausarbeiten, aber das sollte mit der gleichen Sorgfalt geschehen, wie sie auch eine aufwändigere Ausführung erfordern würde.

Hast du einmal ein Gespür dafür entwickelt, wie sich Schattierungen zur Darstellung von Rundungen und Erhebungen einsetzen lassen, kannst du dich an jedem natürlichen oder künstlichen Motiv, was immer dir gefällt, versuchen; vorausgesetzt seine Form ist nicht zu kompliziert. Ich habe dich dazu aufgefordert, zunächst einen einfachen Stein und kein schwierigeres Motiv zu zeichnen, weil die anfänglichen Unregelmäßigkeiten und Mängel beim Schattieren dich so weniger entmutigen, da sie ja zu einem guten Teil für die raue Oberfläche des Steins selbst bezeichnend sind. Und solange du nicht sicher bist, wirklich fein schattieren zu können, solltest du eine Zeitlang ruhig weiter rundliche Steine verschiedener Form zeichnen. Dann aber nimm dir den Faltenwurf dicker weißer Stoffe vor, ein nachlässig auf den Tisch geworfenes Mund- oder Handtuch eignet sich bestens dafür. Dabei wirst du schnell bemerken, wie perfekt gleichmäßig und zart deine Schattierungen ausgeführt werden müssen, wenn du das Fließen der Falten einfangen willst. Besser ein makellos gezeichnetes Fragment als viel Gekritzel; sobald du merkst, dass du zum Kritzeln neigst, leg die Arbeit zur Seite und mach erst am nächsten Tag weiter. Selbstverständlich solltest du dein Mund- oder Handtuch so anbringen, dass seine Falten bis zum Ende deiner Arbeit unverändert fixiert bleiben. Wenn du mit deinen gezeichneten Falten nicht zufrieden bist, besorge dir die Fotografie eines Faltenwurfs und kopiere sie (es gibt viele derartige Fotos von Skulpturen aus den Kathedralen von Reims, Amiens und Chartres, die zugleich deine Hand und deinen Geschmack schulen). Dabei wirst du feststellen, woran es deinen eigenen Studien nach der Natur mangelt, vielleicht sind es feinere Abstufungen oder größere Achtsamkeit beim Anordnen der Falten. In beiden Punkten wirst du wahrscheinlich eine Zeitlang auf große Probleme stoßen, denn es ist sehr schwierig, den Faltenschwüngen der Stoffe zu folgen; aber nur nicht den Mut verlieren, denn mit den Schwierigkeiten wächst auch der Lerneffekt. Falls dein Auge geübter im Ausmessen von Formen ist als im Unterscheiden feiner Tönungen kann dir ein gemusterter Stoff von Hilfe sein. Du musst es einfach ausprobieren: wenn dich gemusterte Stoffe eher verwirren, bleibe zunächst bei einfachen weißen Stoffen; doch wenn sie deine Arbeit erleichtern, solltest du dich bald eher an die gemusterten halten (Tartan-Stoffe und einfache karierte Muster eignen sich für den Anfang besser als geblümte) und all die perspektivischen Verkürzungen und Verzerrungen der Muster in den Falten mit größter Sorgfalt wiedergeben.

Du musst nicht denken, das sei eine unwürdige Arbeit. Selbst die größten Meister zeichneten immer schon gern Muster; und je größer sie sind, desto mehr bemühen sie sich dabei um eine getreue Wiedergabe.* Es gibt kaum eine bessere Vorübung für die Wiedergabe der erhabenen Vielfalt natürlicher Einzelheiten. Denn kannst du erst die Muster im Faltenverlauf eines bedruckten Stoffes zeichnen, wirst du auch eher in der Lage sein, die Flecken in den Fellfalten eines

*Tizian, Veronese, Tintoretto, Giorgione und Turner übten sich mit Freude darin und strebten dabei nach Perfektion.

springenden Leoparden zu zeichnen. Aber solange du ein derartiges Manufakturerzeugnis nicht zu zeichnen verstehst, wirst du sicher auch niemals eine lebendige Kreatur zeichnen können. Entsprechend wird das sorgfältig gezeichnete Moirémuster eines Holzstücks die beste Einführung in das Zeichnen der Wolken am Himmel oder der Meereswellen sein; und die toten Blattmuster eines Damaststoffs, sind sie gut wiedergegeben, werden dich befähigen, auch die lebendigen Blattmuster eines Dornendickichts oder einer Veilchenbank zu meistern.

Mach dir aber vorerst beim Zeichnen von Stoffen oder Bucheinbänden oder anderen fein gewebten Oberflächen keine Gedanken über deren vielleicht flaumige oder gazeartige Textur und konzentriere dich vielmehr auf die getreue Wiedergabe der Schatten, Faltenstruktur und Muster. Im weiteren Verlauf werden wir noch sehen, wie sich die jeweilige Textur einer Oberfläche in einer Federzeichnung darstellen lässt; achte für den Augenblick nur auf Licht, Schatten und Muster. Dabei werden dir zunächst *glänzende* Oberflächen zu schaffen machen, doch schon ein wenig aufmerksame Beobachtung wird dir zeigen, wie sich dieses Glänzen durch das richtige Zeichnen von Licht, Schatten und Reflexen ausdrücken lässt. Stelle dazu auf deinem Tisch ein kleines schwarz lackiertes Teetablett vor einige Bücher, und du wirst sehen, wie es diese Bücher wie ein kleiner schwarzer, gekräuselter Teich reflektiert, wobei sich seine eigene Farbe stets mit den Farben der reflektierten Bücher vermischt. Zeichne getreu diese Widerspiegelungen der Bücher nach, dunkel und verzerrt, ganz so wie sie erscheinen, und du wirst entdecken, dass eben dadurch das Glänzen des Tabletts entsteht. Allerdings solltest du dir das Zeichnen polierter Gegenstände nicht zur Gewohnheit machen; ein oder zwei derartige Zeichnungen reichen, um die Eigenart von immer wieder auftretenden glänzenden Bereichen gleichwelcher Objekte zu verstehen. So beispielsweise der Goldschnitt von Büchern oder das Leuchten von Seide und Damast, durch dessen Wiedergabe sich zu einem großen Teil auch ihr Faltenwurf zum Ausdruck bringen lässt. Wenn du dich umschaust, wirst du merken, dass es nur sehr wenige Dinge ganz ohne Glanz gibt und häufig wirst du zu deinem Erstaunen auf einer scheinbar matten Oberfläche ein Glanzlicht entdecken, das sich als das blasse Spiegelbild eines anderen Gegenstands herausstellt.

Wenn du mir nun gewissenhaft versichern kannst, dass du in der Lage bist, mit Federspitze oder Bleistift jede beliebige Form und Schattierung anzulegen, so mögest du jetzt dazu übergehen, den Pinsel mit nur einer Farbe zu benutzen – Sepia oder Blauschwarz, oder Kobalt und Blauschwarz vermischt, oder eine neutrale Farbe, was deine Studien sehr erleichtern und dir frischen Schwung geben wird. Doch dazu musst du zur Vorbereitung noch eine oder zwei Übungen zum Abtönen machen.

ÜBUNG IX

Bereite die Farbe vor wie in Übung VII beschrieben. Nimm einen Pinsel voll davon und wirf eine beliebige unregelmäßige Form auf das Papier. Mit dem inzwischen trockeneren Pinsel wischst du dann über die Papieroberfläche so, als würdest du das Papier sehr leicht abstauben; ein jeder solcher Pinselschwung wird eine Reihe von winzigen Zwischenräumen im Farbauftrag hinterlassen. Je leichter und rascher die Pinselschwünge, desto besser. Danach lass alles trocknen, und ist es soeben trocken, füllst du mit nur so wenig Farbe im Pinsel, dass du ihn zuspitzen kannst, all die kleinen Zwischenräume aus, einen nach dem anderen, sodass das Ganze so gleichmäßig wie irgend möglich erscheint; für die größeren Lücken brauchst du entsprechend mehr Farbe, immer darauf achtend, dass die Ränder des ersten und des folgenden Farbauftrags exakt aneinander liegen und sich nicht überlappen. Ist der zweite Farbauftrag trocken, wirst du bemerken, dass er an manchen Stellen blasser als der erste ausfällt. Da muss dann nachgearbeitet werden, damit das Ganze möglichst einheitlich aussieht. Und ein auch nur sehr kleiner Farbbereich, mit größter Sorgfalt ausgefüllt, sodass er aussieht, als wäre er von Anfang an völlig gleichmäßig gewesen, wird dich weiterbringen als eine riesige, aber nachlässig ausgefüllte Fläche. Also mit großer Geduld vorgehen, ohne auch nur den winzigsten weißen Fleck auszulassen. Und nicht mit den größeren Zwischenräumen beginnen, um dann zu den kleineren überzugehen, sondern das Ganze ruhig und stetig zunächst in einem begrenzten Bereich auffüllen und diesen dann nach und nach weiter ausdehnen, auf diese Weise immer einen deutlichen Überblick behaltend über das Getane und noch zu Tuende.

ÜBUNG X

Lege eine Schicht blauer Farbe, wie üblich vorbereitet, über die gesamte Fläche eines quadratischen Blattes Papier an und lass es trocknen. Dann eine weitere Schicht über ungefähr vier Fünftel des Quadrats, mit eher unregelmäßigem Rand und erneut trocknen lassen. Dann wieder eine Schicht über drei Fünftel; noch eine über zwei Fünftel und die letzte über ein Fünftel, sodass das Quadrat fünf Streifen von zunehmenden Dunkelheitsgraden der Farbe zeigt, einer dunkler als der andere. Dann machst du dich daran, mit eher trockenem Pinsel (wie beim Auffüllen der Zwischenräume in der vorigen Übung) und mit kleinen Strichen (wie bei den Federzeichnungen, nur etwas breiter), von den Rändern ausgehend, die Streifen in feiner Abstufung dunkler zu schattieren, sodass die dunkleren Farbtöne unmerklich in die helleren übergehen. Mit einer Vielzahl solch kleiner, sehr zart und leicht aufgetragener und sich in alle Richtungen kreuzenden Pinselstriche wird es dir auf diese Weise nach und nach gelingen, den Übergang zu dem nächst dunkleren Farbton fließender zu gestalten und die Streifenränder zu verwischen. Am Ende sollte das ganze Quadrat gleichmäßig von dunkel zu hell schattiert erscheinen, ohne Trennlinien, nichts als eine Textur sich kreuzender Striche, ähnlich geschnittenem Stroh.*

Jetzt greifst du erneut zu deinem gerundeten Kiesel und skizzierst ihn unter beliebigen Licht-

*Sich dieses Verfahren anzueignen hat den Zweck, dass du, wenn du mit dem Kolorieren beginnst, einen Farbton, der zwischen den Pinselstrichen eines anderen aufleuchtet, in Sekundenschnelle sichtbar machen kannst.

und Schattenverhältnissen zunächst flüchtig mit Bleistift. Dann überziehst du die ganze Skizze, den hellsten Bereich ausgenommen, mit *sehr* verdünnter blasser Farbe, die Farbränder scharf markiert lassend. Darauf, wie beim Kolorieren des Quadrats, ein weiterer Farbüberzug, aber jetzt nur über die dunkleren Partien, und wieder mit scharfen Rändern. Dann ein dritter und vierter Überzug über die noch dunkleren und schließlich dunkelsten Partien, die Ränder dabei scharf markiert trocknen lassend. Dann mit kleinen Pinselstrichen die Ränder verwischen, die dunklen Partien verstärken und das Ganze zart zusammenbringen, wie du es auch mit der Feder tun würdest, bis du ein getreues Abbild des wahren Chiaroscuro hergestellt hast. Du wirst sehen, dass die jeweils darunterliegende Farbschicht die Arbeit beträchtlich erleichtert und dass du mit diesem Vorgehen jetzt viel subtilere und umfassendere Effekte erzielen kannst als allein mit der Feder.

Die Ränder immer deutlich stehen zu lassen hat den Sinn, den Farbverlauf nicht zu stören und zu verändern, und die Farbe vielmehr so liegen zu lassen, wie sie rasch auf das Papier geworfen wurde: Farbe wirkt viel schöner, wenn sie mit einem Pinselschwung aufgetragen wird und man sie von selbst trocknen lässt, als wenn man sie lang auf dem Papier herumzieht. Es ist daher immer besser, die Ränder und Formen etwas unrichtig zu lassen, selbst wenn sie später nicht mehr zu korrigieren sind, als die Frische der Farbe zu verlieren. Große Meister des Aquarells können mit einem Pinselschwung naturgetreue Formen hinlegen, während die schlechten mit einem Pinselschwung grob unrichtige Formen produzieren und sie als solche stehen lassen. Denn allgemein sind Leute, die das Falsche nicht vom Wahren unterscheiden können, ebenso angetan von nur scheinbarer Kunst, die sich in regellos hingeworfenen Klecksen zeigen soll, wie von tatsächlicher Kunst, die sich in entschieden gesetzten Klecksen zu sehen gibt. *Wir* aber, die wir ganz am Anfang stehen, müssen unser Bestmögliches in den einen vollen Pinselschwung hineinlegen und dann mit der Pinselspitze nachkorrigieren, bis es so gut wie richtig ist. Wir müssen entschlossen auf das Richtige hinarbeiten, koste es was es wolle; und wir werden dann nach und nach feststellen, dass wir, wenn wir richtig liegen, uns auch Freiheiten herausnehmen können.

Bis hierher habe ich dir geraten, die Farbe mit nicht mehr als zwei oder drei Teelöffel Wasser zu verdünnen; jetzt aber, wo du dein Chiaroscuro des Kiesels abschließt, kannst du zum weiteren Aufhellen des Randes der blassesten Farbschicht zum Licht hin die Farbe für die kleinen Pinselstriche mit so viel Wasser verdünnen, bis sie kaum mehr wahrnehmbar ist. Auf diese Weise erhältst du eine perfekte Abstufung zum Licht hin. Umgekehrt wirst du zum Verstärken der dunklen Partien immer weniger Wasser verwenden. Wenn du dazu mit deinem Pinsel sehr dunkle Farbe aufnimmst, aber immer noch flüssige (nicht pastose), und die überflüssige Farbe auf Löschpapier wegwischt, so wirst du feststellen, dass du durch sehr leichtes und wiederholtes Auftragen mit dem trockeneren Pinsel einen pulvrigen Glanzeffekt erzielst, der auf sehr willkommene Weise den Schatten Tiefe verleiht. Doch um das gut zu machen, verlangt es viel Geduld und eine subtile Führung der Hand. [...]

Während du immer vertrauter mit Pinsel und Farbe umzugehen lernst, wirst du nach und nach auch ihre Eigenarten und Möglichkeiten für dich herausfinden und sie beherrschen lernen. Dabei wirst du dir viele Enttäuschungen ersparen, wenn du bedenkst, was ich schon oft wiederholt habe, nämlich dass es, wenn irgendetwas falsch läuft, so gut wie sicher an fehlender Feinheit liegt, nicht am Fehlen von energischem Vorgehen; wie auch am Fehlen von Verbindung, nicht von Veränderung. Und nicht gleich die Geduld verlieren, wenn du unzufrieden mit dem Fortgang deiner Zeichnung bist; weder daran herumwischen, noch ihre allgemeine Anlage verändern, noch verzweifelt die Stellen einfach wegradieren, die dir missraten scheinen; sieh vielmehr darauf, ob es nicht Schatten gibt, die sich noch besser abstufen lassen; kleine Lücken und Risse, die sich ausfüllen lassen; Formen, die feiner umrissen werden können: und *stürze* dich nicht gleich auf die so erkannten Fehler oder Unvollständigkeiten, sondern streiche oder ergänze mit Ruhe; und du wirst sehen, wie schnell deine Zeichnung ein ganz anderes Aussehen annimmt. Ein sehr nützliches Hilfsmittel für die Herstellung bestimmter Effekte ist es, das Papier zu befeuchten und darauf dann, dem gewünschten Effekt entsprechend, die mehr oder weniger nasse

Farbe aufzutragen. Dabei lässt sich beobachten, wie schön sie sich beim Trocknen selbst abstuft; einmal trocken, kannst du die Farbe dann nach Belieben durch feines Tüpfeln stärker abdunkeln. Ebenso lassen sich, während die Farbe auf dem Papier noch feucht ist, mit gründlich getrocknetem Pinsel und viel Feingefühl und Genauigkeit weiche Lichter herausheben. Mach einfach viele Experimente dieser Art und beobachte das jeweilige Verhalten der Farbe, dabei immer das gesetzte Endresultat vor Augen behaltend, das sich nur durch reines Arbeiten mit der Spitze erreichen lässt, genauso wie bei der Federzeichnung.

Im Zuge deiner Beschäftigung mit immer komplizierteren Motiven wirst du feststellen, dass die Natur unendlich viel reicher an Licht und Schatten ist, als du es je wiedergeben könntest. Du kannst also unmöglich, nicht einmal annähernd, all die Abstufungen von Schatten in einer gegebenen Gruppe von Objekten erfassen. Eingedenk dieses Umstandes beginne zunächst damit, die Dinge in ihrem Gesamteindruck deutlich zu fixieren: besteht deine Objektgruppe beispielsweise aus einem grünen Buch, einem weißen Blatt Papier und einem schwarzen Tintenfass, dann stelle sicher, dass das weiße Papier in deiner Zeichnung als ein helles Ganzes erscheint, das grüne Buch als ein Ganzes von mittlerem Ton und das schwarze Tintenfass als ein dunkles Ganzes; und achte darauf, die Falten im Papier oder die Buchecken nicht so dunkel zu schattieren, dass sie dem tiefdunklen Ton des Tintenfasses gleichkommen. Worin sich die Meister des Chiaroscuro von dilettierenden Künstlern besonders unterscheiden, ist ihre Fähigkeit, in feinster Zeichnung die Form eines dunklen Gegenstandes mit nur wenig Licht auszudrücken und die Form eines hellen Gegenstandes mit nur wenig Schatten. Es ist sogar besser, die Formen hier und da ungenügend dargestellt zu lassen, als die großen Massen in ihrem allgemeinen gegenseitigen Verhältnis zu verfehlen. Und das, nicht weil diese Massen wichtige und wünschenswerte Dinge in deiner Komposition wären (denn mit Komposition hast du dich für den Augenblick noch gar nicht zu beschäftigen), sondern weil es eine Tatsache ist, dass sich die Gegenstände eben in dieser Weise dem menschlichen Auge darstellen, und dass wir Papier, Buch und Tintenfass als drei getrennte Ganzheiten wahrnehmen bevor wir Falten oder Risse oder Ecken an ihnen sehen. Mach dir also gleich klar, dass in der Zeichnung keine Einzelheit so deutlich ausgedrückt werden kann, wie sie in der natürlichen Wirklichkeit erscheint. Und sieh darauf, all deine Schatten, Markierungen und kleineren Züge auf den gezeichneten Massen heller wiederzugeben, als sie es in der Natur zu sein scheinen; andernfalls kannst du sicher sein, sie zu dunkel zu zeichnen. Dabei wirst du gleichzeitig herausfinden, dass du die Körperhaftigkeit der Dinge nur ungenügend darstellen kannst; aber mach dir nichts draus. Es ist nicht notwendig, dass sie körperhaft erscheinen, viel wichtiger ist dagegen, dass das Verhältnis ihrer Schatten zueinander gewahrt bleibt. Jede falsche Körperhaftigkeit entsteht durch partiell übertriebenes Schattieren, und wann immer du Ähnlichem begegnest, kannst du sicher sein, dass die Zeichnung mehr oder weniger missraten ist: eine vollendet feine Zeichnung oder Malerei zeigt immer eine leichte Neigung zum Flachen hin.

Bedenke andererseits, dass es bei einem auch noch so weißen Gegenstand immer ein paar kleine Punkte gibt, die weißer sind als der Rest. Daher musst du alles auf deinem Bild in einem leichten Grauton halten, ausgenommen die hellsten Lichtpunkte; selbst das weiße Blatt Papier in deinem Gruppenmotiv muss leicht grau abgetönt werden, es sei denn (was aber höchst selten der Fall ist), es ist vollständig dem Licht zugekehrt. Du wirst das unmittelbar verstehen, wenn du Gemälde von Veronese oder Tizian danach studierst, wie dort weiße Gegenstände behandelt sind.*

Sobald du dich in der Lage fühlst, mit dem Pinsel wellige Oberflächen und die Relationen verschiedener Massen wiederzugeben, kannst du dazu übergehen, kompliziertere und schönere Dinge zu zeichnen.** Zuerst die Baumzweige, aber jetzt nicht mehr bloß in dunkler Reliefzeichnung, sondern in ihren vollen Rundungen. Nimm den ersten gegabelten Zweig, der dir unter die Hand kommt; schneide die Spitzen der Gabelung ab, sodass dir ein Stück von ungefähr dreißig Zentimetern Länge bleibt. Dann nimm ein Blatt Papier von gleicher Größe dazu, platziere deinen Zweig dort, wo er fix bleiben kann und zeichne ihn in Naturgröße mit allen seinen Lichtern und Schatten; dabei besonders auf die akkurate Wiedergabe seiner Struktur an der Gabelung bedacht. Verstehst du erst, den Baum an seinen *Achseln* zu nehmen, so wirst du kaum noch Schwierigkeiten mit ihm haben.

Zeichne den Hintergrund immer genau so wie du ihn siehst, gleich wie er beschaffen ist. Wo immer du den Zweig befestigt hast, ob es da schön oder hässlich aussieht, du musst es dazu zeichnen, andernfalls wirst du nie wissen, ob Licht und Schatten korrekt sind. Sie können dir nämlich ganz falsch vorkommen, einfach weil der Hintergrund fehlt. Und dieses allgemeine Gesetz solltest du bei allen deinen Studien befolgen: Gleich was du zeichnest, zeichne es vollständig und unverändert, sonst kannst du niemals sicher sein, ob deine Arbeit im Resultat richtig ist, oder ob du sie richtig *hättest* ausführen *können*, wenn du es nur versucht hättest. Es gibt nichts *Sichtbares*, was sich nicht als nützliche Übung für dich eignete.

*Im Marlborough House war unter den vier wichtigsten Beispielen von Turners späteren Aquarellzeichnungen die mit Fischerbooten und Fisch bei Sonnenuntergang [*Sunset: A Fish Market on the Beach*, Tate Britain] die vielleicht am wenigsten beachtete. Obwohl unvollendet, ist sie eine seiner schönsten Zeichnungen. Bei näherer Betrachtung des größeren weißen Segels kann man in der oberen rechten Ecke einen kleinen leuchtenden Lichtpunkt von reinem Weiß erkennen, etwa von der Größe eines Stecknadelkopfes. Die gesamte Segelfläche scheint zu diesem Punkt hin abschattiert zu sein. Versuche das Segel ein- oder zweimal zu kopieren und du wirst zu verstehen beginnen, was Turners Kunst ausmacht. In ähnlicher Weise ist der Flügel des Cupido im großen Gemälde von Correggio in der National Gallery [*Venus with Mercury and Cupid*] auf zwei kleine weiße Striche im oberen Teil fokussiert. Auch die Lichtpunkte auf der weißen Blume im Rankenkranz auf dem Kopf des tanzenden Faunkindes in Tizians *Bacchus und Ariadne* sind Beispiele für dieselben Verhältnisse.

**Ich werde fortan die Übungsbeispiele nicht mehr nummerieren, da sie sich nur in ihrem Schwierigkeitsgrad unterscheiden, nicht in der Methode.

Als nächstes kommen die Blätter an deine Zweige. Suche dir einen kleinen Zweig mit vier oder fünf Blättern, stelle ihn ins Wasser und bringe ein hellfarbenes oder weißes Papier dahinter an, sodass die Blätter sich dunkel davon abheben; dann skizzierst du sorgfältig mit Bleistift die dunkle Form der Blätter wie schon vorher bei den Astverzweigungen, um sicherzugehen, dass sie in ihren Massen und Zwischenräumen formgerecht ausfallen, bevor du mit dem Schattieren beginnst und mit Feder und Tinte alles, soweit es geht, vervollständigst, wie in Abbildung 6, welche einen jungen Fliederschössling zeigt.

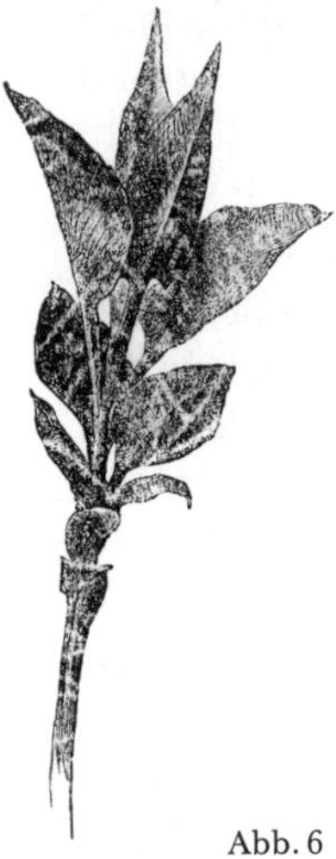

Abb. 6

Trotz all deiner vorherigen Musterzeichnungen werden dich anfangs wahrscheinlich die Verkürzungen der Blätter irritieren; besonders auch, weil ihr scheinbares Zurücktreten oder Hervortreten weniger von der Perspektive, als vielmehr von unserem Sehen mit zwei Augen abhängt. Nun gibt es gewisse Kunstgriffe, mit denen gute Maler zum Teil mit dieser Schwierigkeit fertig werden; so etwa durch leichtes Übertreiben der Intensität oder Farbdichte bei den näheren Teilen des Bildes und des Abdunkelns bei den entfernteren. Aber du selbst solltest dich nicht an dergleichen heranwagen. Schließe eher anfangs beim Skizzieren der Blätter ein Auge und fixiere einen Punkt im Hintergrund, gegen den du die Spitze eines der Blätter bringst; und in dieser fixen Position, mit nur einem Auge schauend, skizzierst du dann den gesamten Zweig. Deine Zeichnung kann niemals genau das Aussehen des Gegenstandes selbst wiedergeben, so wie du ihn mit *beiden* Augen siehst, aber deine Zeichnung kann den Gegenstand genauso wiedergeben, wie du ihn mit nur einem Auge siehst. Und du kannst zufrieden sein, wenn du unter diesen Bedingungen eine größtmögliche Ähnlichkeit erreichst.

Um einen klaren Begriff von deinem Gegenstand zu bekommen, nimm ein einzelnes langes Blatt und halte es horizontal, so flach wie es irgend geht, mit der Spitze zu dir vor dich hin, sodass du nichts anderes als seine Dünne siehst, als wolltest du herausfinden, wie dünn es tatsächlich ist. In dieser Position skizzierst du es jetzt. Dann neigst du es nach und nach zu dir nach unten und beobachtest dabei, wie es langsam immer länger wird, bis es in senkrechter Lage vor dir seine ganze Länge erreicht hat. Zeichne es also zwischen diesen beiden Extremen in drei oder vier verschiedenen Positionen, zusammen mit den Blattadern, wie sie in den jeweiligen Positionen des Blattes erscheinen, und so wirst du bald herausfinden, wie es sein muss.

Zeichne zunächst nur zwei oder drei Blätter, dann auch größere Büschel; und gehe dann zu immer komplizierterem Blattwerk über, bis du die schwierigsten Arrangements wiedergeben kannst, zehn oder zwölf Blätter nicht übersteigend. Wenn du während dieser Zeit die Gelegenheit hast, eine

Gemäldegalerie zu besuchen, wirst du feststellen, dass du den Werken der großen Meister jetzt ein weit lebendigeres Interesse entgegenbringst als früher. Du wirst sehen, dass ihre besten Hintergrunddarstellungen sehr oft von wenig mehr als ein paar sorgfältig gearbeiteten Blattgezweigen gebildet werden, die gegen den fernen Himmel abstechen; und dass des weiteren eine oder zwei Girlanden das Hauptaugenmerk auch ihrer Vordergründe bilden. Falls du in London wohnst, kannst du in der National Gallery *exakt* deine Fortschritte am Grad der Begeisterung messen, die du vor den Weinblättern empfindest, die in Tizians *Bacchus und Ariadne* den Kopf von Bacchus umranken. Doch das alles wird dich noch lange nicht befähigen, ein Blattwerk als Ganzes zu zeichnen. Wenn du dir irgendein dichtes Laubwerk anschaust, wirst du erkennen, dass du, wenn überhaupt, nicht mehr als ein oder zwei der näheren Büschel mit vollständiger Genauigkeit zeichnen kannst. Das Ganze ist zu ausgedehnt und wirr, um es genau erfassen zu können.

Deshalb musst du jetzt auf eine sozusagen wirre Technik zurückgreifen, die es erlaubt, das wirre Durcheinander der Natur auszudrücken. Dazu musst du zunächst begreifen, was dieses wirre Durcheinander ausmacht. Wenn du aus ungefähr zwanzig oder dreißig Meter Entfernung aufmerksam das äußere Gezweige eines Baumes betrachtest, wirst du sehen, wie sich die Äste gegen den Himmel in Massen abzeichnen, die auf den ersten Blick fest umrissen scheinen. Doch bei näherem Hinsehen wirst du entdecken, wie sich zu den deutlich erkennbaren Blattformen viele verworrene Linien dazumischen, die zum Teil Blattstiele sind, zum Teil dir zugewandte Blattkanten, die nur gebrochen wahrgenommen werden. Denn wenn wir von einer natürlichen Blattgestalt wie der in Abbildung 7a gezeigten ausgehen, so wird diese, wenn einige Meter weiter von den Augen weggerückt, nur verdunkelt vor dem Himmel erscheinen, wie in 7b. Und noch einige Meter mehr weggerückt, werden Stiel und Blattspitze ganz verschwinden und der mittlere Teil des Blattes fast nur noch als Strich erscheinen, wie in 7c; mit der zusätzlichen Eigenheit, was der Holzschnitt nicht wiedergeben kann, dass Stiel und Blattspitze, obwohl dem Auge nicht mehr sichtbar, an den Stellen, wo sie sich eigentlich befinden, *das Licht bremsen* und den weiterhin sichtbaren Teil des Blattes in leichte Dunkelheit hüllen, sodass die volle Wirkung dieses Eindrucks sich nur mit zwei Schichten Farbe wiedergeben lässt: eine leicht die Farbe des Himmels abdämpfend, die andere die auseinander gebrochenen Teile des Blattes darstellend, wie in 7c, und gleichzeitig den dunkleren Punkt in der Mitte hervorhebend, wo sich die Unterseite des Blattes befindet.

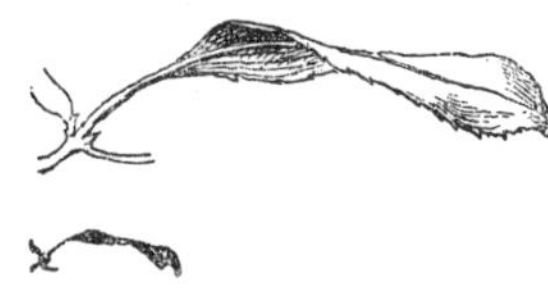

Abb. 7a+b+c

Das ist die ganze Theorie dahinter. In der Praxis lässt sich eine solche Präzision kaum umsetzen, doch mit Hilfe der folgenden Übung werden wir zumindest den allgemeinen Gesamteindruck des Blattwerks auf zufriedenstellende Weise wiedergeben können.

Nimm ein belaubtes Gezweig von ungefähr dreißig bis vierzig Zentimetern Länge und befestige es am Astende gut auf einer soliden Unterlage, etwa zweieinhalb Meter von dir entfernt, oder drei, wenn du weitsichtig bist, und wie gewöhnlich mit einem nicht zu weißen Papier dahinter. Jetzt zeichnest du mit großer Sorgfalt, zuerst mit Bleistift und dann mit Tusche ausfüllend, die einzelnen Blattmassen mit dazugehörigem Stiel in einfachem schwarzem Profil, wie sie dir vor dem Papier erscheinen: die Abbildung 8 zeigt den auf diese Weise gezeichneten Ast einer Steinlinde. Mach dir nichts daraus, wenn die Blätter, wo sie zusammenkommen, zu einer schwarzen Masse zu verschmelzen scheinen; diese Übung soll dir nur zeigen, welche tatsächlichen Formen solche Blattmassen annehmen, wenn du sie gegen den Himmel betrachtest.

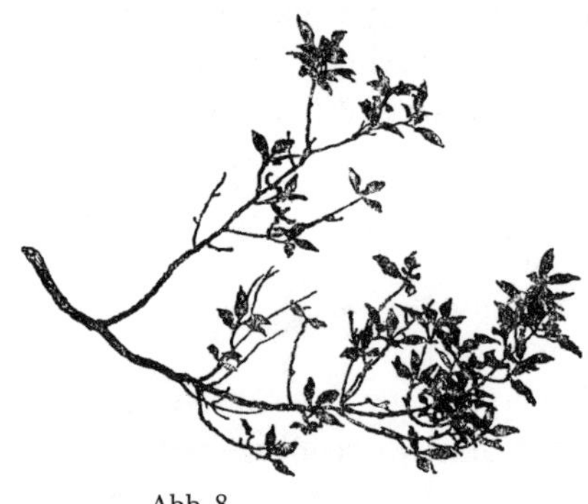
Abb. 8

Nach diesem Beispiel fertigst du zwei akkurate Studien von jeweils einem Ast unserer gewöhnlichen Bäume an, Eiche, Esche, Ulme, Birke, Buche usw.; wenn du gut motiviert bist, solltest du wenigstens dreimal die Woche eine entsprechende Zeichnung herstellen bis du alle Bäume oder Sträucher durch hast, von denen du Äste bekommen kannst. Du solltest jedes Geäst zweimal zeichnen, weil alle

Blattmassen eine obere und eine untere Seite haben, und ihre Seitenansicht oder ihr Profil zeigt eine völlig andere Blattanordnung als die von oben gesehene. Im Allgemeinen werden die Äste mehr oder weniger im Profil gesehen, wenn man den Baum als Ganzes betrachtet, und die Natur ordnet ihre besten Kompositionen im Profil an. Aber auch die Ansicht von oben oder unten kommt häufig vor, und du solltest sie unbedingt auch zeichnen, wenn du die Anatomie des Baumes verstehen willst. Der Unterschied zwischen den beiden Ansichten ist oft weit größer, als man leicht denken könnte. Beispielhaft zeigt die Abbildung 9a die Ansicht von oben und 9b das Profil eines einzelnen Steinlindenzweigs. Die Abb. 8 zeigt eine dazwischenliegende Ansicht eines größeren Gezweigs; von unten gesehen, aber zugleich aus einer gewissen seitlichen Entfernung.

Abb. 9a+b

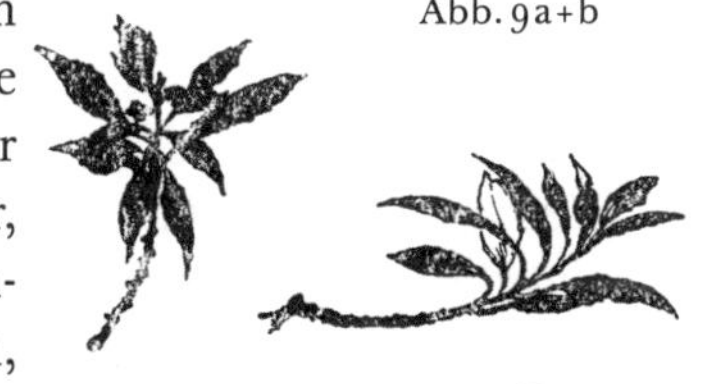

Nachdem du einige Zweige in dieser Manier gezeichnet hast, nimm eine deiner Zeichnungen und stelle sie zunächst einen Meter von dir entfernt auf, dann anderthalb Meter, dann zwei Meter, und beobachte dabei, wie die dünneren Stiele und Blätter nach und nach verschwinden und nur noch ein leicht verschwommenes Dunkel an der Stelle, wo sie waren, zu sehen ist. Von eben diesem Effekt fertigst du jetzt aus den verschiedenen Abständen eine neue Zeichnung an, immer darauf achtend, nicht mehr als was du tatsächlich siehst zu zeichnen, denn darin liegt der ganze Unterschied zwischen dem, was bloß eine verkleinernde Miniaturzeichnung der Blätter, aus der Nähe gesehen, wäre, und einer Zeichnung in natürlicher Größe von denselben Blättern aus einem bestimmten Abstand. Unter natürlicher Größe verstehe ich hier die Größe, in welcher sie wirklich erscheinen würden, wenn du eine Glasscheibe in gleicher Entfernung vor dich halten würdest wie deine Zeichnung, und darauf den Umriss durchzeichnen würdest. Du kannst jederzeit diese tatsächlich gesehene Größe ermitteln, indem du dein Papier senkrecht vor dich hältst, den Rand des Papiers mit dem zu zeichnenden Objekt zur Deckung bringst und dann auf dem Papierrand die Überschneidungspunkte markierst. Auf diese Weise ausgemessen, wirst du das bezeichnete Bild jedes Mal kleiner finden, als du dachtest.

Nachdem du einige sorgfältige Experimente dieser Art mit deinen eigenen Zeichnungen angestellt hast (welche sich fürs Erste besser als Studienobjekte eignen als die wirklichen Bäume, weil das schwarze Profil der Zeichnung still steht, nicht wackelt und nicht von Lichtreflexen auf den Blättern gestört wird), kannst du dich jetzt an den Zweigen wirklicher Bäume versuchen, nur solltest du nicht zu viel Zeit auf einmal darauf verwenden, denn die Helligkeit des Himmels blendet und verwirrt schnell die Augen. Dazu kommt, wie ich glaube, dass das Sonnenlicht bis zu einem gewissen Grad die Konturen überblendet, jedenfalls geht die chemische Wirkung des Lichts auf einer fotografischen Platte weit über die Blattränder hinaus und frisst sie sozusagen auf, sodass weder Baumzweige noch sonst eine Form, vor dem Hintergrund des strahlenden Himmels, auf einer Fotografie wirklich genau gezeichnet erscheinen. Und wenn es dir einmal gelingt, ein paar Zweige richtig gut zu zeichnen, wirst du das Ergebnis weit reizvoller und treffender finden als es je eine Fotografie sein könnte.

Alle diese genannten Schwierigkeiten betreffen allerdings bloß die Wiedergabe der dunklen Form der äußeren Zweige, in welcher sie sich gegen den Himmel abzeichnen. Im Inneren des ganzen Blattwerks findet sich eine ungleich verwirrendere Komplexität; denn nahezu alle Blätter haben einen gewissen Glanz und sind mehr oder weniger durchscheinend; und bei jedem einzelnen Blatt gibt es neben seinen eigenen komplizierten Schatten und Verkürzungen außerdem noch drei Sorten von Umständen, die seine Formen verändern oder verdecken. Da sind zuerst die oft markanten Schatten, die von anderen Blättern auf es geworfen werden. Zweitens dann das von seiner glänzenden Oberfläche reflektierte Licht, mal das Blau des Himmels, mal das Weiß der Wolken, oder die Sonne selbst wie ein funkelnder Stern. Und drittens sind da noch die Formen und Schatten anderer Blätter, die als dunkle Färbung durch die durchscheinenden Teile des Blattes wahrgenommen werden: ein äußerst wichtiges Wirkungsmoment des Blattwerks, aber im Allgemeinen völlig vernachlässigt von den Landschaftsmalern.

Die Konsequenz von all dem ist, dass wir, außer hier und da durch Zufall, niemals die Form eines vollständigen Blattes sehen, sondern vielmehr ein wunderbares, kurioses Wirrwarr, zwar sehr bestimmt in seiner augenfälligen Wachstumsrichtung und einheitlichen Bewegung, aber völlig unbestimmbar und Stück um Stück nicht wiederzugeben, auch bei größter Geduld; selbst dann nicht, wenn du zwölf Monate lang dich mit nur einem Baum beschäftigen würdest. Deshalb musst du dich um eine Darstellungsweise bemühen, welche dem vielgestaltigen Geheimnis der Natur durch ihre eigene undurchschaubare Vielgestaltigkeit mehr oder weniger auf die Spur kommt, ohne eine vollständige Wiedergabe der Details anzustreben.

Nun habe ich dich zu dieser Schlussfolgerung allein über die Beobachtung der Bäume geführt, weil sich daran am klarsten zeigen lässt, worauf es mir ankommt. Aber es gibt in der Natur nichts, was nicht an irgendeiner Stelle diese unnachahmliche und geheimnisvolle Vielfalt zeigen würde und nach besonderen Behandlungsweisen und Kunstgriffen verlangte, um ausgedrückt werden zu können. Wie die Blätter ein Wirrwarr darstellen, so auch Moos, Schaum, Felsspalten, Fell und Haare, so auch die Textur von Stoffen und von Wolken. Doch sind alle Tricks und Handfertigkeiten völlig nutzlos, wenn du nicht zuerst die einzelne Form eines gegebenen Dings gründlich studiert hast; wenn du also nicht einen einzelnen Ast perfekt zeichnen kannst, dann umso weniger einen Baum; wenn nicht perfekt eine Nebelgirlande, dann umso weniger eine Wolkenbank; und wenn nicht perfekt einen einzelnen Grashalm, wie dann eine ganze Grasböschung? Beherrschst du aber einmal die maßgeblichen Formelemente, dann kannst du – und musst du zur Perfektionierung deiner Arbeit – deine Kenntnisse und Fähigkeiten auch mit Hilfe aller möglichen Kunstgriffe verwirklichen.

Um herauszufinden, welche Methode weiterhilft, musst du dich nun auch ebenso an der Kunst wie an der Natur orientieren und dir anschauen, welche Mittel Maler und Kupferstecher zur Wiedergabe solcher Feinheiten benutzt haben. [...] Du solltest dir eine Anzahl guter Turner-Stiche beschaffen. [...] Einige besonders wünschenswerte Stiche sind:

*a l q r** Barnard Castle[4]
f g r Buckfastleigh
c f p Dartmouth Cove
c l q Flint Castle
a f g l Knaresborough
c l m r Lancaster Sands
a g f Launceston
f l m r Chain Bridge over Tees[5]
m r High Force of Tees
l m Drachenfels
f l Marly
l m Ballyburgh Ness
c l p q Solomon's Pools
p r Melrose
f r Dryburgh
c m Loch Coriskin
l p r Rouen looking down the river
c g p r Caudebec

*Die kursiven Kleinbuchstaben stehen für: *a* Architektur, einschließlich Partien von Städten und Dörfern in der Ferne; *c* Wolken, einschließlich Nebel und Windeffekten; *g* Böden, einschließlich flacher, nicht felsiger Hügel; *l* Lichteffekte; *m* Gebirge oder tiefe Felsengründe; *p* die allgemeine Kraft von Anordnung und Wirkung; *q* ruhiges Wasser; *r* fließendes oder stürzendes Wasser, oder Flüsse, auch ruhig dahinströmende, wenn ihre Strömungslinie schön zu sehen ist.

Besorge dir nicht mehr als ein Dutzend solcher Stiche oder eher noch weniger. Für einen Anfänger ist es immer besser, die Aufmerksamkeit auf ein oder zwei gute Beispiele zu konzentrieren und daraus allen Genuss zu ziehen, als viele verschiedene mit zerstreuten Gedanken anzuschauen. Er hat vieles herauszufinden und zu erkennen; der beste Weg dazu ist für ihn, über wenige Dinge lange nachzudenken und sie genau anzuschauen. [...]

Die Stiche sind generell eher etwas zum Betrachten für dich als zum Kopieren. Trotzdem wird es dich ein gutes Stück weiterbringen, einmal auszuprobieren, inwieweit du die Feinheit ihrer Textur oder ihre Helligkeitsabstufungen wiedergeben kannst: während dein eigenes Zeichnen mit Feder und Tinte wahrscheinlich allzu sehr zu kritzeligen, brüchigen Abstufungen tendiert. [...] Wenn du irgendwann einmal die sich auftürmenden Wolken und den reißenden Fluss auf S. 9 von Rogers' *Italy*[6] oder die Stadt in der Aosta-Vignette auf S. 25 oder das Mondlicht auf S. 223 zeichnen kannst [hier S. 4, 14 und 96], wirst du danach erleben, dass sogar die Natur selbst dich kaum noch in Verlegenheit bringen kann mit ihren Sturzbächen oder Türmen oder dem Mondlicht.

Du musst das nicht in allen Details kopieren, aber du solltest versuchen, dieselbe Wirkung zu erzielen. Wenn du dich durch die erforderliche Finesse entmutigt fühlst und anfängst, darüber nachzudenken, dass das Kupferstechen nicht dasselbe ist wie Zeichnen und dass das Kopieren dir nicht zum besseren Zeichnen verhilft, dann halte dir vor Augen, dass es sich vom gewöhnlichen Zeichnen nur durch die Schwierigkeiten unterscheidet, die es zu überwinden hat. [...]

Glaube aber nicht, dass ich dir den Kupferstich als Modell empfehle – weit gefehlt; aber du solltest doch in der Lage sein, es ebenso gut* zu machen, bevor du daran denkst, es besser zu machen, und du wirst viele kleine Hilfsmittel und Hinweise in den verschiedenen Beispielen entdecken. Bedenke dabei nur, dass *jeder* gestochene Vordergrund schlecht ist. Wann immer du die eigentümlich schlingernden Linien moderner Kupferstecher hervortreten siehst, solltest du sie weder kopieren noch bewundern: nur die schwebenden Massen, die Entfernungen, die Gruppierungen des Laubs lohnen das Kopieren. [...]

*Genauso *gut*, nicht genauso minuziös: die Diamantnadel schneidet feinere Linien in den Stahl als du sie mit deinem Stift auf Papier zeichnen kannst. Aber du musst in der Lage sein, die Abstufungen genauso gleichmäßig und die Striche genauso sicher zu setzen.

Neben solchen Liniengravuren solltest du dir eine Rembrandt-Radierung oder eine Fotografie davon (mit Figuren, keine Landschaft) besorgen. Auf das Sujet und ob es eine Skizze oder eine fertige Arbeit ist, kommt es nicht an, aber die Skizzen sind am lehrreichsten für dich. Kopiere sie so gut du kannst, und beachte besonders, dass Rembrandts raschestens hingeworfene Striche einen ganz bestimmten Zweck haben, und dass sie mit fast unbegreiflicher Präzision gesetzt sind, wenn ein Thema sein Interesse gefunden hat. *Der verlorene Sohn*, *Der Tod der Jungfrau*, *Abraham und Isaak* und andere Radierungen, in denen eher bestimmte

Begebenheiten und Figuren als das Chiaroscuro im Vordergrund stehen, sind am instruktivsten. Du musst dir außerdem einen Stich von Albrecht Dürer besorgen. Den wirst du nicht kopieren können, aber du solltest ihn zur Hand haben als Maßstab für die Präzision der Linienführung. Wenn du einen mit einem *Flügel* bekommen kannst, umso besser. *Löwenwappen mit Hahn*, *Wappen mit einem Totenschädel* und die *Melancholia* sind die besten, die du haben kannst, aber andere tun es auch. Die Vollendung in der Helldunkelzeichnung liegt zwischen diesen beiden Meistern, Rembrandt und Dürer. Rembrandt ist oft zu frei und vage, Dürer bringt wenig oder gar keine Wirkung des Nebelhaften, Unbestimmten hervor. Wenn du irgendwo eine Zeichnung von Leonardo sehen kannst, wirst du die Balance zwischen den beiden finden. Aber es gibt keine Stiche, die diese Vollkommenheit wiedergeben. Deshalb übst du deinen Stil am besten durch abwechselndes Studium von Rembrandt und Dürer. Aber halte dich eher an Dürer. Für den Amateur ist es besser, zu präzise zu sein als zu vage; und obwohl es dir, wie gesagt, nicht gelingen wird, Dürer zu kopieren, kannst du es unmöglich zu oft versuchen, die Blätterkrone der *Melancholia* zu zeichnen. [...]

Wenn entweder das Material (wie Kupfer oder Holz) oder die fehlende Zeit es einem Künstler nicht erlauben, eine perfekte Zeichnung anzufertigen – das heißt eine, in der keine Linien markant sichtbar sind – und wenn er nur die Möglichkeit hat, schwarze Linien hervorzubringen, entweder

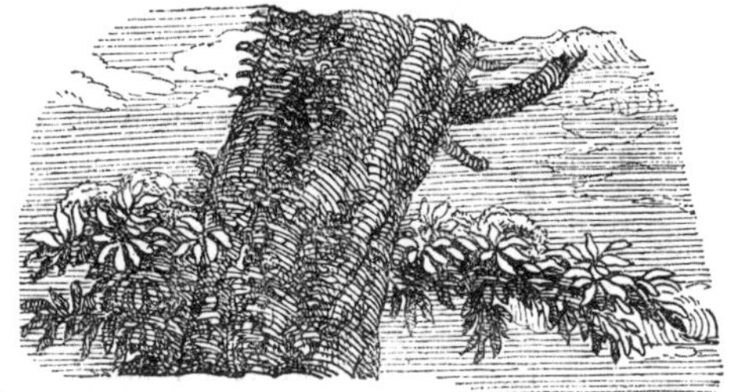

Abb. 10

mit dem Stift gezeichnet oder auf dem Holz, dann ist es besser, die Linien so anzulegen, dass sie, soweit dies möglich ist, Textur und Form anzeigen.

Hinsichtlich der Frage, wie die Ausrichtung der Linien die Beschaffenheit der Oberfläche anzeigen kann, beachte diese wenigen Punkte:

Müssen Linien als einzelne sichtbar sein, ist es besser, wenn sie, soweit sie irgendetwas durch ihre Ausrichtung anzeigen können, die allgemeine Beschaffenheit des gemalten Gegenstandes eher erläutern als ihr widersprechen. So dienen die Linien in dem Teil eines Holzschnitts von Tizian (Abb. 10) nicht nur dazu, die Schattenpartien des Baumstamms anzuzeigen, sondern teils auch dazu, seine Rundungen und den Verlauf seiner Holzfasern wiederzugeben. Albrecht Dürer, dessen Werk vornehmlich aus Stichen und Radierungen besteht, hat immer alles darangesetzt, seine Linien so nützlich wie möglich zu machen, viel mit ihnen auszusagen über die Farbtönung und über die Ausrichtung der Oberflächen; wenn du immer auf das Gravieren in Kupfer beschränkt wärest (und es auf keine Effekte von Nebel oder Dämmerung oder auf besonders delikate Formen abgesehen hättest), dann wäre Dürers Arbeitsweise das beste Vorbild für dich. Aber weil perfektes Zeichnen im Anlegen von Farbflächen ohne Linien besteht und die großen Maler ihr Sujet immer als Ganzes konzipieren, selbst wenn sie es ganz schnell skizzieren, wirst du bemerken, dass sie wenig auf die Ausrichtung der Linien achten (wenn sie nicht in ihren Mitteln eingeschränkt sind), sondern oft in die Schattenpartien einer gerundeten Oberfläche ganz gerade Linien setzen, d. h. Linien, wie sie ihnen am schnellsten und leichtesten von der Hand gehen. Ist die Hand ganz frei, dann fällt es ihr am leichtesten, eine Linie zu zeichnen, die von links unten nach rechts oben aufsteigt oder vice versa von rechts oben nach links unten. Folglich wirst du eine Bleistift-, Kreide- oder Federskizze eines *sehr* großen Meisters immer voller solcher Linien vorfinden; und selbst wenn er sorgfältig zeichnet, wirst du sehen, wie er einfache gerade Linien von links nach rechts benutzt, wo ein geringerer Könner Kurven setzen würde. Abbildung 11 ist eine leidlich originalgetreue Kopie einer Skizze von Raffael, die dies sehr deutlich veranschaulicht. Selbst die ausgearbeiteten Skizzen von Leonardo da Vinci sind gewöhnlich mit gera-

Abb. 11

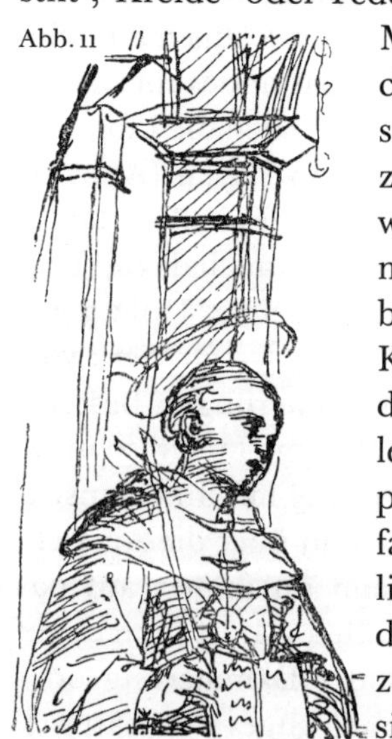

den Linien schattiert; du kannst es jederzeit als ein Argument für eine höhere Wahrscheinlichkeit betrachten, dass du eine Zeichnung von einem großen Meister vor dir hast, wenn du gerundete Oberflächen wie Wangen oder Lippen mit geraden Schattierungslinien vorfindest.

Im Werk eines großen Künstlers, mag es auch sein am raschesten hervorgebrachtes sein, ist keine Linie überflüssig; aber es ist nicht die Schnelligkeit der Ausführung, sondern ihre Ökonomie, an der du seine Meisterschaft erkennst. Um diese Ökonomie beurteilen zu können, musst du genau wissen, was er vorhatte, sonst kannst du natürlich nicht erkennen, inwieweit es ihm gelungen ist; du musst also die Schönheit und die Natur des Gegenstandes, den er gezeichnet hat, kennen. Jedes Kunsturteil gründet so letztlich auf der Kenntnis der Natur.

Beachte ferner, dass diese gekritzelte oder ökonomische oder eilige Ausführung nie gekünstelt eilig ist. Wenn ein großer Maler nicht in Eile ist, gibt er niemals vor, es zu sein; wenn er keine Leidenschaft im Herzen verspürt, setzt er auch keine in seine Hand; wenn er denkt, die angestrebte Wirkung sei besser mit *zwei* Linien zu erreichen, würde er es niemals mit einer versuchen, um seine Geschicklichkeit zu beweisen. Sei deshalb versichert (und das ist eine Sache von großer Wichtigkeit), dass du niemals eine große Zeichnung hervorbringst, wenn du die Ausführung eines großen Meisters imitierst. Eigne dir sein Wissen an und teile seine Empfindungen, und die leichte Ausführung wird aus deiner Hand fließen wie sie aus seiner geflossen ist: aber wenn du bloß kritzelst, weil er gekritzelt hat, und herumkleckst, weil er gekleckst hat, wirst du nicht nur niemals in deinem Können vorankommen, sondern jeder ordentliche Zeichner und jeder Sachverständige, auf dessen Urteil etwas zu geben ist, wird dich als Blender durchschauen und entsprechend verachten.

Noch einmal, sei sorgsam hinsichtlich des Gebrauchs von Umrisslinien:

Alle reinen Umrisszeichnungen sind schlecht, aus dem einfachen Grund, dass ein einigermaßen talentierter Künstler immer mehr tun und mehr aussagen kann, wenn er seine Umrisse mitunter weglässt und ein paar Striche für die Schattierung zeichnet, als wenn er es bei Umrisslinien belässt. Beschränkt er sich in dieser Weise, aus welchem Grund auch immer, entlarvt er sich als schlechter Zeichner, der nicht weiß, wie er seine Mittel ökonomisch einsetzt. Dieses strenge Gesetz gilt jedoch nur für Zeichnungen, die dazu bestimmt sind, in dem Zustand zu bleiben, in dem du sie vor dir hast; nicht für die, die als Grundlage für weitere Schritte gedacht sind oder für technische Zwecke. Es ist manchmal unerlässlich, reine Umrisse zu zeichnen als anfängliche Anordnung einer Komposition, die später farbig ausgeführt werden soll, oder um sie zu perforieren und als Schablone zu benutzen. [...]

Mach deine Umrisslinien so *gleichmäßig* stark oder fein wie möglich und benutze reine Umrisse nur für die folgenden beiden Zwecke: entweder

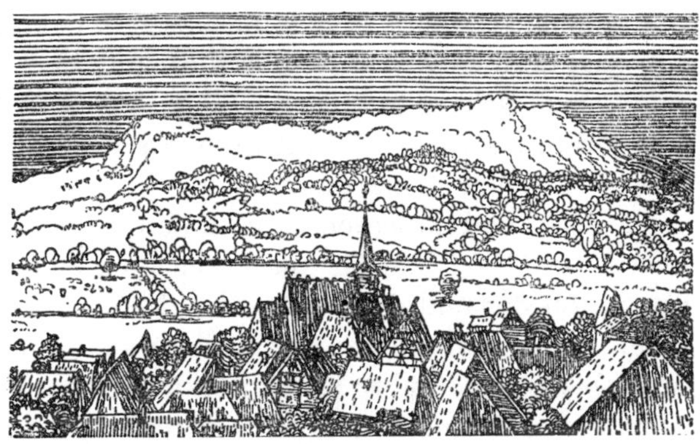

Abb. 12

1. um die Sicherheit deiner Hand zu schulen (wie in Übung II), denn wenn du die Umrisslinie selbst nicht zeichnen kannst, wirst du auch niemals fähig sein, deine Schattierung genau in den präzisen Grenzen anzulegen, die erforderlich sind, wenn keine Umrisslinie da ist; oder 2. um Formen in einer Erinnerungsskizze in Kurzform festzuhalten, wenn du in Zeitnot bist. So sind die Formen entfernter Bäume in Gruppen meistens definiert durch die Lichtkante der gerundeten Masse eines näher stehenden Baumes, der wiederum gegen den dunkleren Teil der gerundeten Masse eines ferner stehenden Baumes abgesetzt ist; um das richtig zu zeichnen, muss beinahe genauso viel Mühe auf die Rundung jedes Baums verwandt werden wie auf die Rundung des Steins in Übung V. Natürlich wirst du nicht oft die Zeit dafür haben; aber wenn du die umgrenzende Linie jedes Baumes festhältst, wie Dürer das auf der Radierung Abbildung 12[7] gemacht hat, gewinnst du eine äußerst nützliche Erinnerungsskizze ihrer Anordnung und zugleich

eine sehr interessante Zeichnung. Beachte dabei nur, dass du dieses Verfahren, weil es zur Abkürzung dient, nicht selbst eilig ausführst. Beim Kopieren dieses kleinen Dürer-Ausschnitts wirst du sehen, dass jede Linie darin kräftig und wohlbedacht ist, und außerdem präzise beschreibend soweit die Mittel reichen. Sie bezeichnen einen Busch von der und der Größe und der und der Form, genau beobachtet und zu Papier gebracht; sie enthalten eine wahre Kurzcharakteristik jedes Nussbaums, Apfelbaums und höheren Heckenendes, alles rund um das Dorf. Wenn du nicht die Zeit hast, so sorgfältig zu zeichnen, lass es – du verschwendest nur Arbeitskraft und verdirbst deinen Geschmack. Nach vier oder fünf Jahren Praxis magst du dazu in der Lage sein, nützliche Erinnerungsskizzen auf die Schnelle zu machen, aber nicht jetzt; das kannst du nur hin und wieder von Licht und Schatten, auf eine Weise, die ich dir jetzt erkläre. Und diese Verwendung von Umrissen, beachte ferner, ist voll und ganz beschränkt auf Gegenstände, die Kanten oder Begrenzungen haben. Du kannst den Umriss eines Baums oder eines Steins zeichnen, wenn er sich von einem anderen Baum oder Stein abhebt; aber du kannst nicht die Falten eines Stoffs oder Wellen im Wasser im Umriss zeichnen; wenn solche Dinge überhaupt wiederzugeben sind, dann ist das nur mit einer Art von Schattierung möglich, und deshalb ist die Regel unumstößlich, dass keine gute Zeichnung vollständig aus reinen Umrisslinien bestehen kann. Du erkennst aus Dürers Stich sogar den Grund,

Abb. 13

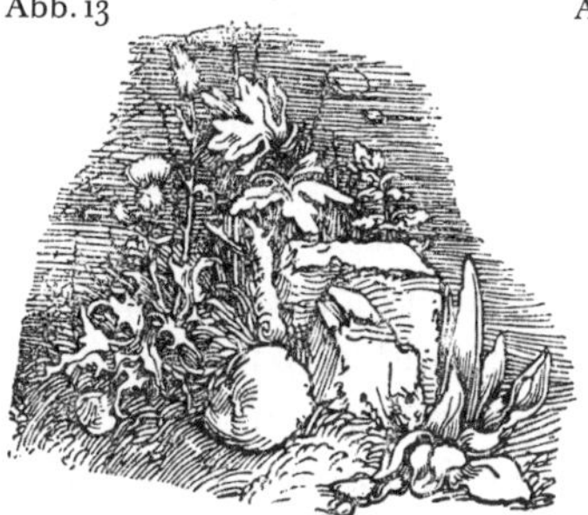

Abb. 14

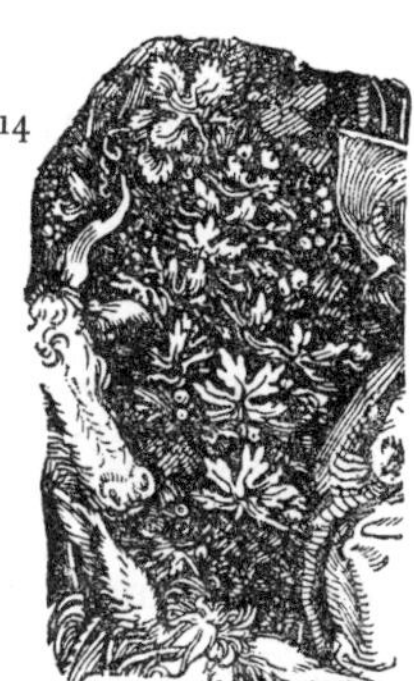

warum er sich bei den entfernten Bäumen und Pflanzen so auf die Umrisse beschränkt hat, darin nämlich, dass er sie in helles Licht rücken konnte, noch mehr herausgehoben durch den dunklen Himmel und die dunklen Turm- und Dachspitzen des Dorfs; die Szene wird nur durch die Hinzufügung dieser Schatten sonnig und lebendig.

Nachdem wir nun den Nutzen der Umrisslinien soweit verstanden haben, wollen wir wieder unsere unbeantwortet gebliebene Frage zum Zeichnen von Bäumen aufnehmen. Wir waren, du wirst dich erinnern, auf der Spur des geheimnisvollen Moments der Blätter. Nun ist es ein Leichtes, Mysteriöses und Ungeordnetes in beliebigem Ausmaß zu erzeugen; doch die Schwierigkeit ist, eine Struktur in das Geheimnisvolle zu bringen. Das wird dir nur gelingen, wenn du dich immer an den eindeutigen Teil hältst und dir nur selten erlaubst, vage zu werden, mindestens solange du noch nicht viel Übung hast. Deshalb muss nach deinen einzelnen Blättergruppen dein erster Schritt der zu Gegebenheiten wie auf den Abbildungen 13 und 14 sein, wobei es sich um sorgfältige Kopien zweier Ausschnitte aus Dürers wunderbarem Holzschnitt *Die Flucht nach Ägypten* handelt. Zeichne sie sorgfältig ab – egal wie wenig auf einmal, aber vollständig; pause dann den Dürer ab und lege das Pauspapier auf deine Zeichnung, gib dich nicht zufrieden, bevor das eine exakt auf das andere passt, sonst ist dein Auge nicht genau genug, um dich sicher durch die Verflechtungen echter Blätter zu leiten. Während du das tust, wirst du bemerken, dass keine Linie und kein Punkt Dürers ohne Schaden wegbleiben kann, dass alles zur Wirkung beiträgt und entweder etwas aussagt oder beleuchtet oder unterstreicht. [...]

Bist du mit seiner sicheren Manier vertraut geworden, kannst du, soviel du willst, in derselben Art nach der Natur zeichnen; wenn du von der konzentrierten Sorgfalt, die du dafür aufwenden musst, ermüdet bist, kannst du zu einer einfacheren Art der Gruppierung von Blättern übergehen wie in Abbildung 10. Das ist eine Kopie eines Stichs nach Tizian, aber keines erstklassigen Stichs, weil die Blätter etwas zu eintönig geraten sind; trotzdem ist sie gut genug als Kopiervorlage für deine Mußezeiten; und wenn du auch damit nicht zurechtkommst, kannst du die Formen des Astwerks skizzieren wie in Abbildung 15:* achte immer darauf, deine Hand vollkommen sicher im Griff zu haben, lass also nicht das Astwerk eine freie Form annehmen, weil deine Hand leichtfertig über das Papier fährt, sondern

*Das ist keine Skizze von einem Baum, der auf dem Kopf steht, obwohl es so aussieht. Du findest in Kürze eine Erklärung.

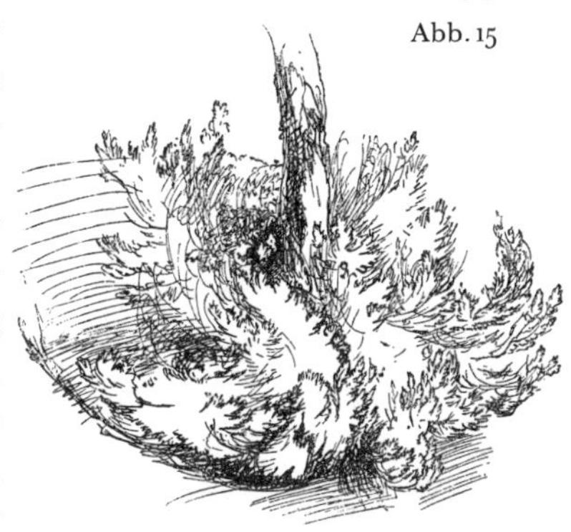
Abb. 15

weil es in der Natur eine freie und edle Form hat und du ihr treu gefolgt bist.

Und nun, da wir zu den Fragen edler und wahrer Gestalt gekommen sind und da wir uns daranmachen, zu unserem Vergnügen nach der Natur zu zeichnen, kommen andere Erwägungen zum Zuge, die keineswegs auf die erste Zeichenpraxis beschränkt sind, sondern sich auf jede Praxis beziehen; sie werde ich (weil dieser Brief schon lang genug ist, so denke ich, um auch den anspruchsvollsten Briefpartner zufriedenzustellen) in einem zweiten Brief darlegen; dabei bitte ich dich nur, das Ermüdende dieses ersten – so notwendig ermüdend wie alle Anweisungen zum Erlernen der Anfangsschritte einer Kunst – zu entschuldigen und mir zu vertrauen, auch wenn ich dich zu langweiliger und anstrengender Arbeit anzuspornen versuche,

dein dir ganz ergebener

John Ruskin

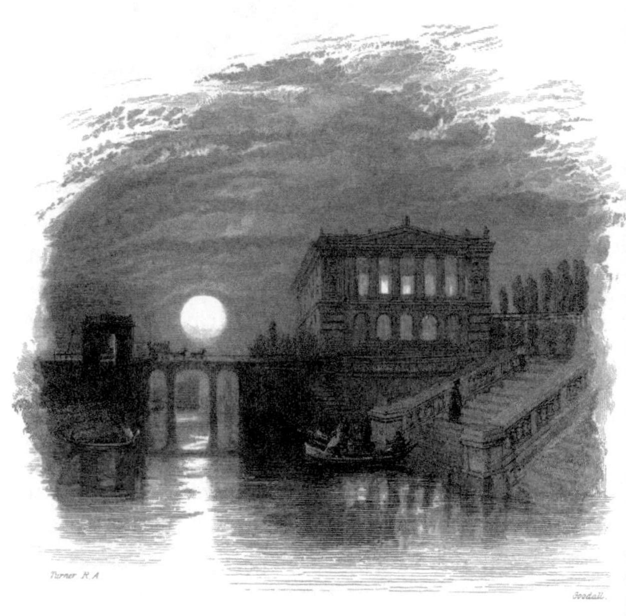
Turner R.A.   Goodall.

Skizzieren nach der Natur

Liebe Leserin und lieber Leser. Nach unseren bisherigen Übungen wirst du nun, wie ich hoffe, in der Lage sein, sowohl einfache gerundete Massen, wie Steine, als auch komplexe Formensembles, wie Blattwerk, zu zeichnen; vorausgesetzt, diese Massen oder komplexen Ensembles bewegen sich nicht während du sie abzeichnest und ufern nicht so weit aus, dass du die Geduld verlierst. Aber wenn wir jetzt hinaus in die Felder gehen, um eine komplette Landschaft zu zeichnen, werden beide Voraussetzungen wegfallen. Die Wolken werden nicht warten, bis wir ihre Aufhäufungen und Zerklüftungen abgezeichnet haben; die Schatten werden uns davonfliehen, während wir sie fixieren wollen, und in ihrem kaum merklichen Dahingleiten werden sie Licht aufscheinen lassen, wo gerade noch ihre zitternden Ränder verharrten, und in Dunkel hüllen, was sich ihnen zu entziehen schien. Und anstelle der kleinen Blätterbüschel, die wir uns, schwierig genug, aber abzählbar, noch Punkt für Punkt vornehmen konnten, haben wir jetzt so viele Blätter vor uns wie Sand am Meer, und vielleicht so rastlos bewegt wie dessen Gischt.

Bei allem, was wir jetzt vorhaben, ist demnach ein direktes Nachbilden mehr oder weniger unmöglich. Sicherlich ist dies immer anzustreben, soweit es tatsächlich möglich *ist*. Und wenn Zeit und Ort günstig sind, wirst du mit zunehmendem Können auch Teile einer Landschaft fast so getreu wie ein Spiegelbild wiedergeben können. Doch wie weit du auch fortgeschritten sein magst, du wirst immer auswählen und entscheiden müssen, welche Dinge wesentlich sind, außerdem in der Lage sein müssen, flüchtige Erscheinungen rasch zu erfassen. Und dazu musst du dich täglich mehr darin üben, die charakteristischen Züge zu erkennen und deine Arbeit prägnant auszuführen.

Dass ich deine Aufmerksamkeit schon früh auf Blattwerk lenkte hat zwei Gründe. Zum einen ist es als Studienobjekt stets verfügbar. Zum anderen ist an den verschiedenen Arten des Blattwachstums augenfällig die Bedeutung von Richtungs- oder Hauptlinien zu erkennen. Durch Erfassen dieser Hauptlinien, auch wenn sich nicht alle erfassen lassen, können wir einem Bild Ähnlichkeit und Ausdruck verleihen, und jeder Darstellung natürlicher Formen Anmut und eine Art Lebenswahrheit. Ich nenne es Lebenswahrheit, denn in diesen Hauptlinien drücken sich stets zugleich Vergangenheit und Gegenwart der Dinge aus. So zeigen die Hauptlinien bei einem Berg zum einen den Verlauf von Gesteinsaufbau und Aufschichtung; zum anderen, wie stark er jetzt abgetragen ist und auf welcher Seite er von den wildesten Stürmen getroffen wird. Bei einem Baum zeigen sie, was er von Kindheit an hat alles erleiden müssen: wie andere Bäume sich ihm brutal in den Weg stellten und ihn beiseite drängten und ihn zu erwürgen und auszuhungern suchten; wo und wann freundlichere Bäume ihn beschützten und fürsorglich mit ihm zusammen aufwuchsen, sich biegen lassend, wenn er gebogen wurde; welche Winde ihm besonders zusetzen; welche Äste sich am besten entwickeln und die meisten Früchte tragen und so weiter. Bei einer Welle oder einer Wolke zeigen diese Hauptlinien die Richtung von Flut, Ebbe und Wind, und welche Formveränderungen Wasser oder Dunst in jedem Augenblick eingehen, wenn sie auf Ufer, oder Gegenwelle, oder warme Sonnenstrahlen treffen. Und denke daran, dass sich bedeutende Menschen durch nichts mehr von unbedeutenden unterscheiden, als dadurch, dass sie im Leben wie in der Kunst immer genau *wissen, wie die Dinge laufen*. Der Dummkopf denkt, sie stehen still, und wird sie alle wie festgenagelt zeichnen; der Weise sieht den Wandel der Dinge, oder wie sie unablässig sich verändern, und zeichnet sie entsprechend – das Tier in seiner Bewegung, den Baum in seinem Wachstum, die Wolke in ihrer Bahn, den Berg in seiner Verwitterung. Versuche beim Anblick jeder Form die Linien zu erkennen, welche ihr vergangenes Leben bestimmten wie auch ihr zukünftiges bestimmen werden. Das sind ihre *erhabenen* Linien; an ihnen suche alles andere zu begreifen, was dir sonst entgeht. So wuchs, auf einem Felsvorsprung bei Sestri nahe Genua, das Blattwerk (Abb. 15, S. 95) um den Wurzelstrang einer Steinpinie, und alle seine Ästchen scheinen seit ihrem ersten Knospen wie von dem wildkräftigen Wurzelstrang nach außen weggestoßen und sprießen nun in alle Richtungen um ihn herum, wie aufspritzendes Wasser, nachdem ein schwerer Stein in es hineingeworfen wurde. Und einmal vom Wurzelstrang losgelöst, beginnen sie sich wieder aufwärts zu biegen; einige von ihnen, als ihrerseits schon kleine Pinien, zeigen den starken Drang, nach Möglichkeit wieder stracks in die Höhe zu wachsen; und dieses ihr Hochkämpfen geradewegs dem Himmel zu, nach dem erzwungenen Seitwärtswachsen ihrer ersten Jahre, bildet ihre Leistung, welche über ihr zukünftiges Schicksal ausschlaggebend entscheiden wird; also darüber, ob sie mürrisch knotige, verwachsene Pinien sein werden, fortgestoßen von jenem sie karg ernährenden Felsen bei Sestri, mit kahlen, auf das Meer hinausragenden und vor Zorn rot blitzenden Armen; oder aber ansehnliche erhabene Pinien, mit Stämmen gleich Tempelsäulen, und purpurn strahlenden Ästen, von wolkig grünen Kuppeln überschattet. Das eben sind ihre schicksalhaften Linien; dieses Knospen und diese Spannkraft suche wiederzugeben, alles Übrige beachte nicht weiter: verlasse dich drauf, darin liegt ihre wahre Schönheit.

So lässt sich allgemein bei großen oder kleinen Bäumen und Sträuchern beobachten, dass ihre Zweige, wenn sie auch unregelmäßig und in verschiedenen Winkeln sprießen, sich zum Baumgipfel hin immer weniger herabneigen. Diese Struktur, wie auf einfachste Weise in Abbildung 16c schematisiert ist, haben alle mir bekannten Bäume gemein, und sie gibt ihnen einen gleichsam federartigen und einheitlichen Charakter, was wesentlich zu ihrer Schönheit beiträgt. Der Stamm schickt nicht bloß hier und da wilde Äste aus, um sie ihrem eigenen Schicksal zu überlassen, vielmehr folgen alle Äste ein und demselben springbrunnenhaften Impuls; jedem ist eine bestimmte Biegung und Richtung innerhalb eines vorbestimmten Raums eigen, und jeder treibt seine Verzweigungen zunehmend nach außen hin, sodass schließlich eine große äußere Kurve gebildet wird, die in Gestalt und Umfang bei jeder Baumart verschieden ist. Die Urform oder Idee eines Baumes ist also nicht die in Abb. 16a gezeigte, sondern die in Abb. 16b, in der gut zu erkennen ist, wie die Äste all ihre kleineren Verzweigungen bis zu einer umschließenden Kurve treiben; sicherlich finden sich tausende kleinere Zweige auch im Herzen des Baumes, aber die Idee und Hauptbestimmung eines jeden Astes ist es, all seine Astkinder zum offenen Licht zu führen und auch das kleinste noch in den vereinten Fluss der großen umschließenden Kurve einzugliedern, sodass das Muster jedes für sich genommenen Astes wiederum nicht das in Abbildung 17a gezeigte ist, sondern das in 17b; mit einer gewissen Strukturähnlichkeit zur Brokkoli-Pflanze, insoweit die Zweig- und Blättermasse nach außen zu einer gerundeten

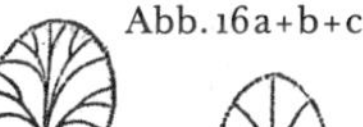

Abb. 16a+b+c

Abb. 17a+b

Fläche getrieben erscheint. Halte dich daher von der nachlässigen Gewohnheit fern, die Äste mit dicht aufeinanderfolgenden Feder- oder Pinselschwüngen wie aneinanderhängend zu zeichnen (Abb. 18). [...] Viele scheinen sich auch vorzustellen, dass beispielsweise beim Zeichnen von Pinien die Äste nur auf zwei Seiten aus dem Stamm herauskommen und nicht rundum: bemühe dich also immer besonders, die Äste zu zeichnen, die *zu dir hin* wachsen. Die zu den Seiten wachsenden Äste kann jeder zeichnen, aber die verkürzt erscheinenden sind nicht so einfach zu zeichnen. Da kann dir beim Zeichnen die Beobachtung helfen, dass bei den meisten Bäumen die Verzweigung jedes Astes, wenn auch nicht des Baumes insgesamt, mehr oder weniger abgeflacht erscheint, und in seiner Stellung an eine zum Empfangen oder zum Beschützen ausgestreckte Hand erinnert. Wenn du mit leicht hohler Hand nach oben vor einen Spiegel trittst, mit gespreizten Fingern, als müsstet du eine große Schale von unten halten, und dann deine Hand mit den Fingern zu dir hin gerichtet, ganz wie du sie im Spiegel siehst, zeichnest, so kannst du konkret daran erkennen, wie auch Bäume im allgemeinen ihre Hände ausstrecken. Und wenn du deine Hand dann umdrehst, mit der Handfläche nach unten, als wolltest du etwas verstecken, aber mit ausgestreckten Fingern, so hast du ein gutes Muster für den Bewegungslauf der unteren Äste bei Zedern und ähnlichen Baumarten.

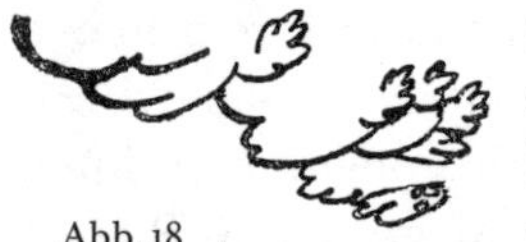
Abb. 18

Abbildung 19 gibt dir eine gute Vorstellung davon, wie sich die genannten und ähnlich geartete Verhältnisse auf denkbar einfachste Weise rasch wiedergeben lassen. Wenn du sie sorgfältig kopierst, wirst du überrascht sein, wie die Striche und Linien sich zusammen gruppieren, um den federartigen Wurf der Baumäste, das Hervorschießen der Büsche aus der Böschung und den welligen Erdboden

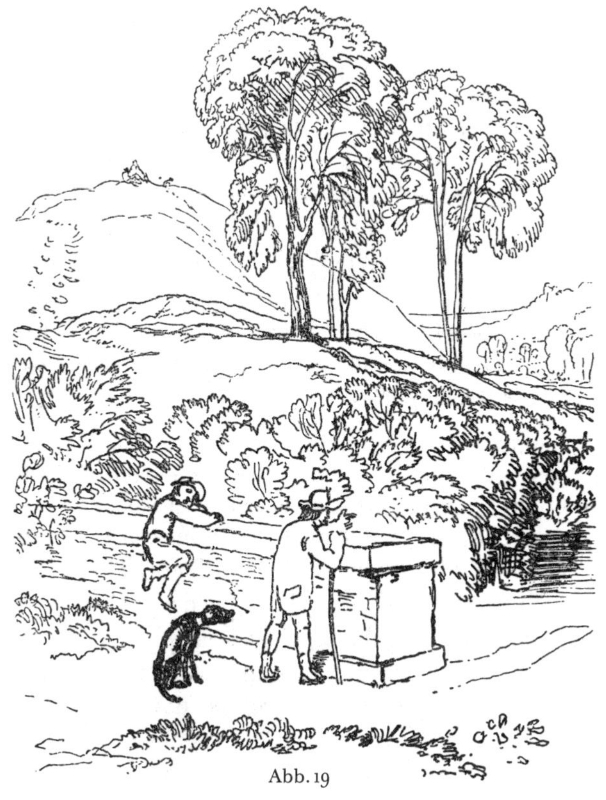

Abb. 19

auszudrücken; beachte auch die sorgfältig gezeichneten Fußspuren, welche die Besteiger des kleinen Hügels auf der linken Seite hinterlassen haben. Es handelt sich um das Faksimile einer Radierung von Turner und ist das beste Beispiel für klare und entschiedene Linien; darüber hinaus zeigt es auch, wie der besondere Bewegungslauf des Laubwerks oder jedes anderen Elements, worauf die Aufmerksamkeit des Betrachters gelenkt werden soll, durch erweiternde Zusätze verstärkt werden kann. So erscheinen die hohen geraden Bäume nochmals höher und gerader, weil ihre Linie weiter nach unten hin in der Figur des Bauern mit Stock fortgesetzt wird; und die gerundeten Büsche auf der Böschung erscheinen nochmals gerundeter, weil ihre Linie in dem Bogenschwung des schwarzen Hundes und des auf die Mauer kletternden Jungen fortgesetzt wird. Diese Figuren sind allein zu diesem Zweck dort platziert, wie wir später noch ausführlicher sehen werden, wenn von Komposition die Rede sein wird. Doch das soll erst später geschehen. [...]

Obwohl die Linien, die den Bewegungslauf anzeigen, nicht immer so augenfällig sind wie bei Bäumen, wirst du mit etwas Aufmerksamkeit solche Linien bald schon in allen Dingen ausmachen können. So wird ein schlechter Beobachter und Zeichner an einem alten Hausdach nur die fleckige Unregelmäßigkeit der Dachziegel oder Dachschiefer wahrnehmen; ein guter Zeichner dagegen wird zugleich die Absenkung der darunterliegenden Dachbalken und Latten erkennen und ihre Schwachstellen ausmachen, wo das Ziegelgewicht am stärksten auf sie drückt, so wie er auch die Regenspuren sehen wird, wo das Regenwasser am schnellsten abläuft und wo es verharrt und Moos bildet; und auch beim Zeichnen nur weniger Ziegel wird er kenntlich machen, auf welche Weise sie zusammen zu jenen Dachvertiefungen hin abfallen (in welchen das zukünftige Schicksal des Daches besiegelt ist), und dann zum Giebel hin enger zusammenrücken, sich dabei zum Teil perspektivisch verkürzend, zum Teil aber vielleicht auch durch den Ziegelverleger absichtlich verkürzt (wie bei den meisten alten Häusern in England). Entsprechend ist auch beim Zeichnen des Erdbodens immer die Laufrichtung des Wassers zu verdeutlichen, das die Erde mal rundet und mal Rinnen in sie hineinschneidet; wie allgemein bei jeder Böschung oder Erhebung, die es wert sind, gezeichnet zu werden, die Linien etwa der geologischen Schichtung oder anderer interner Strukturen kenntlich zu machen sind. Die Abbildung 19 gibt dir eine Vorstellung davon, wie solche Phänomene mit wenigen Strichen dargestellt werden können. Ist es nicht zu spüren, wie der Hügelhang absinkt, dort wo die Fußspuren sich befinden, und wie die Figuren oben auf dem Hügel ein wenig außer Atem sich nach links neigen, und wie schließlich das Wasser in jener Vertiefung hinter den Wurzeln der Bäume ins Tal hinunter fließt?

In deinen ersten Skizzen nach der Natur solltest du ausschließlich darauf aus sein, diese wesentlichen Formelemente zu begreifen und wiederzugeben; und zwar vorerst mit der Kielfeder, nicht der Stahlfeder, und mit ruhiger Entschiedenheit, ohne je ins Kritzeln zu kommen, sondern vor jedem Strich, vor jedem Punkt, jeder Schleife dir immer sagend: »*Dieses* Blatt ist das Hauptblatt, *dieser* Ast ist der Hauptast, und diese Linie, mit *dieser* Länge, *dieser* Breite, bezeichnet diesen bestimmten Teil davon.« Bestimme jedes Mal vor deinem zu malenden Gegenstand, was du davon aufnehmen willst und was nicht, und lass dir deine Hand niemals davonlaufen oder einer gewohnheitsmäßigen Manier verfallen. Wenn du eine durchgehend gleichmäßige Linie zu zeichnen wünschst, sollte deine Hand von einem Ende zum anderen sich ohne Zittern ruhig fortbewegen; wünschst du dagegen eine gebrochene und zittrige Linie, sollte auch deine Hand mit derselben Leichtigkeit zittern oder abbrechen, wie ein Musiker bei einer Note mit dem Finger tremolieren oder pausieren kann. Bedenke aber immer, dass es dabei keine allgemeine Methode gibt, nach der in *jedem* Fall zu verfahren wäre. Da gibt es kein verbindliches Rezept, nicht einmal für das Zeichnen eines einfachen Grasbüschels. Denn Gras kann ausgefranst und steif, oder zart und weich sein; von der Sonne verdorrt und von Schafen zerfressen, oder üppig und spärlich; saftig oder trocken; glänzend oder stumpf: Schau es dir genau an, und versuche es so zu zeichnen wie es ist, und denke nicht an den, der dir vielleicht sagte »Gras zeichnen *geht so*«. So kann

*Damit meine ich nicht, dass du dich der eigentlichen Stärke von Turner und Dürer, das heißt, der Imaginationskraft ihrer Zeichnungen annähern könntest. Aber bei entsprechender Beharrlichkeit kannst du ihnen in der Wahrhaftigkeit des Stils nahekommen.

ein Stein rund oder eckig sein, glatt oder rau, rissig wie eine schlecht glasierte Teetasse, oder aus einem Guss wie die Brust von Herkules. Dann wieder blättrig wie eine Waffel, pulverig wie ein Bovist; er kann knotig sein wie eine Trosse, oder gehämmert wie Schmiedeeisen, oder gehärtet wie Damaszener Stahl, oder gepresst wie eine Glasflasche oder kristallin wie Raureif, oder geädert wie ein Laubblatt: Schau ihn dir genau an, und vergiss den, der dir einmal sagte wie man einen Stein *»macht«*.

Sobald du deine Hand vollkommen unter Kontrolle hast und jede beliebige Form mit einer Sicherheit und Naturwahrheit wiedergeben kannst, die der von Turners und Dürers Werken* nahekommt, musst du deiner Federzeichnung noch in einfacher Weise, aber ebenso sorgfältig, Licht und Schatten hinzufügen, um deine Arbeit möglichst vollkommen zu machen. Zur Vorbereitung empfehle ich dir folgendes: Besorge dir einen guten Druck von einem Stich aus Turners *Liber Studiorum*, wenn möglich von einem der unten aufgeführten Sujets.** Falls dir keiner dieser Stiche zugänglich

** Besonders wünschenswerte Stiche sind:

Mill Near the Grande Chartreuse; Aesacus and Hesperie; Procris and Cephalus; The Source of the Arveron; Ben Arthur; Water Mill; Hindhead Hill; Hedging and Ditching; Dunblane Abbey; Morpeth; Calais Pier; Pembury Mill; Little Devil's Bridge; River Wye; Holy Island Cathedral; Drawing of the Clyde; Lauffenbourgh on the Rhine; Near Blair Athol; Chain of Alps from Grenoble to Chambery.

Alle Stiche sind auf der Website des Metropolitan Museum of Art (www.metmuseum.org) und der Tate Britain (www.tate.org.uk) zu finden, wenn man unter dem Bildtitel, »Turner« und »Liber Studiorum« bzw. »Engraving« sucht. [Anm. des Übersetzers]

ist, musst du auf eine Fotografie zurückgreifen (dazu mehr weiter unten). Am besten aber du bekommst einen von Turner selbst. Du wirst sehen, dass der Druck aus einer kräftigen Linienradierung und einer darüber gelegten Schattierung in Mezzotinto zusammengesetzt ist. Zunächst musst du den radierten Teil genau kopieren; dazu hältst du den Druck gegen das Fenster und paust langsam sorgfältig jede einzelne schwarze Linie ab; diese Pause überträgst du dann auf glattes Zeichenpapier; zum Schluss ziehst du das Ganze mit der Feder nach, immer mit Blick auf das Original, sodass dir eventuelle Fehler wenigstens an der richtigen Stelle unterlaufen, und darauf achtend, dass dir eine Linie, die bereits auf der Pause zu kurvig oder zu gerade ist, beim Übertragen nicht noch kurviger oder noch gerader gerät. Und niemals arbeiten, wenn du müde bist, oder einfach, weil du »damit fertig werden« willst, denn schlecht ausgeführt nützt dir deine Arbeit gar nichts. Eine viertel Stunde geduldiger und echter Hingabe an die Sache ist besser als ein mürrisches und zerstreutes Sichabarbeiten über einen ganzen Tag. Wenn deine Federstriche beim ersten Nachzeichnen nicht gut aussehen, zeichne sie nochmals mit nur wenig Tinte fein nach, sie verbreiternd oder verstärkend, was immer notwendig ist. Du kannst gar nicht sorgfältig genug dabei vorgehen. Bewahre die Umrissradierung gut auf, damit du in Ruhe studieren kannst, auf welche Weise Turner die Linie als Vorbereitungsstufe für das nachfolgende Schattieren benutzt. Nur wenn du beides getrennt betrachtest, kannst du dir ein

Bild des Ganzen machen. Dann kopiere von neuem, und wenn es das vierte Mal ist, den Teil der Radierung, der dir gefällt und lege dann mit dem Pinsel Licht und Schatten darüber, mit einem braunen Farbton, der jenem des Stiches entspricht, wobei du die Pinselspitze so zart einsetzt, als würdest du mit dem Bleistift zeichnen, und Punkte und Kreuzschraffuren so leicht es irgend geht auf das Papier bringst, bis du die Abstufungen von Turners Stich erreicht hast.

Wie schon in der vorherigen Übung ist auch hier ein Zentimeter getreu der Vorlage kopiert mehr wert als das ganze Sujet nachlässig hingeworfen. Nicht dass du nun beim späteren Zeichnen nach der Natur jedes kleine Stück Abstufung auf diese Weise perfektionieren müsstest, aber hast du einmal *etwas* vollendet richtig gezeichnet, so wirst du in der Folge ein derartiges Bedürfnis nach Perfektion spüren, wie du es sonst nicht gehabt hättest, und der Pinsel wird dir willfährig folgen und mit rascher Klarheit die schönsten Ergebnisse hervorbringen. Es ist ganz erstaunlich, wie in der Kunst alle äußeren Umstände dich zu begünstigen und alle Materialien dir entgegenzukommen scheinen, wenn du sie einmal richtig beherrschst. Mach dich bei der Erreichung deiner Ziele von allen zufälligen Umständen unabhängig und die Dinge werden dir fortan nur so zufallen. Zeig es dem Kamelhaar deines Pinsels und der Farbe darin, dass, wie immer es sich biegen und wie immer die Farbe von ihm tropfen mag, es deinem Willen nicht entkommen wird; und dass dein Strich und deine Schattierung am Ende richtig *sein werden*, und wenn es ein Jahr mühselige Arbeit erfordert; und von dem Moment an, wo du dich davon selbst ganz überzeugt hast, wird das besagte Kamelhaar sich ganz nach deinem Wunsch biegen und kein Tropfen wird es wagen, über den ihm zugewiesenen Rand hinauszugehen. Wenn du keinen Druck vom *Liber Studiorum* bekommen kannst, besorge dir eine Fotografie* mit einem allgemeinen Landschaftssujet, mit Bergen und einem Dorf oder einer malerischen Stadt im Mittelgrund, und ruhigen Wasseransichten verschiedener Art (ein Bach mit Steinen, wenn möglich), und kopiere einen beliebigen Teil davon in demselben braunen Farbton, vor allem mit der Pinselspitze. Allerdings befindest du dich hierbei in einer doppelt nachteiligen Lage; zum einen gibt es in jeder Fotografie Partien mit so weichen Abstufungen, dass du sie bei deinem jetzigen Stand unmöglich schon kopieren könntest; zum anderen gibt es immer Partien, die düsterer oder dunkler sind, als man sie in der wirklichen Natur antrifft, und dazu in eine mysteriöse Aura getaucht, die du jetzt noch nicht in deine Zeichnung übersetzen kannst. Beide Eigenheiten werden dir noch bei deinen zukünftigen Studien von Nutzen sein, wenn du mehr Sachkenntnis erworben hast, doch für deine ersten Kolorierungsversuche sind sie eher noch hinderlich; und doch wirst du durch diese Schwierigkeiten hindurch müssen, um schließlich mit brauner oder grauer Tinte solch delikate Abtönungen wie auf der Fotografie zuwege zu bringen.

*Was du in jedem Fall machen solltest, auch wenn du schon einen Druck aus dem *Liber* besitzt.

Bedenke dabei, dass die perfekte Lösung hier eine farbige Schattierung ohne übertriebenes Dunkel wäre, wie auf der Fotografie; und solange deine Arbeit an sichtbare Linien gebunden ist, kann sie nicht perfekt sein, auch wenn sie erstklassig in ihrer Art sein mag. Aber zu vollendeten Ergebnissen allein durch den Farbauftrag zu kommen, das erfordert viel Zeit und höchstes Können, und du wirst sehen, dass ein paar gut gesetzte Linien mit der Feder, zusammen mit einer darüber oder darunter gelegten Farbschicht, naturgetreuer wirken, als du es in gegebener Zeit nach einer anderen Methode erreichen könntest. Das *Liber Studiorum* soll dir dafür hauptsächlich als eine Art einfaches und anschauliches Kondensat dienen, allerdings ein Kondensat, das die subtilsten Natureindrücke wiedergeben kann; so erfasst die Federradierung all die komplizierten Einzelheiten, wie Blätter, Mauerwerk, Bodenbeschaffenheit usw., während der darübergelegte Farbüberzug es dir erlaubt, die zartesten atmosphärischen Hintergründe und Lichtspiele, Dunst oder Wolken wiederzugeben. Die Mehrzahl der besten Zeichnungen der alten Meister ist nach diesem Prinzip ausgeführt, wobei die Federstriche auch dazu dienen, den Schatten Transparenz zu verleihen, was sonst nur durch einen extrem feinen Farbauftrag erreicht werden könnte. [...] Einmal angenommen, du kannst dir kein einziges Beispiel dieser Art vor Augen führen, versuche dich so zu behelfen:

Nimm eine kleine, einfache Fotografie; gib dir nur eine halbe Stunde Zeit, ihren Gegenstand mit der Feder wiederzugeben, verwende statt Tinte eine dünnflüssige Farbe, zeichne deutlich die Umrisse der zu sehenden Gebäude oder Bäume und lege die tieferen Schatten hinein, so wie du es von deinen gewagteren Zeichnungen gewohnt bist; wenn das Blatt trocken ist, nimm Sepia oder Grau, um nun durch Abtönungen die feineren Abstufungen der Fotografie wiederzugeben; hebe schließlich die helleren Lichtpartien mit dem Federmesser oder mit Löschpapier hervor. Du wirst schnell herausfinden, was auf diese Weise zu erreichen ist; und durch eine Folge von Versuchen kannst du erkunden, bis zu welchem Grad die Feder eingesetzt werden kann, um Schatten zu verstärken, Arten von Texturen zu kennzeichnen, die Umrisslinien unbestimmter Körper zu zeichnen usw. Je mehr Zeit du hast, umso präziser kannst du die Federzeichnung anlegen und sie dabei abtönen; je weniger Zeit du hast, umso mehr musst du beides auseinanderhalten. Probiere das mit einer Fotografie aus, indem du dir mal nur eine viertel Stunde Zeit für das Ganze nimmst, mal eine Stunde, mal zwei oder drei Stunden; zeichne dabei jedes Mal alles und in voller Ausprägung von Licht und Schatten, aber mit dem Grad der Vollendung im Detail, der in der gegebenen Zeit möglich ist. Du tust gut daran, diese Übung häufig zu wiederholen, ganz gleich, ob du an Drucke oder Originalzeichnungen oder nur an Fotografien herankommst.

Nachdem du jetzt in der Lage bist, ein Blatt aus dem *Liber Studiorum* oder seine fotografische Reproduktion getreu zu kopieren, hast du alle Mittel an der Hand, alle Sujets, die dich interessieren, nach der Natur zu bearbeiten. Und du solltest das auf vier verschiedene Arten tun.

Erstens: Wenn du über viel Zeit verfügst und dein Objekt unbewegt an Ort und Stelle bleibt, fertige möglichst perfekte Licht- und Schattenstudien an, mit grauer oder brauner Farbe, und mit der Feder verstärkt und präzisiert.

Zweitens: Wenn deine Zeit beschränkt oder dein Sujet so reich an Details ist, dass du meinst, es nicht angemessen deutlich in Licht und Schatten vollenden zu können, so mache eine flüchtige Skizze des Gesamteindrucks, und verwende die restliche Zeit darauf, die Details nach Art Dürers wiederzugeben. Wenn dir dein Sujet interessant erscheint, es aber Punkte daran gibt, die dir nicht ganz klar sind, dann nimm dir fünf Minuten Zeit, um näher heranzugehen und dir eine genauere Skizze aus der Nähe zu machen; und das nicht, weil du etwa die Details deiner Skizze vor Ort in deine Skizze aus größerer Distanz übertragen sollst, sondern weil du auf diese Weise deine Kenntnis vom Aussehen der Dinge vervollkommnen kannst und so lernst, dass die Erscheinung eines Turmes oder Bauernhauses aus einer Entfernung von fünfhundert Metern *jenem* aus der Nähe gesehenen Turm oder Bauernhaus entspricht; dazu kommt, dass die Skizze aus der Nähe auch vermeiden hilft, deine eigene Arbeit in Zukunft falsch auszulegen. Und daher ist es immer gut, gleich wie weit du mit deiner Licht- und Schattenstudie aus der Entfernung gekommen bist, nebenher Einzelheiten festzuhalten, sowohl mit deinen Skizzen nach Art Dürers, als auch mit denen aus der Nähe; denn auch wenn deine Chiaroscuro-Zeichnung gut ist, werden notwendigerweise viele interessante Details darin verlorengehen oder verborgen bleiben.

Eine flüchtige Skizze des Gesamteindrucks lässt sich rasch und leicht herstellen mit einem weichen Bleistift und einem anschließenden Farbüberzug in einem eher dunklen Grauton, der die Bleistiftstriche fixiert. Während die Farbe noch feucht ist lassen sich helle Stellen mit dem trockenen Pinsel herausheben, und ist sie einmal ganz trocken, kannst du die hellsten Stellen mit dem Federmesser herauskratzen. Fünf Minuten sorgfältigen Vorgehens können dabei große Wirkung zeigen. Das Papier muss natürlich weiß sein. Studien auf grauem Papier mag ich nicht besonders. Denn wenn du auf weißem Papier etwas von deiner nassen Farbe wegnimmst und sie dann geschickt hier und da etwas dunkler anlegst, bekommst du eine reichere Abstufung, als wenn du Deckweiß auf dunklerem Papier verwendest; es sei, du bist ein großer Experte darin. Nichts einzuwenden dagegen ist, wenn du deine Skizzen auf grauem oder gelbem Papier anfertigst und mit Weiß erhöhst oder abdeckst, nur solltest du dich nicht zu sehr davon abhängig machen oder gar deine Zeichnung darauf hin ausrichten.

Drittens: Wenn du weder die Zeit für eine genaue Studie hast, noch für Einzelheiten nach Art Dürers, skizziere den Umriss mit Bleistift und wirf dann mit dem Pinsel in einem Durchgang so viel wie möglich Schatten hinein, und das möglichst rasch und entschieden; dabei in wiederholten Durchgängen mehr und mehr Farbe hinzufügend, während die einzelnen Überzüge trocknen; unter Verwendung aller Hilfsmittel, welche die Praxis dir nahegelegt hat für die Herstellung deines Chiaroscuro in dem folgsamen und feuchten Material: hier einmal mit dem trockenen Pinsel etwas Farbe wegnehmend, dort einmal mit dem hölzernen Griff des Pinsels Lichter herauskratzend, die Farbe mit dem Finger einreibend, mit dem Schwamm auftrocknend, usw. Wenn dann schließlich das Kolorieren abgeschlossen ist, die Farbschichten getrocknet sind, nimmst du die Feder und markierst energisch die hauptsächlichen Umrisse, nach Art des *Liber Studiorum*. Diese Art von Studie empfiehlt sich vor allem für das Festhalten von Phänomenen, die sich weniger durch subtile Feinheiten als vielmehr durch changierende Komplexität auszeichnen, wie seltsam sich überlappende Schattengebilde, plötzliche Himmelseffekte usw.; außerdem schützt sie dich davor, dass das langsame genaue Kopieren zu einer sklavischen und pedantischen Gewohnheit wird. Doch zugleich ist Geschwindigkeit nur um der Geschwindigkeit willen und ein schwungvoller Pinsel um des bloßen Showeffekts willen ebenso verachtenswert wie schädlich. Davon abgesehen *gibt es* tatsächlich eine Geschwindigkeit und einen Pinselschwung, die nicht nur zu einem perfekten Zeichnen gehören, sondern Wirkungen erzielen, die anders nicht zu haben sind.

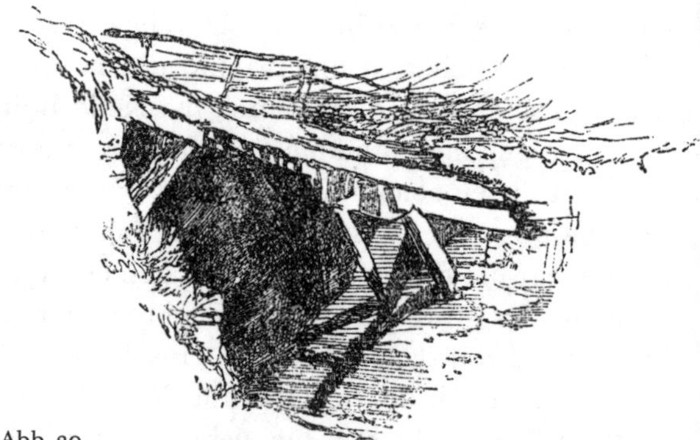

Abb. 20

Daher ist es völlig in Ordnung, wenn du dich gelegentlich in Geschwindigkeit und unmittelbarer Entschiedenheit übst, während deine tägliche Praxis auf genaues Abwägen und einen zarten Strich gerichtet bleibt. Und dabei ist Geschwindigkeit meist eher ermüdend als verlockend, und du wirst dich mehr zu Sorgfalt als zu Nachlässigkeit hingezogen fühlen.

Viertens: Gleich durch welche Landschaft du kommst, mach es dir zur höchst nutzbringenden Gewohnheit, die unterschiedlichsten Schattengebilde rasch zu skizzieren. So wirst du feststellen, dass viele an sich uninteressante Dinge, die weder nach einer ausgearbeitete Studie noch nach einer Dürer'schen verlangen, auf einmal doch bedeutsam erscheinen allein durch ihre wunderlichen Schattenformen; denn es ist oft der Fall, dass der Schatten aus gewisser Entfernung viel augenfälliger hervortritt als die Substanz. So ist bei der Alpenbrücke (Abb. 20), aus wenigen Metern Entfernung gesehen, noch gut die Holzbalkenkonstruktion sichtbar, zu der die Schatten gehören. Doch aus der Distanz von nicht einmal einem Kilometer und bei hellem Sonnenschein sind die Balken schon nicht mehr zu erkennen, und in der entsprechenden Darstellung eines guten Malers wären davon bloß noch ein großer Fleck und sich kreuzende Streifen in tiefem Grau zu sehen, ohne jeden Hinweis auf ihre Ursache (Abb. 21a). Und wenn wir die Brücke aus noch größeren Entfernungen betrachteten, würde sie uns wie in Abbildung 21b und c erscheinen, zusammengeschrumpft auf einen seltsamen, kaum auszumachenden spinnenartigen Fleck in Grau vor dem hellen Berghang. Ein wirklich großer Maler reduziert bei zunehmenden Entfernungen seine Sujets immer weiter bis hin zu solchen Schattenabstraktionen, und die eigentümliche, für viele unerklärliche Wirkung der eng verwobenen Pinselstriche in Turners Entfernungen rührt hauptsächlich von der rigorosen Präzision und intensiven Bedeutsamkeit der Schattenabstraktionen.

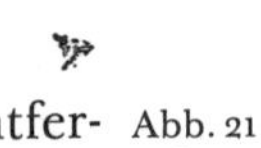

Abb. 21 a+b+c

Wenn du in Eile bist, lassen sich Studien dieser Art leicht mit einem Bleistift der Stärke F oder HB anfertigen: bei sehr subtilen Schattenformen ist eine gewisse Bleistifthärte erforderlich, um eine entsprechende Feinzeichnung zu garantieren; denn irgendwo sind die Schatten immer subtil, wenn nicht generell überall. In der Tat ist der Bleistift ein sehr kostbares Zeichenwerkzeug nachdem du Feder und Pinsel beherrschst, denn der Bleistift, gekonnt eingesetzt, ist beides, er kann eine Linie so präzis wie die Feder und so subtil abstufend wie der Pinsel zeichnen. Doch andererseits ist es beim Bleistiftzeichnen wieder sehr unbefriedigend, wenn man feststellen muss, wie die scharfen Striche, an denen die ganze Schönheit der Details hängt, mit der Zeit immer stumpfer werden, oder wie die Stellen, an denen kraftvolles Zeichnen gefragt war, nun matt glänzend wie ein Feuerrost aussehen, weshalb ich eher zum steten Gebrauch der Feder, des Pinsels und der Farbe rate, wann immer die Zeit es erlaubt; aber niemals ohne ein dünnes »Memorandum«-Heft mit visuellen Notizen in der Brusttasche, mitsamt seinem gut gespitzten und verwahrten Bleistift, immer bereit zum Festhalten flüchtiger Eindrücke.

Soviel zunächst zu den ersten Schritten beim Zeichnen nach der Natur. Aber es ist vielleicht auch ganz nützlich, wenn ich auf zwei Punkte zu sprechen komme, die deine Wahl des Sujets betreffen, sowie auch die jeweils besten Behandlungsweisen. Denn eine gar nicht so geringe Schwierigkeit, mit der du am Anfang fertigwerden musst, ist der merkwürdige und, wie ich feststellen konnte, unter allen Anfängern sehr verbreitete Impuls, sich gleich auf den am schwersten zu behandelnden Aspekt einer gegebenen Szenerie zu konzentrieren. Bei jeder Landschaft gibt es viele Dinge, die, wenn überhaupt, nur von vollendeten Künstlern gezeichnet werden können, und doch sind es fast immer gerade diese Dinge, worauf sich ein Anfänger stürzt; oder, wenn nicht eben diese, dann etwas, was ihm zwar gefällt, sich dabei aber überhaupt nicht für eine Darstellung eignet, und woran er selbst, hat er es einmal gezeichnet, wenig Freude haben wird. Zum Schutz vor diesem typischen Anfängerfehler können die folgenden Warnhinweise ganz nützlich sein:

1. Zeichne nichts, was in dir angenehme Gefühle weckt oder bloß, weil du es liebst, außer du findest gerade nichts anderes zum Zeichnen. Wenn du Orte zu zeichnen versuchst, die dir lieb sind, wirst du dich rettungslos verstricken zwischen netten Ziegelmauern, Eisengeländern, Kieswegen, Gewächshäusern und immergrünen Hecken; abgesehen davon, dass du ständig den Drang haben wirst, deine Zeichnung hübsch aussehen zu lassen oder möglichst detailreich, was deinem Vorankommen nur schaden kann. Du kannst jeden Fortschritt vergessen, wenn du beim Arbeiten an deiner Zeichnung auch nur dem kleinsten Wunsch nachhängst, dass sie auch schön aussehen sollte, wenn sie fertig ist. Das Einzige, was dich beschäftigen sollte, ist, sie *richtig* zu zeichnen, und so viel wie möglich dabei zu lernen. Also auch wenn du in deinem eigenen oder im Wohnzimmer deiner Freundin sitzt und nichts anderes zu tun hast, kannst du dir dort irgendetwas als Übungsobjekt vornehmen; selbst die Kamingeräte oder die Muster im Teppich: du musst dir nur sicher sein, dass es tatsächlich rein *zum Üben ist*, und nicht, weil du etwa den Teppich liebst oder Feuerhaken und Kaminzangen nett ausschauen, und du deiner Freundin mit dem Zeichnen ihres Zimmers einen Gefallen tun möchtest.

Daher auch der Rat, deine Zeichnungen niemals zu verschenken. Damit spreche ich natürlich den Anfänger in dir an – es mag auch eine Zeit kommen, wo deine Arbeit allgemein Anerkennung findet; doch gib sie entschlossen solange nicht aus deinen Händen, bis du genau weißt, dass sie etwas wert ist (du wirst es schnell erfahren, wenn es soweit ist). Und bittet dich jemand, ihm eine Zeichnung zu schenken, schicke ihm oder ihr ein paar Päckchen Farbe und ein Stück Bristol-Papier: Für den Moment sind diese Materialien in dieser Form von größerem Wert, als wenn du einfach die ersten über das zweite gestrichen hättest.

Der Hauptgrund dieser Regel besteht jedenfalls darin, dass ihre Einhaltung dich weitgehend vor der großen Gefahr schützt, deine Zeichnungen hübsch aussehen lassen zu wollen.

2. Niemals bewusst etwas blank Poliertes malen, besonders wenn es dazu noch eine komplizierte Form hat. Keine Messingstangen, Vorhangverzierungen, Kerzenleuchter, kein Silbergeschirr, Glas und Feinstahl. Ein glänzender Möbelknopf soll dich nicht weiter stören; aber ärgere dich nicht, wenn er in der Zeichnung nicht gut rauskommt und wähle besser nur Dinge, die nicht glänzen.

Vermeide alle Dinge mit sauberer, klarer Oberfläche. Sie sind extrem schwierig zu zeichnen, und bekommen, gezeichnet, ein sehr hässliches Aussehen. Wähle soweit möglich rau, abgenutzt und unförmig aussehende Dinge; so gibt es beispielsweise kein schwierigeres oder unergiebigeres Studienobjekt als ein frisch lackiertes Fährschiff auf der Themse, noch ein besseres Studienmodell als ein alter leerer Kohle-Lastkahn bei Ebbe auf dem Ufer liegend: im Allgemeinen ist alles, was du sehr hässlich findest, ein willkommenes Zeichenobjekt.

Vermeide auch weitestmöglich, Szenerien zu zeichnen, in denen eine Sache durch eine andere hindurch zu sehen ist. So wirst du immer wieder einen dünnen Baum vor deinem ausgewählten Landhaus stehen sehen, oder zwischen dir und der Flussbiegung, wobei seine nahen Äste alle ganz mit dem Hintergrund verwachsen erscheinen. Das ist nur äußerst schwierig darzustellen; aber wenn der Baum tatsächlich *da* steht, darfst du ihn auch nicht einfach in deiner Einbildung fällen, sondern musst ihn so gut es geht zu zeichnen versuchen. Doch schaue immer eher nach Sujets, die Teil von klar definierten Massen sind, und nicht von Geflechten; also besser ein Landhaus mit einem dunklen Baum daneben als eines mit einem dünnen Baum davor, besser die weiche, bläuliche und gerundete Masse von Gehölz, als zerfressenes Gestrüpp oder das Wirrwarr ineinander verwickelter Stängel.

Vermeide möglichst auch durch Hecken unterteilte Landschaften. Von allen Landschaftsformen ist vielleicht keine so ausgesprochen unmalerisch und schwierig zu behandeln wie das für England typische Patchwork aus Feldern und Hecken, gesprenkelt von vereinzelt stehenden Baumgrüppchen, die gleichmäßig auf Viehhöhe abgenagt sind.

Aber lass dich dennoch nicht entmutigen, wenn du merkst, dass du schlecht gewählt hast und das

Sujet dich überfordert. Besser du fühlst dich überfordert, als zu glauben, du hättest *es* völlig im Griff. Für die erste Zeit und darüber hinaus musst du dich jedenfalls auf ein sehr unliebsames Scheitern gefasst machen; was sich aber durchaus als heilsam herausstellen kann.

Nachdem du nun weißt, was absolut zu vermeiden ist, wird es gut tun zu erfahren, worauf du dagegen aus sein solltest. Im Allgemeinen sind alle Uferböschungen sehr schöne und dankbarere Sujets als weite Landschaften. Wenn du im Flachland lebst, halte Ausschau nach Plätzen, wo das Gelände zu den Flussufern hin abfällt, mit vermoderten Pfählen oder Baumwurzeln; oder, falls mit viel Glück vor Ort vorhanden, nach Überresten von steinernen Anlegeplätzen oder Stufen, moosüberwachsenen Mühlenwehren usw. Nahezu mit jedem Kilometer Straße durch die Kreidelandschaft zeigen sich zu beiden Seiten wunderschöne Stücke abfallender Böschungen; in Form und Farbe weit besser als hohe Kreidefelsen. In den Wäldern reichen ein oder zwei Stämme mit beblumtem Untergrund für die reichhaltigste und leichteste Studie; ein nicht allzu dicker Stamm, sagen wir von zwanzig bis dreißig Zentimetern Durchmesser, mit spärlichem Efeubewuchs, bietet ein leichtes und immer sehr dankbares Sujet.

Größere Häuseransammlungen im Mittelgrund, mit Bedacht gezeichnet, geben immer ein schönes Bild, vorausgesetzt es sind keine modernen Reihenhaussiedlungen oder Villen mit ionischer oder dorischer Säulenloggia. Jedes alte englische Dorf, überhaupt jedes Ensemble von Bauernhäusern, gezeichnet mit all seinen Innen- und Außenansichten, seinen Heuschobern und Lattenzäunen, gibt ein wunderschönes Motiv, umso mehr wenn es ein französisches ist.

Eine französische Landschaft ist generell um so viel schöner als eine englische, wie eine schweizerische Landschaft schöner ist als eine französische; aber in mancherlei Hinsicht ist die französische einfach unvergleichlich. Szenen wie die Avenue an der Seine,[8] deren Radierung ich dir zum Kauf vorgeschlagen habe, sind völlig konkurrenzlos in ihrem Ausdruck von ländlicher Anmut und friedlicher Heiterkeit und in der Schönheit ihrer bildprägenden Linien.

Beim Zeichnen von Dörfern widme dich ganz besonders den Gärten; ein ländlicher Garten ist in jeder Hinsicht einfach nur schön. Und wenn du Zeit genug hast, zeichne all die Reihen Kohl, die zerbrochenen Zäune, die Stockrosen und die Heckenrosen; es gibt keine bessere Übung, noch kann irgendetwas besser deine Gedanken reinigen.

Werde der beste Freund von allen Bächen in deiner Nachbarschaft und studiere noch ihr kleinstes Kräuseln.

Die Dorfkirchen in England sind meist keine guten Sujets; sie haben oft etwas eigenartig Ärmliches und Plumpes an sich. Alte Herrschaftshäuser hingegen können oft sehr reizvoll sein. Ruinen sind bei uns gewöhnlich zu spröde und die Kathedralen zu geordnet. Ich bezweifle, dass es eine Kathedrale in England gibt, die auch nur *eine ein-*

zige suggestive Ansicht bietet. Immer haben sie etwas unangenehm Artiges und Kirchendienerisches an sich.

Wenn du in einer bergigen oder hügeligen Gegend lebst, ist dein einziges Problem die Überfülle an Sujets. Als erstes nimm dir vor, einen gerundeten Felsen mit seinen scheckigen Flechten zu zeichnen, alle seine Rundungen und all die Flechtenmuster in getreuer Lokalfarbe genau wiedergebend. Solange dir das nicht gelingt, brauchst du nicht daran denken, zum Zeichnen durch die Hügel zu streifen; doch kannst du einmal den flechtenüberzogenen Felsen zeichnen, werden dir die Formen entfernter Hügel vergleichsweise leicht erscheinen.

Während du dich eine Zeitlang an den Sujets deiner unmittelbaren Umgebung geübt hast, wirst du sicher auf Schwierigkeiten gestoßen sein, zu denen du gern den Rat eines Lehrers hören würdest. Da diese Schwierigkeiten nun charakterabhängig von Person zu Person unterschiedlich empfunden werden, kann ich sie hier unmöglich alle vorhersehen, und es würde dieses Buch zu weit ausufern lassen, wollte ich auf alle Fragen zu sprechen kommen, die ich mir tatsächlich vorstellen kann. Das Beste ist also, weiterzuarbeiten, im Vertrauen darauf, dass die Natur, wenn sie die Zeit dafür gekommen sieht, sich dir selbst offenbart; und dass mit zunehmender Erfahrung deinerseits auch viele Schwierigkeiten verschwinden, so wie andere, wenn sich die Gelegenheit bietet, durch das Studium themenähnlicher Kunstwerke aufgehoben werden. Dennoch möchte ich diesen Brief nicht ohne einige allgemeine Überlegungen dazu abschließen, die dir von Nutzen sein können, nachdem du in deinem Können schon um einiges vorangekommen bist. Diese Überlegungen lassen sich in drei Bereiche unterteilen, die jeweils das Zeichnen von Vegetation, Wasser, und Himmelsformen betreffen.

Beginnen wir mit der Vegetation. Du denkst vielleicht, dass schon genug über Bäume gesagt wurde; doch wenn du meinen Empfehlungen gefolgt bist und sie oft und sorgfältig genug gezeichnet hast, wirst du jetzt ausreichend vorbereitet sein, noch etwas mehr über sie zu erfahren. Du wirst dich auch erinnern, dass wir die Frage nach der Darstellungsmöglichkeit verwickelten Laubwerks im ersten Brief zum Teil unbeantwortet ließen. Das geschah in der Absicht, dass du die wirkliche Blattstruktur durch dein eigenes Zeichnen erkennst und nicht gleich mit subtilen Betrachtungen zu möglichen Zeichenmethoden belästigt wirst. So wirst du in der Zwischenzeit sicherlich zwei fundamentale Dinge herausgefunden haben, zwei universale Tatsachen über Blätter; dass sich nämlich, zum einen, in den Hauptausbreitungen ihrer Linien eine wundersame Wachstumsdivergenz zwischen ihnen zeigt, gemäß dem schon weiter oben angedeuteten Gesetz der strahlenförmigen Ausbreitung, und dass, zum anderen, diese Divergenz niemals nur eine formale ist, sondern sich in einer endlosen Vielfalt von individuellen Linien ausbildet. [...]

Gemäß diesem zweiten Wachstumsgesetz geschieht die strahlenförmige Ausbreitung nur im Sinne einer treibenden Kraft im gleichzeitigen Einklang mit der fortgesetzten individuellen Launenhaftigkeit seitens der einzelnen Blätter. Was für die zeichnerische Darstellung so viel heißt, dass ein Strich, sobald er monoton wird, notwendigerweise auch falsch ist, da die individuelle Freiheit des einzelnen Blattes eine ebenso wesentliche Wahrheit ist, wie sein einheitliches Wachstum zusammen mit seinen Genossen in der strahlenförmigen Gruppe.

Dabei spielt es keine Rolle, wie klein oder scheinbar symmetrisch das Blätterbüschel ist, noch wie groß oder unbestimmt. Es lässt sich kaum ein regelmäßigeres Blattbüschel finden als das in Abbildung 9b, S. 79, noch ein unregelmäßigeres als der Schössling einer spanischen Kastanie, der seine Blätter vorstreckt (Abb. 23). Und selbst der gewöhnliche Leser ohne jede Vorkenntnis und Übungspraxis wird bei beiden Büscheln ganz sicher erkennen, dass es dort wilde, freischweifende Linien vermischt mit strahlenförmigen gibt, und umgekehrt. Und wenn er dann zur Feder greifen und versuchen sollte, eines dieser Beispiele zu kopieren, wird er feststellen, dass er weder mit einer spielerischen Strichführung nach links oder rechts, weder aus freier Hand, noch mit kontrolliertem Strich, noch mit gleichwelchem lernbaren oder beschreibbaren Strich eine Ähnlichkeit mit dem Vorbild erreichen wird; er wird es entweder ganz langsam zeichnen oder es gleich aufgeben müssen.

Und wenn du (was die Sache noch verschlimmert) den Ast nimmst und ihn nah vor dich hinhältst oder dir ein Stück Blattwerk gegen den Himmel anschaust, wirst du zwar die gesamte Umrisslinie der Blätter zeichnen können, aber sobald ein Lichtstrahl auf dein Blattbüschel fällt, und sei es noch so nah, wird dir, wie wir schon sehen konnten, notwendig etwas davon entgehen, hier eine Blattspitze, dort ein Rand; einige Blattoberflächen vor Glitzern kaum noch zu erkennen, andere schattengesprenkelt; und wenn du dich durch dieses Wirrwarr hindurch auf die Blattränder oder dunklen Blattstiele, die du *tatsächlich* siehst, konzentrierst, und nur diese zeichnest, wird das Ergebnis weder so wie in Abb. 9 noch wie in Abb. 22[9] aussehen, sondern eher ein unterbrochenes und verwirrendes Bild wie in Abb. 23 zeigen.

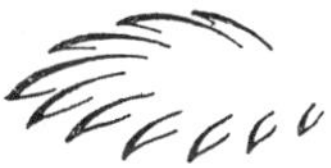

Abb. 22

Jede gute Landschaftszeichnung gründet im vollen Bewusstsein und Ausdruck dieser *drei* Gesetze. Da ist als erstes die organische Einheit: das Gesetz der strahlenförmigen Ausbreitung oder auch des Parallelismus oder der gemeinschaftlichen Bewegung, welches die Massen der Gräser und Bäume, der Felsen, Wolken und Wellen regiert. Zweitens die individuelle Freiheit der diesem Einheitsgesetz unterworfenen Glieder. Und als letztes, das Geheimnisvolle, unter welchem der einzelne Cha-

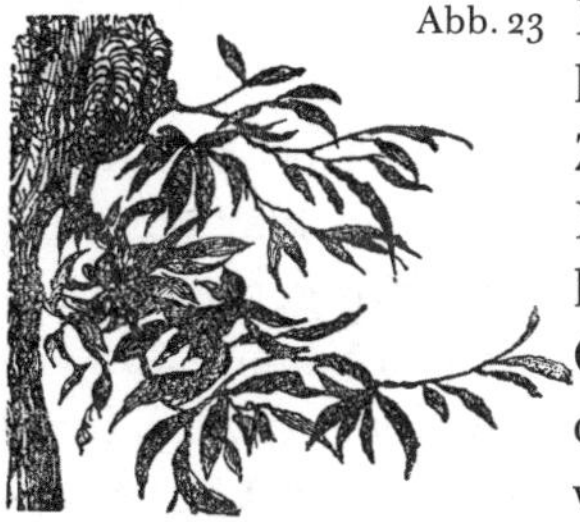

Abb. 23

rakter jeden Gliedes mehr oder weniger verborgen bleibt.

Als erstes gilt es demnach das regierende organische Gesetz zu befolgen. Und hier liegt auch der Unterschied zwischen guten und schlechten Künstlern. Der gewöhnliche Zeichner oder schlechte Maler hängt die Blätter in die Bäume als wären sie an Stöcken befestigtes Moos; er ist unfähig, die Bewegungslinien oder Wachstumslinien zu erkennen und verstreut die formlosen Wolken über seinen Himmel, ohne die gebündelten Bahnkurven wahrzunehmen, denen die wirklichen Wolken auf ihrem Flug folgen. Und seinen Berghang zerbricht er in schroffe Brocken, völlig ohne Ahnung der Kraftlinien, unter denen die wirklichen Felsen sich erhoben haben, oder der Schichtungslinien, in denen sie ruhen. Für den großen Zeichenkünstler dagegen bedeutet es die größte Freude, nach diesen leitenden Gesetzen zu zeichnen; und wenn er einmal irrt, dann ist es immer aus Übertreibung ihrer Bedeutsamkeit, und nicht aus deren Ablehnung.

Abb. 24

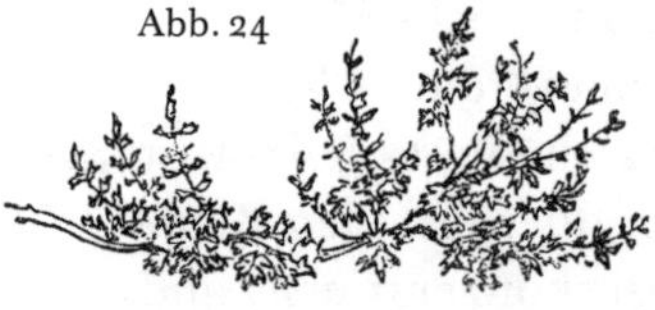

Als zweites müssen wir den individuellen Charakter und die Freiheit der einzelnen Blätter, Wolken oder Felsen sichtbar machen. Und hierin unterscheiden sich die großen Meister klar von den Mittelmäßigen; denn wenn die geringeren Geister überhaupt einmal ein Gesetz ausdrücken, dann geschieht das unter Aufopferung der Individualität. So hat etwa Salvatore Rosa einen großen Wahrnehmungssinn für den Bogenschwung der Blätter und das Rollen der Wolken, ist aber unfähig ein einziges Blättchen oder einen einzigen Nebelring korrekt zu zeichnen. In ähnlicher Weise zeigt Gainsborough in seinen Landschaften einen großen Sinn für Formmassen und Farbenharmonie; aber für die Einzelheiten hat er nichts als bedeutungslose Pinselstriche übrig; das geht soweit, dass nicht einmal die Baumart, viel weniger noch die Art des Blattwerks, erkennbar sind. Obwohl nun beides, der Ausdruck des Leitprinzips wie der Ausdruck der Individualität wesentlich für ein Meisterwerk sind, so ist doch der Individualitätsausdruck der *wesentlichere* und der schwieriger zu erreichende. Und eben dieser ist es, der die großen Meister *in letzter Instanz* von den geringeren trennt. Es ist der wesentlichere Ausdruck, denn auf dem Gebiet schöner Arrangements sichtbarer Dinge gelten dieselben Regeln wie in moralischen Dingen. Es ist bedauerlich und unnatürlich, viele Menschen führungslos zu sehen, ohne den Antrieb eines leitenden Prinzips und von keinem gemeinsamen Gefühl vereinigt; aber noch beklagenswerter wäre es, die Menschen derart zwangsassimiliert zu sehen, dass sie ohne jede individuelle Hoffnung, ohne jeden individuellen Charakter dastehen, ohne ihre unterschiedlichen Zielsetzungen, ohne ihre vielfältigen Leidenschaften und ohne ihre divergierenden Urteile; es wäre eine Gesellschaft, in der kein Mensch einem anderen helfen könnte, weil niemand schwächer als er wäre; in der keiner einen anderen bewundern könnte, weil niemand stärker als er selbst wäre; in der keiner einem anderen dankbar sein könnte, weil ihm niemand helfen könnte; wo der eine den anderen nicht verehren könnte, weil er von niemandem etwas lernen könnte; eine Gesellschaft, in der jede Seele der Silbe eines Stotterers ähneln würde anstatt dem Wort eines Redners; eine Gesellschaft, in der jeder sich wie in einem Angsttraum bewegen und in endlosen Vervielfältigungen Gespenstern seiner selbst begegnen würde, in sprachloser Dunkelheit hilflos um ihn herumgaukelnd. Deswegen sind beständiges Unterschiedensein, Spielen, beständiger Formenwechsel in den Gruppenzusammensetzungen für die Menschen wesentlicher als ihr Unterworfensein unter irgendein Einheitsgesetz: das Gesetz brauchen sie für ihre Vervollkommnung und ihr Können, aber die Verschiedenheit brauchen sie für ihr Leben. [...]

Ein paar Dinge sind noch zu dem weiter oben genannten dritten Gesetz, dem des Geheimnisvollen, zu sagen; dem Gesetz nämlich, wonach etwas niemals ganz vollständig gesehen wird, sondern immer nur fragmentarisch und unter wechselnden Dunkelheitsverhältnissen. Damit bilden die sichtbaren Naturgegenstände nun ein komplettes Gegenstück zur menschlichen Natur. So haben wir als erstes das Unterworfensein; zweitens die Individualität; und als letztes, nicht weniger wesentlich, die Unverständlichkeit; es ist eine ewige Lehre: in jeder gezackten Blattspitze und glänzenden Ader, die unseren Blick im Blätterwald täuschen oder ihm entgehen, und die wir kaum hoffen können, klar zu erkennen oder angemessen zu beurteilen, sehen wir zugleich die Risse und Adern des menschlichen Herzens; was gibt es nicht alles in den Handlungen und Köpfen der Menschen um uns herum, was wir zunächst zu verstehen glauben, was aber bei näherem, zugeneigten Hinsehen sich voller Geheimnisse zeigt, für immer unergründlich und unwiderruflich.

Dieses Wesenhafte des Geheimnisvollen in der Landschaftsmalerei auszudrücken ist bisher niemandem so vollkommen gelungen wie Turner; und auch du wirst diesem Ziel, wenn überhaupt, nur näherkommen können, indem du sehr viel Zeit auf deine Kunstübungen verwendest. Beim Skizzieren eines Gegenstandes mit Blick auf den Abschluss in Chiaroscuro musst du nur immer darauf achten, nur jene Teile zu zeichnen, die tatsächlich deutlich zu sehen sind; in Vorbereitung auf die nachfolgende Ausarbeitung der Formen durch Licht und Schatten. Es ist diese Art Vorbereitung mit wenigen Linien für das nachfolgende Darüberlegen von Licht und Schatten, was die Radierungen des *Liber Studiorum* zu solch unschätzbar außergewöhnlichen Beispielen für uns macht. Und das mehr oder weniger in ihnen gegenwärtige Geheimnisvolle entspricht genau dem hohen Grad von Hingabe, die Turner hineingelegt hat. So ist auch die Radierung *Aesacus und Hesperie* mit der größtmöglichen Sorgfalt ausgeführt worden; der

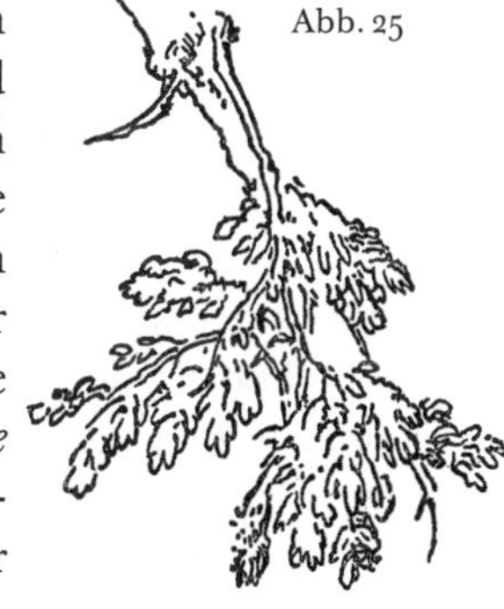

Abb. 25

Hauptast des nahen Baums im Vordergrund ist wie in Abbildung 25 radiert. Auf den ersten Blick sieht die Zeichnung aus wie die Arbeit eines Schülers und nicht die eines Meisters; doch sind einmal Licht und Schatten hinzugefügt, rückt alles an seinen richtigen Platz und das Ergebnis ist ein perfekter Ausdruck von Anmut und Komplexität. Doch sogar schon bevor Licht und Schatten dazukommen, müsstest du erkennen können, dass diese unregelmäßigen und gebrochenen Linien besonders dort, wo zum Ausdruck kommt, wie der Ast sich in den Blättern verliert, naturwahrer sind als die monotonen, wenn auch anmutigen, Blatt-Zeichnungen, wie sie noch vor Turners Zeit, selbst von den größten Meistern, bei entfernteren Massen verwendet wurden. Abb. 26 ist ein typisches Beispiel für die Darstellungsweise alter Holzstiche nach Tizian: deutlich ist erkennbar, wie die Blätter zu sehr eine einzige Form bilden, gleich Trauben von Früchten; und wie die Äste zu vollständig zu sehen sind, ganz abgesehen davon, dass sie etwas seltsam Weiches und Ledriges haben, was dem Fehlen von Biegungen in ihrem Umriss zuzuschreiben ist. Große Meister wie Tizian verwendeten diese mehr konventionelle Struktur auch nur aus Eile bei entfernteren Massen, wobei dann ihre exquisite Zeichnung des Vordergrunds jene konventionellen Elemente meist vergessen lässt. Aber in den Zeichnungen der Carracci und anderen zweitrangigen Meistern ist alles von Schablonenhaftigkeit beherrscht und verfällt mehr und mehr in

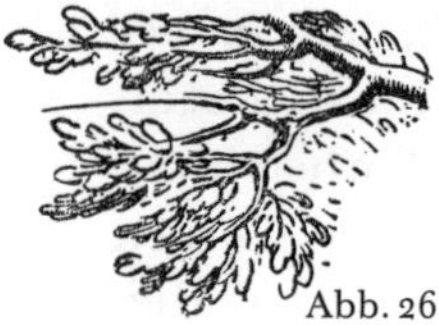

Abb. 26

Gekritzel, wie in Abb. 27, welche mit die schlimmstmögliche Zeichengewohnheit darstellt, der man verfallen kann, obwohl eine ignorante Person sie vielleicht sogar für »freier« und daher besser als die in Abb. 25 hält. Beachte auch, dass in einer vortrefflichen Umrisszeichnung der Umstand, dass ein Ast an irgendeiner Stelle unnatürlich zusammengeschrumpft aussieht, wie in Abb. 25 direkt über dem Blattwerk, nicht bedeutet, dass er falsch gezeichnet sein muss. Sehr oft läuft die dynamische Bewegung, welche durch die Linie zum Ausdruck kommen soll, in die Mitte des Laubzweigs, sodass der tatsächliche Umriss des Zweiges dann an dieser Stelle nur schwach oder gar nicht zu sehen ist; und erst die nachfolgende Schattengebung wird die tatsächliche Form des Zweigs oder die Ursache seines Verschwindens kenntlich machen.

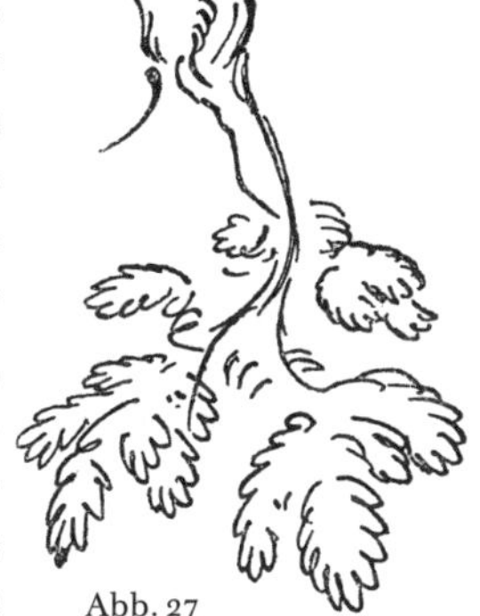
Abb. 27

Noch eine letzte Anmerkung zu Bäumen, dann soll es genug sein. In den Köpfen unserer gewöhnlichen Aquarellkünstler scheint ein entfernter Baum lediglich als ein flacher grüner Fleck vorstellbar zu sein, mit anderen Massen zu heiteren Gruppen vereinigt und der Landschaft frische Farbe verleihend, dabei aber in seiner Textur auf keine Weise verschieden von den andersgeformten Flecken, mit denen diese Maler Steine, Wasser oder Figuren ausdrücken. Doch nachdem du eine Zeitlang sorgfältig Bäume gezeichnet hast, wirst du erstaunt sein, umso erstaunter je besser sie gezeichnet sind, über den Eindruck von *Weichheit* ihrer Oberfläche. So ist ein entfernter Baum eben nicht ein flaches und glattes Stück Farbe, sondern eine mehr oder weniger kugelförmige Masse mit einer flaumigen Textur, zum Teil in eine verschwommene Nebelhaftigkeit übergehend. In der Praxis scheint mir diese reizvolle Weichheit weit entfernter Bäume die am schwierigsten wiederzugebende Eigenheit zu sein, denn man erreicht sie nicht durch bloßes Kratzen oder Aufrauen der Zeichenfläche, da sie einen derart zarten Ausdruck von Form und Wachstum bildet, wie er nur durch äußerst sorgsames Zeichnen nachgeahmt werden kann. Geht man dann mit dem Federmesser leicht über das so sorgfältig Gezeichnete, ist damit schon viel gewonnen. Doch solltest du zur Erreichung dieser Weichheit von Beginn an in deiner Zeichnung bei der Ausführung der Linien ansetzen, indem du sie zart kreuzt und die Ränder mehr oder weniger verwischt. Je nach Beschaffenheit des Baumes musst du dir verschiedene Ausführungsarten einfallen lassen, die seine Textur entsprechend auszudrücken vermögen. Aber behalte immer diese Eigenheit von Weichheit im Sinn, und setze sie dir zum Ziel; denn bei den meisten Landschaften ist es die Absicht der Natur, die Zartheit und transparente Unermesslichkeit ihres Blattwerks spüren zu lassen, selbst auf weite Entfernung hin, in deutlicher Abgrenzung zu den festen Massen und glatten Oberflächen der Felsen oder Gebäude.

Betrachten wir nun verschiedene Arten, Wasser darzustellen, ein wichtiges Element der Landschaft, worüber ich noch fast nichts gesagt habe.

Gewöhnlich wird Wasser in Zeichnungen durch konventionelle Linien ausgedrückt, deren horizontaler Verlauf eine Vorstellung von seiner Oberfläche vermitteln soll. In der Malerei werden zum selben Zweck weiße Pinselstriche oder Streifen von Licht verwendet.

Doch sind solche Hilfsmittel, wie alle ähnlichen, unnütz und absurd. Eine Fläche ruhigen Wassers enthält in sich immer schon ein Bild, eine vorzügliche Widerspiegelung der Dinge darüber. Wenn du dir die notwendige Zeit nimmst, diese Spiegelungen zu zeichnen, sie hier und da aufkräuselnd, wie du es eine Windbrise oder Strömung tun siehst, wirst du so den Eindruck von Wasser wiedergeben können. Doch wenn du nicht die Geduld aufbringst, die Spiegelungen zu zeichnen, wird dir auch kein Hilfsmittel die gewünschte Wirkung ermöglichen. Denn das Bild im Wasser zu zeichnen erfordert nahezu die gleiche Finesse wie das Bild über dem Wasser; mit dem Unterschied, dass bei der leisesten Bewegung auf der Wasseroberfläche die horizontalen Linien der Bilder aufgelöst und gebrochen erscheinen, während die vertikalen klar bleiben, und die schiefen klar im Verhältnis zu ihrer Steilheit.

Einige Studien aus der Nähe werden dir zeigen, wie wichtig die genaue Beobachtung der Störungslinien auf der Wasseroberfläche ist, so wenn ein Vogel vorbeischwimmt, ein Fisch hochkommt, oder die Strömung sanft einen Stein, ein Schilfrohr oder andere Hindernisse umspielt. Verwende die größte Sorgfalt darauf, die *Kurven* dieser Linien naturwahr wiederzugeben; der ganze Wert deiner Zeichnung der reflektierten Bilder geht verloren, wenn du von den Wellenkurven, wie sie von der Brust einer vorbeischwimmenden Wildente erzeugt werden, auch nur eine einzige falsche Kurve zulässt. Und wenn du mit deinem Ergebnis unzufrieden bist, dann versuche es immer (wie auch bei anderen Sujets) mit noch mehr Einheitlichkeit und Finesse: solange deine reflektierten Bilder nur ausreichend weiche Abstufungen zeigen, wirst du am Ende sicher auch deine Freude daran haben. Wenn du dir Mühe gibst, kannst du die weicheren Spiegelungen dort, wo sie von einer Bewegung im Wasser auseinandergezogen wirken, mit nahezu horizontalen Strichen wiedergeben; hast du aber weniger Zeit, dann kannst du den Ort der Reflexspiele mit vertikalen Linien andeuten. Ein ruhiges langgezogenes Spiegelbild wird eigentlich mit horizontalen Linien nachgebildet: doch oft ist es unmöglich, die abfallenden Schatten sanft genug mit horizontalen Strichen zu zeichnen; und gerade wenn du in Eile bist, und manchmal auch wenn du es nicht bist, ist es immer besser, vertikale Striche zu verwenden. Bei größeren Kräuselwellen kommen die Spiegelbilder ins Schwanken und müssen mit kühnen abfallenden Wellenlinien gezeichnet werden.

Ich muss wohl nicht betonen, wie äußerst wichtig es ist, die Kurven des Ufers korrekt zu zeichnen. Ihre Perspektive ist, wenn nicht subtiler, so doch zwingender als die jeder anderen Linie in der Natur. Dem gewöhnlichen Betrachter wird es nicht auffallen, wenn du die Kurve eines Zweiges verfehlst, oder den Schwung einer Wolke, oder die Perspektive eines Gebäudes; doch jeder intelligente Betrachter wird den Unterschied wahrnehmen zwischen einer falsch und einer korrekt gezeichneten Ufer- oder Strandkurve. Die schwierigen Flussperspektiven von oben etwa hat bisher niemand so *absolut* richtig gezeichnet wie Turner; und beachte dabei, dass es *keine* feste Regel gibt, wie sie zu zeichnen wären. Wollte man die entsprechende Uferkurve mathematisch bestimmen, müsste man die exakte Wassermenge kennen, die der Fluss führt, die Form des Flussbettes und die Härte des Felsens oder des Flussstrandes; und selbst mit diesen Daten würde auch ein Mathematiker das Problem nur annäherungsweise lösen können.

Wenn du nach einigen Studien nach der Natur von den großen Unterschieden zwischen dem Aussehen des reflektierten Bildes und dem des reflektierenden Objekts ganz verwirrt bist und gerne das Gesetz der Reflexion kennenlernen möchtest, hier ist es: Stelle dir einfach alle Gegenstände über dem Wasser *tatsächlich* umgedreht (nicht nur scheinbar, sondern in der Wirklichkeit) unter dem Wasser vor, mit genau derselben Form und in derselben Position, nur eben auf den Kopf gestellt. Alles, was du dann von deinem Standort aus von den derart umgedrehten Festobjekten unter Wasser sehen würdest, all dies wirst du ebenso im reflektierten Bild sehen, nach wie vor in der richtigen Perspektive der so umgedrehten Festobjekte.

Falls dir das beim Blick auf das Wasser nicht ganz klar wird, nimm einen Spiegel und lege ihn horizontal auf den Tisch, dann legst du ein paar Bücher und Papiere darauf und zeichnest sie zusammen mit ihren reflektierten Bildern; wenn du die Bücher auf dem Spiegel verrückst, kannst du beobachten, wie ihre reflektierten Bilder sich ändern, und vor allem, wie bei ihrer Positionsveränderung die reflektierten Farben und Schatten sich von ihren eigenen Farben und Schatten unterscheiden. Dieser Unterschied im Chiaroscuro ist bei der Aquarellmalerei wichtiger als der bloße Unterschied in der Form.

Beim Zeichnen von seichtem oder trübem Wasser wirst du sehen, wie Schatten am Grund oder auf der Oberfläche ständig die reflektierten Bilder verändern; und in einem klaren Gebirgsbach werden die schönsten komplexen Effekte erzeugt durch die Schatten und Reflexionen der Steine auf der Wasseroberfläche, vermischt mit dem Anblick der Steine selbst, wie sie durch das Wasser hindurch gesehen werden. Lass dich nicht von solcher Komplexität abschrecken; aber andererseits darfst du auch nicht hoffen, dergleichen auf die Schnelle wiedergeben zu können. Schau es dir genau an, alles was du siehst genau registrierend, und jedes einzelne Element des Gesamteffekts unterscheidend. Da sind zunächst einmal die Steine, wie du sie durch das Wasser hindurch siehst, immer verzerrt durch die Brechung, sodass die geraden parallelen Linien der natürlichen Steinstruktur über dem Wasser bei ihrem Eintritt ins Wasser abgebogen werden; dazu kommt dann, dass die Reflexion des Teiles vom Stein über dem Wasser sich überkreuzt mit dem Teil, der durch das Wasser hindurch gesehen wird, sodass sich kaum noch das eine vom anderen unterscheiden lässt. Und wo die Reflexion am dunkelsten ausfällt, wirst du am besten durch das Wasser hindurch sehen können und vice versa. Dann kommt der tatsächliche Schatten des Steines hinzu, der diese beiden Bilder kreuzt, und wo dieser Schatten hinfällt, macht er das Wasser reflektierender; wo dagegen das Sonnenlicht hinfällt, wirst du mehr von der Wasseroberfläche sehen und den vielleicht darauf treibenden Staubpartikeln: doch ob du nun an derselben Stelle mehr vom Grund des Wassers oder mehr von den Reflexionen der Objekte darüber siehst, das hängt von der Blickrichtung deiner Augen ab. Je mehr du nach unten in das Wasser hinein blickst, desto besser siehst du die Gegenstände durch das Wasser hindurch; je mehr du mit gesenkten Augen die Wasseroberfläche entlang blickst, desto mehr wirst du auf der Wasseroberfläche die Reflexionen der Objekte darüber wahrnehmen. Folglich wird, bei fixem Standort, die gegebene Fläche eines Baches völlig seine Farbe ändern, allein durch bloßes Heben oder Senken deines Kopfes; und so zeigen die Farben, mit denen das Wasser gezeichnet ist, zugleich die Position des Betrachters an und sind untrennbar mit der Perspektive der Ufer verbunden. Den denkbar schönsten Eindruck von einem

Gebirgsbach hat man, wenn das Wasser seicht und die Steine am Grund schwarz und tief rotorange sind, und das Wasser aus einem Blickwinkel gesehen wird, der die sichtbaren Farben genau in jene der Steine und jene des Himmels teilt, der Himmel dabei von einem klaren vollen Blau. Das sich daraus ergebende Violett, die Mischung aus dem Blau und dem Rotorange, gebrochen vom Ineinanderspielen unzähliger Steinfarbtöne, ist von unbeschreiblicher Schönheit.

All das ist für sich schon recht kompliziert; doch wenn das klare Wasser selber noch eine kräftige Farbe aufweist, wie das Grün oder Blau der Schweizer Seen, dann kommen alle diese Phänomene gleich doppelt ins Spiel, und die dunklen Reflexionen nehmen nun die Farbe des Wassers an. Die Reflexion einer schwarzen venezianischen Gondola zum Beispiel ist niemals schwarz, sondern von reinem Dunkelgrün. Dazu ist die Farbe des Wassers selbst gleich dreifacher Art: die auf der Oberfläche gesehene ist eine Art flaumiges Weiß; die nächste zeigt sich dort, wo die Wellen das Licht hindurchscheinen lassen, an ihren Rändern; und die dritte zeigt sich als Farbenwechsel an den Objekten, die durchs Wasser hindurch gesehen werden. So wird dieselbe Welle, die ein weißes Objekt hellblau erscheinen lässt, wenn man durch sie hindurchsieht, auf ihrer Oberfläche einen flaumigen Rot- oder Violettton annehmen, und schließlich an ihren sonnendurchschienenen Rändern in reinem Smaragdgrün aufleuchten. Aber das alles soll dich im Augenblick nicht weiter angehen, es sei hier nur angesprochen, teils zur Vorbereitung auf unsere spätere Beschäftigung mit der Farbe, und teils damit du Seen und Bächen mit Ehrfurcht begegnest und sie genauso sorgfältig wie andere Dinge studierst, ohne zu glauben, sie mit ein paar horizontalen weißen Pinselstrichen oder ein paar hingezitterten Flecken wiedergeben zu können.* Dabei lässt sich viel mit solch zittrigen Flecken ausdrücken, wenn du genau weißt, was du damit erreichen willst; du kannst das in vielen Skizzen Turners studieren, die jetzt in der National Gallery ausgestellt sind; aber du musst tagein, tagaus Wasser gemalt haben – und zwar ganze Tage lang – bevor du darauf hoffen kannst, etwas Vergleichbares hinzubekommen.

Letzter Punkt. Du wunderst dich vielleicht, warum ich nichts über den Geländeboden sage, bevor ich zu den Wolken übergehe. Doch darüber ist so viel zu sagen, dass es mir an dieser Stelle unangebracht scheint. Ausführliches wirst du dazu im vierten Band der *Modern Painters* finden; und wenn du daraus sorgfältig den Stich Tafel 21[10] kopierst,

*Zu Studienzwecken ein nützlicher Versuch: Löse etwas Preußisch Blau in Wasser, sodass du eine kräftig blaue Lösung erhältst. Diese füllst du dann in eine große weiße Schale und setzt irgendwelche Dinge darauf, die schwimmen, oder tauchst andere in die Lösung hinein: Walnuss-Schalen, Holzstückchen, Blumenblätter usw. Dann beobachtest du die Wirkung der Reflexionen und die Wirkung der Blumenstängel oder der eingetauchten Teile der schwimmenden Objekte, so wie sie durch die blaue Flüssigkeit hindurch erscheinen; besonders darauf achtend, wie du, während du den Kopf senkst und die Oberfläche entlang blickst, klar die Reflexionen wahrnimmst; und wie, während du den Kopf hebst, die Reflexionen sich verlieren, und du jetzt dagegen klar die untergetauchten Stängel siehst.

den ich mit großer Hingabe nach Turner radiert habe, so wirst du darin Anleitung genug finden für die lineare Darstellung einer Bodenoberfläche. Versuche das Zurückweichen und die Aufeinanderfolge der Massen in unregelmäßigem Gelände wiederzugeben: vieles erklärt sich dabei durch genaues Beobachten der perspektivischen Verkürzungen des Pflanzenbewuchses, wie auch der Konturen und besonders auch der Schatten. Wenn du die Schatten der Blätter und Baumstämme auf welligem Boden mit großer Sorgfalt zeichnest, wirst du erstaunt sein, wieviel sie über die Form und die Abstandsverhältnisse des Bodens aussagen, auf den sie fallen.

Kommen wir zum Himmel und damit gleich zu seiner großen Besonderheit, die ihn gegenüber jedem Erdenthema auszeichnet; dass nämlich die Wolken, weniger dem Eingreifen des Menschen ausgesetzt, immer ein schönes Arrangement bilden. Eine Eigenheit, die man bei keiner anderen Landschaftsformation voraussetzen kann. Die Felsen, die einen Großteil der Suggestivwirkung einer Gebirgsszene ausmachen, sind immer zugleich auch jene, die der Straßenbauer wegsprengt oder der Landbesitzer ausbeutet; und der Grünstreifen, den die Natur mit planvoller Absicht an den Rändern ihrer dunklen Wälder auslegte und mit ihren zartesten Gräsern versah, ist immer zugleich jener, den die Bauern bepflügen oder bebauen. Die Wolken dagegen, selbst wenn wir sie in Rauch hüllen und mit Gift vermengen, lassen sich nicht ausbeuten oder bebauen, und bilden daher immer eine großartige Konstellation; so großartig, dass du kaum hoffen kannst, jemals auch nur annäherungsweise den Eindruck wiederzugeben, den eine Himmelsansicht auf dich macht, es sei denn du verfügst über ein immenses Erinnerungsvermögen. Denn ihre Anmut und ihr Leuchten rührt von dem Zusammenspiel jeder einzelnen Wolke: sie alle treiben und glühen zusammen in einer wunderbaren Harmonie; nicht eine einzige, die sich außerhalb ihres zugewiesenen Platzes befände oder nicht ihren Part im Chor einnähme. Und wenn du nicht in der Lage bist, dich genau an Form und Position aller Wolken in einem gegebenen Augenblick zu erinnern (was bei einer komplizierten Himmelsansicht unmöglich von dir zu erwarten ist), kannst du überhaupt keinen Himmel zeichnen; denn die Wolken werden nicht mehr zusammenpassen, wenn du einen Teil von ihnen drei oder vier Minuten vor dem nächsten zeichnest.

Daher solltest du versuchen, dein Gedächtnis zu unterstützen, indem du mit größtmöglicher Geschwindigkeit die gesamte Wolkenkonstellation skizzierst; dabei kurzschrifthaft oder auf andere symbolische Weise den besonderen Charakter jeder einzelnen Wolke festhaltend, wie etwa durchsichtig, wollig, linear oder wellenförmig; die fehlenden Teile werden dann in der Folge, soweit es geht, aus dem Gedächtnis vervollständigt. Dieses Vorgehen ist allerdings nur ratsam, wenn der Himmel in seiner Gesamtansicht interessant ist; zu anderen Zeiten versuche nicht den ganzen Himmel zu zeichnen, sondern nur eine einzige Wolke: manchmal bleibt eine runde Kumuluswolke für fünf oder sechs Minuten stabil genug, um ihre hauptsächlichen Massen skizzieren zu können; und auch ein oder zwei weiße oder karmesinrote Linien, die die aufgehende Sonne queren, verharren oft genauso lange fast unverändert an ihrem Platz. Und zur noch besseren Vorbereitung auf das Zeichnen dieser Phänomene kannst du dich gelegentlich im Zeichnen von Baumwollbauschen üben, die dir besser als jedes andere feste Ding einen Eindruck von der Art Weichheit geben, die den Wolken eigen ist. Und nachdem du einige naturwahre Studien von Himmelansichten angefertigt hast, und dir dann alte oder moderne Malereien anschaust, wirst du feststellen, dass gewöhnliche Künstler immer einem oder zwei Fehlern verfallen sind: entweder sie lassen die Wolken bei ihrer runden Gestaltung so fest und hartkantig wie einen in einem Sack verschnürten Haufen Steine aussehen, oder sie malen sie überhaupt nicht abgerundet, sondern als vage Nebelschleier oder flache Lichter im Himmel; und dann denken sie, es würde ausreichen, zwischen ein paar blauen Pinselstrichen das Papier einfach weiß zu lassen, oder eine unregelmäßige Stelle mit dem Schwamm wegzunehmen. Wolken haben gewiss nicht die Festigkeit von Mehlsäcken, aber andererseits sind sie auch nicht schwammig oder flach. In ihrer deutlichen und äußerst schönen Gestalt bilden sie eher Dunstskulpturen; Skulptur ist dabei genau das richtige Wort; sie werden nicht mehr in Form *getrie-*

ben als in Form *geschnitten*, insofern die sie umgebende warme Luft sie in Form schneidet indem sie den sichtbaren Dunst jenseits eines bestimmten Grenzwerts absorbiert; daher ihre winkelförmigen und wunderlichen Gestalten, die von geschwollenen, sphärischen oder kugeligen Formationen genauso verschieden sind wie von flachen Schleiern oder unförmigen Nebeln. Das Schlimmste dabei ist, dass diese Wolkenformen, die für sich schon, besonders wegen ihrer unablässigen Ruhelosigkeit, so schwer zu zeichnen sind, in ihren Licht- und Schattenverhältnissen nochmals schwerer zu fassen sind als alle anderen Formen, und gerade die in den Wolken wirkenden Lichtkräfte für die Kunst völlig unerreichbar bleiben; denn wenn wir ausreichend schattieren, um die Wolkenformen so natürlich auszudrücken wie sie tatsächlich erscheinen, müssen wir sie notgedrungen auf den beschatteten Seiten viel zu dunkel gestalten. Aber die Wolken sind von einer derartigen Schönheit, dass, mögen deine Zeichenerfolge auch noch so klein sein, du kaum den Mut verlieren wirst.

Du tust gut daran, sie oft und schnell mit der Feder in ihren Umrissen zu skizzieren, wo immer du sie gerade einfangen kannst; einer der Hauptnutzen solch Vorgehens ist weniger die so erhaltene visuelle Notiz, als vielmehr das dabei gewonnene Verständnis in Bezug auf die Weichheit der Wolkenumrisse. Du wirst immer im Zweifel darüber sein, wie der Umriss nun wirklich verläuft; und einmal gezeichnet, wird er immer hart und falsch aussehen, und garantiert entweder zu rund oder zu eckig erscheinen, wie oft du ihn auch veränderst, es wird ein bloßer Wechsel von einem Fehler zum nächsten und zurück sein, während die tatsächlichen Wolken ein unausdrückbares Mittel zwischen rund und eckig in all ihrem Wallen und Wogen zeigen. Ich rede hier selbstverständlich nur über Kumuluswolken: die leichteren Flockenwolken und Wolkengirlanden in größerer Höhe lassen sich in ihren Umrissen gar nicht zeichnen; sie können nur, wie Haarlocken, mit vielen Federstrichen skizziert werden. Festgeformte Wolkenbänke am Horizont sind gewöhnlich recht leicht mit entschiedener Hand zu zeichnen. Wenn du nun etwas versierter im Darstellen der Wolkendynamik bist, versuche dich an ihrem Licht-und-Schatten-Spiel, mit derselben Sorgfalt, die du auf andere Motive verwendest. Als Anschauungsbeispiele dafür eignen sich ausschließlich die Vignetten in den Bänden *Italy* und *Poems* von Samuel Rogers, sowie das *Liber Studiorum*, es sei denn, du hast Zugang zu einigen Beispielen von Turners eigenen Arbeiten. Kein anderer Künstler hat jemals so wie er den Himmel gezeichnet: Selbst die Wolken Tizians und Tintorettos sind dagegen konventionell. Die Wolken in *Ben Arthur, Source of Arveron* und *Calais Pier* gehören zu den besten von Turners Sturm-Studien; und zu den höheren Wolken bieten die Vignetten zu Rogers' *Poems* so viele Beispiele wie du brauchst.

Und wie unsere erste Lektion ihren Ausgang vom Himmel nahm, so soll es hier nun auch bei der letzten gewesen sein. Dabei möchte ich dich zu keiner Eile drängen was das Erarbeiten des Inhalts meines nächsten Briefes angeht. Wenn du ein echtes Talent für das Zeichnen hast, wirst du auch eine große Freude am Entdecken der Naturschönheiten zwischen Feldern und Hügeln haben, wohin dich die Studien, die ich dir bereits vorschlug, sicherlich führen werden; und du kannst gewiss sein, je ruhiger und zielstrebiger du jeden Schritt auf dem Weg der Kunst gehst, desto schneller wirst du insgesamt Fortschritte machen. Die Themen des folgenden Briefes hätte ich gern ausführlicher in einem separaten Band für fortgeschrittenere Studenten behandelt; doch da es ein paar Dinge zur Komposition zu sagen gibt, die auch einen jungen Künstlerkopf gewissermaßen beruhigen oder ihn vor den Zudringlichkeiten schlechter Ratgeber schützen können, will ich im Folgenden einen Überblick über die Hauptpunkte des Themas geben; im Vertrauen darauf, dass dich, lieber Leser, meine Kürze nicht von ernsthaftem Arbeiten abhält oder dazu verleitet, aufgrund meiner zum Teil nicht immer für die Sache relevanten Reden, mich für weniger zu halten als

deinen dir ganz ergebenen

J. Ruskin

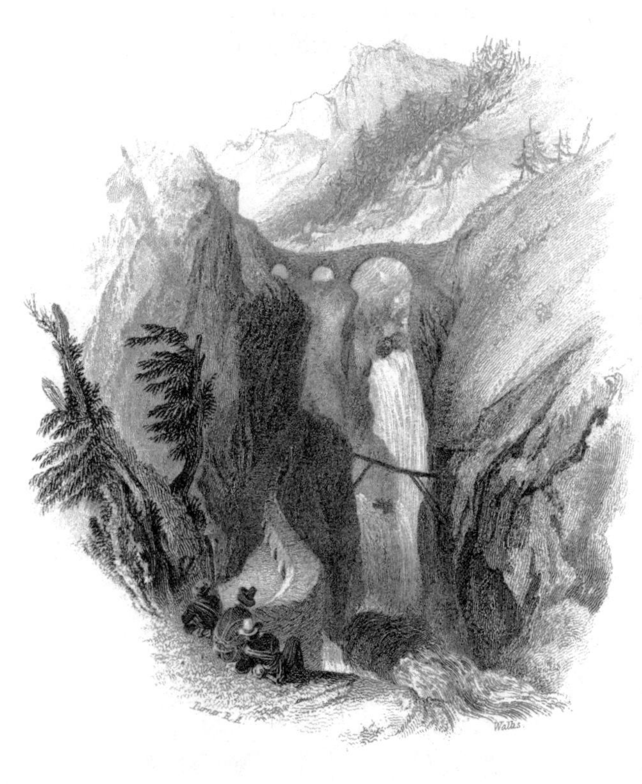

Über Farbe und Komposition

Lieber Leser – wenn du bis hierher meinen Anleitungen gefolgt bist, so wird das nicht immer ohne inneren Widerstand und durchaus auch mal ernsthaften Verdruss gewesen sein. Und ich würde mir tatsächlich Sorgen machen, wenn du, im Zuge deiner Zeichenübungen zur genauen Betrachtung von Dingen schönster Farben angeleitet, dich nicht danach gesehnt hättest, sie so auch zu malen, und es nicht äußerst schwierig gefunden hättest, dich dabei nur auf Schwarz, Blau oder Grau zu beschränken. Du *sollst* die Farbe lieben, in der Überzeugung, dass ohne sie nichts wirklich schön und vollkommen sein kann. Und wenn du sie wirklich um ihrer selbst willen liebst, und nicht bloß kolorieren willst, weil du das Malen für eine schönere Sache hältst als das Zeichnen, dann hast du auch Chancen, gut mit Farbe umzugehen. Glaube aber nicht, dabei jemals mehr als angenehme Erinnerungshilfen oder nützliche und suggestive Farbskizzen herzustellen, es sei denn du beabsichtigst, ein Vollblutkünstler zu werden. Wenn dir freie Zeiten zur Verfügung stehen, können dir meisterliche, vollendet schöne Zeichnungen in Chiaroscuro glücken. Aber gut zu kolorieren erfordert dein ganzes Leben. Billiger geht es nicht. Sobald du bei deiner Arbeit Farbe ins Spiel bringst, ist die Schwierigkeit, es richtig zu machen, nicht doppelt, nicht dreifach, sondern tausendfach erhöht. Denn die Chancen, dass du mit einem Pinselstrich zugleich die richtige Form und die richtige Farbe triffst, stehen tausend zu eins dagegen. Wenn du allein auf die richtige Form aus bist, ist das schon schwierig genug. Aber wenn du gleichzeitig auf etwas weit Subtileres als die Form achten musst, erhöht sich die Schwierigkeit auf unberechenbare Weise – nahezu unendlich vervielfacht durch die wichtige Tatsache, dass Farbe völlig *relativ* ist, während Form absolut ist, sodass sich im Augenblick, in dem du eine Linie ziehst, sagen lässt, ob sie richtig oder falsch ist. Jeder Farbton in deiner gesamten Arbeit wird durch jeden einzelnen Pinselstrich verändert, den du an anderen Stellen hinzufügst; mit der Folge dass, was noch vor einer Minute warm war, in dem Moment kalt wird, wo du eine wärmere Farbe an anderer Stelle anbringst; und was eben noch harmonisch schien, mit einem Mal dissonant wird sobald du andere Farben daneben setzt; sodass jeder Pinselstrich nicht mit Blick auf seine unmittelbare Wirkung erfolgen sollte, sondern mit Blick auf seinen zukünftigen Effekt, wobei im Voraus die Auswirkung mit zu bedenken ist, welche alles später zu Malende auf diesen Pinselstrich haben wird. Weil das so ist, wirst du leicht verstehen, dass nur lebenslange Hingabe, vereint mit großer Begabung, einen Farbenkünstler ausmacht.

Aber selbst wenn du zu keinen vollendeten Farbzeichnungen von Wert berufen bist, so kannst du doch zu deiner eigenen Freude und zugleich zum Nutzen anderer gelegentlich Skizzen mit alleinigem Blick auf ihre Farbgebung anfertigen, sozusagen als klar unterscheidende Darstellung von bestimmten Farbentatsachen – dass etwa der aufgehende Erntemond von diesem und keinem anderen Rot war, umgeben von Wolken in genau diesem Rosagrau; dass die Berge am Abend wahrhaftig so tiefviolett waren; und die Wellen neben dem Boot tatsächlich dieses unglaubliche Grün hatten. Das geht natürlich nur, wenn du ein Auge für Farben hast; aber das wirst du wohl haben, wenn dir Farben Freude bereiten.

Und auch wenn du selbstverständlich deinem Motiv immer noch so viel Form gibst, wie es die Konzentration auf die Farbe zulässt, darfst du nicht vergessen, dass das Gelingen deiner Farbskizze allein von der Farbe abhängt. Wenn die Farbe nicht stimmt, stimmt überhaupt nichts: genauso wie es beim Singen keine Rolle mehr spielt, ob die Worte richtig sind, wenn die Töne falsch sind. Wenn du einmal singst, soll es auch gut klingen, und wenn du mit Farbe arbeiten willst, musst du sie auch richtig einsetzen. Besser ganz auf die Form verzichten, als auch nur auf den geringsten Teil der Farbe; ganz so, wie wenn du in der Vorahnung einer falsch gesungenen Note das dazugehörige Wort fallen ließest und eher einen bedeutungslosen Laut singst, nur um die richtige Note zu retten. Es ist gleichgültig, ob dann deine Häuser auseinanderfallen, deine Wolken bloße Flecken sind, und deine Bäume bloße Knorren, und Sonne und Mond wie verbogene Münzen aussehen – wichtig ist allein, dass Bäume, Wolken, Häuser, Sonne und Mond die richtigen Farben haben. Selbstverständlich wird dich die Schulung, die du bisher durchlaufen hast, dazu befähigen, selbst mit schnellstem Pinselschwung ein Formgebilde anzudeuten; doch lass dich beim Anlegen deiner ersten visuellen Farbnotizen nicht im geringsten von Gedanken an die Form behindern. Wenn du die Form eines Sujets haben willst, zeichne es in schwarz und weiß. Wenn du seine Farbe willst, nimm sie und versichere dich, dass du die richtige triffst, und ohne dass am Ende ein halbherziger, fauler Kompromiss herauskommt, mit völlig verfehlten Farben und mehr schlechten als rechten Formen. Am besten du machst es dir zur Gewohnheit, deine farbigen Studien als bloße Ergänzung zu deinen anderen Studien anzusehen, indem du zunächst genaue Zeichnungen des Motivs anfertigst und dann getrennt dazu eine farbige Bildnotiz, so formlos wie du willst, aber getreu im Farbton und auf nichts anderes als auf die Farbe gerichtet. Diese Regel gilt allerdings nur für ausgedehnte und entfernte Motive: Bei nahen Objekten im Vordergrund kommt die Farbe nicht ohne eine entschiedene Definierung der Formen aus. Denn wenn du nicht genau den Moosbewuchs auf den Steinen gleichsam kartographierst, wirst du auch nicht die richtige Menge von Farbe für jedes kleine Stück des Moosmusters bestimmen können, und am Ende sieht dann keine einzige Farbe richtig aus. Aber es macht die Arbeit immer viel leichter, wenn du genau weißt, welches Ziel du vor Augen hast, und dafür, wenn nötig, auch alles andere vernachlässigst.

Wollte ich nun beim Thema Farbe auf Einzelheiten eingehen, so müsste ich diese drei Briefe auf drei Bände ausdehnen, dazu ergänzt um sehr kostspielige Illustrationen. Aber jetzt kann ich nur wünschen, dass du auf befriedigende Weise deine nächsten Studien angehst, und, begleitet von wenigen Anleitungen, möglichst viele Vorteile aus der Anschauung all der Kunstwerke ziehst, die jedes Jahr vermehrt an die Öffentlichkeit kommen, wie auch aus den Instruktionen, die immer mehr unserer aufstrebenden Künstler bereit sind, aufgeschlossen und kompetent weiterzugeben.

Zuerst zu den Malutensilien. Wähle feste Farbstücke, keine nassen Farben, und reibe jeden Morgen von jeder Farbe eine ausreichende Menge auf deiner Palette an, halte außerdem eine große tiefe Schüssel für Farben zum großflächigen Lasieren bereit; und wasche jeden Abend Schüssel und Palette, um immer gute und reine Farben zur Hand zu haben, und gewöhne dich überhaupt an einen sauberen und ordentlichen Umgang mit deinen Farben. [...]

Zum Aufhellen deiner Farben rate ich dir, sie mit Chinesisch Weiß abzumischen anstatt sie mit viel Wasser zu verdünnen. Damit lassen sich die Massen besser formen und die Farben dann leichter darüberlegen; und da sie das Papier nicht zu feucht machen, kannst du dann ohne Unterbrechung die Formen vorbeiziehender Wolken und anderer flüchtiger oder diffus gestalteter Lichter anlegen, was sich sonst so unmittelbar nicht festhalten ließe.

Das Abmischen von Weiß mit Pigmenten, um sie opak, also undurchsichtig zu machen, kennzeichnet das Malen mit Deckfarben im Gegensatz zum Malen mit transparenten Lasurfarben, und wahrscheinlich hast du dir schon oft anhören müssen, dass Deckfarben nicht »legitim« seien. Dabei ist das Arbeiten mit ihnen genauso legitim wie die Ölmalerei, und auch in der Handhabung ganz gleich, nur ohne deren Unsauberkeit, Schädlichkeit und Umständlichkeit; denn Öl trocknet nur langsam, lässt sich nicht so sicher auftragen und ermöglicht nicht die gleichen atmosphärischen Wirkungen, es sei denn unter zehnfacher Anstrengung. Und wenn du sagen hörst, dass Deckfarben kreidig oder opak aussehen, und du selber wahrscheinlich ebenso denkst, so sei doch versichert, dass gewisse Leuchteffekte und die Transparenz dunkler Flächen, wie sie ohne Lasurfarben nicht zu erreichen sind, *nicht*

*Die ganze Degeneration der Kunst, die nach dem Aufstieg der holländischen Schule durch den Missbrauch von Asphalt, gelbem Lack und braunen Bäumen erfolgte, wäre verhindert worden, hätte man nur die Maler gezwungen, mit matten Farben zu arbeiten. Manchen Leuten ist jede Farbe recht, solange sie braun und glänzend ist; bei matten Farben dagegen ist der kleinste Fehler sofort offensichtlich. Ich glaube sogar, dass ein Maler bereits die falsche Richtung einschlägt, sobald er auch nur den leisesten Wunsch verspürt, irgendeinen Teil seines Werkes mit Gummiarabikum zu überarbeiten.

Es ist hierbei jedoch notwendig, sorgsam zwischen Transluzenz und Glanz zu unterscheiden. Transluzenz, an der richtigen Stelle eingesetzt, ist wunderschön, auch wenn sie, wie weiter oben gesagt, eine gefährliche Versuchung darstellt;

das erhabenste Ziel der Kunst sind. Nach jahrelangen Studien der verschiedenen Spielarten der Fresko- und Ölmalerei in Italien und der Malerei mit Deck- und Lasurfarben in England bin ich jetzt zur festen Überzeugung gelangt, dass die höchsten Dinge in der Kunst mit matten Farben zu erreichen sind. Die Gewohnheit, für Transparenzwirkungen auf Firnis oder helle Farben zurückzugreifen, lässt den Maler die vergleichsweise erhabenere Transluzenz vergessen, die durch Brechen verschiedener Farben untereinander erzielt wird: und selbst wenn, wie bei Correggio, sich exquisites Farbenspiel mit exquisiter Durchsichtigkeit vereint, verleitet die Lust an tiefen Farbtönen den Maler dann fast immer zu einem armseligen und falschen Chiaroscuro, lässt ihn dunkle Hintergründe bevorzugen, anstelle von leuchtenden,* wie allgemein die Qualität der Farbe vor der Größe der Komposition, und das Licht in Innenräumen vor dem offenen Sonnenlicht. Soweit ich denken kann, sind die wirklich größten Gedanken der größten Künstler immer mit matten Farben verwirklicht worden,

aber Glanz oder gar *funkelndes Glänzen* ist immer ein Defekt in der Malerei. Mehr noch, einer meiner besten Malerfreunde versuchte mich kürzlich davon zu überzeugen, dass Glanz überall und immer etwas Schändliches sei; und nur aus Angst vor Verrat an den Augen der Frauen, den Gebirgsbächen und am Morgentau, hielt ich mich zurück, ihm Recht zu geben. In solchen Fragen ist man immer zu schnell dabei, zu verallgemeinern, aber es steht ganz außer Frage, dass Glanz bei der Farbe das Reizendschöne zerstört, wie bei der Form die Deutlichkeit. Wie stolz auch eine junge Schönheit in ihrem Wissen, dass ihre Augen glänzen, sein mag (auch wenn vielleicht selbst die Augen am schönsten im Halbdunkel sind), wäre sie doch traurig, wenn ihre Wangen glänzten; und wer von uns würde schon eine Rose polieren wollen?

und die erhabensten Ölgemälde von Tintoretto und Veronese sind jene, die am meisten Fresken ähneln.

Darüber hinaus ist es eine Tatsache, dass in einer Skizze die Deckfarbe, selbst wenn sie manchmal etwas kreidig und grob wirkt, unendlich naturähnlicher ist als transparente Lasurfarbe: Der Dunst und Duft der Ferne werden unmittelbar und treffend durch einen Film von mattem Blau wiedergegeben (so *tatsächlich* treffend, glaube ich, wie von nichts anderem); und für Erdboden, Felsen und Gebäude ist die erdige und feste Oberfläche der matten Farbe selbstredend immer naturgetreuer als es jemals selbst die vollendetste und sorgfältigst ausgeführte Arbeit in durchscheinenden Farben sein könnte.

Vor einer Sache muss ich dich allerdings entschieden warnen. Alle Arten von Farbe sind gleichermaßen illegitim, wenn du glaubst, sie würden dir erlauben, nach Belieben Änderungen vorzunehmen oder leichtfertig zu pfuschen. Es gibt *keine* Koloriermethode und keinen Trick, die nachträgliche Veränderungen zulassen; du musst augenblicklich das Richtige treffen, oder es wird nie etwas; eine einmal verfehlte Farbe korrigieren zu wollen ist nichts anderes als zu hoffen, eine verirrte Gewehrkugel mit deiner Hand abzufangen, um sie wieder auf die richtige Bahn zu lenken. Das Geheimnis jeder guten Malerei in Öl, Wasser oder sonst etwas, liegt zuallererst in jenem Satz, den mir Mulready einmal anvertraute: »Wisse, was du zu tun hast.« Das kann einen langen Prozess bedeuten: mit einer Farbe grundieren; Fragmente einer zweiten Farbe hineinmischen; eine dritte Farbe in die Zwischenräume hineinreiben, eine vierte in die Zwischenräume der dritten, das Ganze mit einer fünften lasieren; und mit einer sechsten tüpfelnd verstärken: Aber ob du nun einen, oder zehn, oder zwanzig Arbeitsgänge zu durchlaufen hast, du musst *geraden Wegs* durch sie hindurch, im Wissen, was zu tun ist, und bis zum Ende den ganzen Weg überblickend; und wenn es einmal misslingt, ist die einzige Rettung, alles bis zum weißen Grund abzuwaschen oder wegzukratzen und von neuem zu beginnen.

Dies alles lässt sich durch Malen mit Deckfarben besser verwirklichen als mit jeder anderen Methode, und vor allem wird es dich von der grässlichen Angewohnheit fernhalten, dein Bild mit Lappen abzureiben, um ihm eine gewisse Textur zu verleihen; ein Trick, der nahezu unsere gesamte moderne Schule der Aquarellmalerei ruiniert hat. Es kann manchmal Situationen geben, wo ein versierter Künstler sein Papier etwas aufrauen wird, um leichter bestimmte Effekte staubiger Farbe zu erzielen, als es mit anderen Mitteln möglich wäre. Und manchmal kann eine kunstvoll geritzte Partie auf dem Papier, inmitten von durchscheinenden Farben, auch nahezu die Wirkung kreidiger Deckfarbe bei der Oberflächendarstellung von Felsen oder Bauwerken ersetzen. Aber derartige Tricks sind in den Händen eines Anfängers immer gefährlich, weil er sich gern zu leicht auf sie verlässt; und du tust besser daran, immer auf seidenglattem weißen oder grauen Papier zu arbeiten;* und niemals die Oberfläche der Farbe oder des Papiers verändern, außer um die hellsten Lichter herauszukratzen, wenn du durchscheinende Farben verwendest.

Weiter oben sprach ich davon, dass das Malen mit Deckfarben dich besser in den Umgang mit Farben einführt als das bloße Arbeiten mit Lasurfarben; aber nicht weil das Arbeiten damit leichter wäre, sondern weil es ein vollständigeres Arbeiten ist, das auf beste Weise auch den Einsatz von durchscheinenden Farben miteinbeziehen kann. Du darfst nun allerdings nicht glauben, dass der Gebrauch von Deckfarben dir irgendwie zu pfuschen erlaubte, um es dann doch noch irgendwie hinzukriegen. Aber du wirst auf diese Weise die Eigenschaften deines Materials kennenlernen und somit in der Lage sein, annähernd getreu die Vorgänge der Natur nachzubilden. Stelle dir also vor, du müsstest eine rote Felsenklippe skizzieren, mit blauen Nebelwolken davor. Zuerst malst du die Klippe in ihrer festen Form, dann mischt du dein Blau zu solch einem Farbton ab (was schon ziemliches Können erfordert), dass es, einmal über das Rot des Felsens gelegt und mit der erforderlichen Dichte für den Nebeleffekt, wobei die warme Felsenfarbe durch die blaue Wolkenfarbe hindurchschimmert, genau den erwünschten Ton

*Aber kein glänzendes oder fetthaltiges Papier. Am besten Bristol-Karton, oder heißgepresstes Imperial-Papier, oder graues Papier, das sich so anfühlt, als bliebe es an der Hand leicht haften. Raue, sandige Papiere sind nur für Kleckser und Pfuscher geeignet. Ein guter Zeichner würde sie nicht einmal berühren. Turner arbeitete viel auf dünnem, hartem Papier mit matter Oberfläche, und rollte seine Skizzen zu festen Rollen ein, die in seine tiefen Taschen passten.

annimmt (dein oberer, blauer Farbton muss dazu kälter abgemischt sein, als er am Ende erscheinen soll). Mit dieser Farbe legst du jetzt mit variierendem Pinselschwung in einem Zug die Formen der Nebelwolken an: wenn richtig ausgeführt mit der herrlichsten Farbwirkung, indem sich die warme Felsenfarbe durch und zwischen den kühleren Blautönen zeigt. Wenn alles trocken ist, kannst du etwas Farbe hinzufügen, um eventuell noch die Ränder auszuformen, oder die Lichter hervorzuheben, oder das Ganze mit einer anderen Farbschicht zu überziehen; aber du kannst nichts wegnehmen. Wenn du die Oberfläche angreifst, oder unglücklicherweise die untere mit der oberen Farbe vermischst, ist alles unwiederbringlich verloren. Dann kannst du deine Zeichnung von Grund auf neu beginnen, oder sie gleich ins Feuer werfen. Aber verschwende keine Zeit mit Ausbesserungsversuchen.*

*Ich muss umso mehr darauf bestehen, insofern ich dich als Anfänger oder Dilettant anspreche. Ein großer Künstler weiß sich schon mal elegant aus der Verlegenheit zu helfen. Doch selbst bei Tizian lassen sich Ausbesserungen als Flecken erkennen.

Diese Diskussion der jeweiligen Vorteile von durchscheinenden und matten Farben hat uns allerdings etwas von unserem Ausgangspunkt weggeführt, kehren wir also zurück zu unserer Palette. Besorge dir jeweils ein Stück der harten Farben, wie in der Anmerkung unten** aufgeführt und experimentiere einfache Versuchskombinationen

** Ich halte es für ein Zeichen von Affektiertheit, mit nur wenigen Farben arbeiten zu wollen: es erspart einfach Zeit, ausreichend viele Farben zur Hand zu haben, ohne sie erst mischen zu müssen, und so schlage ich dir gleich die folgenden vierundzwanzig Farben vor. Wenn du sie entsprechend

durch, indem du jeweils eine Farbe mit allen anderen mischt. Wenn du systematisch vorgehen willst, nimmst du ein Stück Malkarton, unterteilst es in quadratische Felder und ordnest die reinen Farben in der obersten waagerechten und der ersten senkrechten Reihe an, die gemischten Farben jeweils in den Schnittpunkten, wie im folgenden Schaubild (die Buchstaben stehen für die Farben):

	b	c	d	e	f	usw.
a	a b	a c	a d	a e	a f	
b		b c	b d	b e	b f	
c			c d	c e	c f	
d				d e	d f	
e					e f	
usw.						

Das gibt dir eine allgemeine Vorstellung der Eigenschaften von Mischungen aus zwei Farben, und in der Praxis solltest du dich besser so weit wie

meiner Auflistung in deinem Farbenkasten anordnest, hast du die gewünschte immer gleich griffbereit vor dir: Kobalt–Smalte–Antwerpen Blau–Preußisch Blau; Schwarz–Gummigutt–Smaragdgrün–Hooker's Grün; Neapelgelb–Kadmiumgelb–Gelb Ocker–Römischer Ocker; Terra di Siena natur–Terra di Siena gebrannt–Englisch Rot–Indisch Rot; Marsorange–Zinnober–Karmin–Violetter Karmin; Krappbraun–Gebrannter Umbra–Van Dyck-Braun–Sepia.

Antwerpen Blau und Preußisch Blau sind nicht sehr lichtbeständig, doch um Beständigkeit brauchst du dich fürs Erste nicht weiter zu kümmern, und beides sind wunderschöne Farben. Hooker's Grün ist aus Gummigutt und Preußisch Blau gemischt und hier nur der Zeitersparnis halber eingesetzt. №1 ist sein bester Farbton. Violetter Karmin ist eine hervorragende Farbe, um gebrochene Schatten anzulegen, in welche in der Folge dann andere Farben eingearbeitet werden.

möglich auf diese beschränken; für kompliziertere Farben ist es ratsam, die dritte über die erste Farbmischung zu legen, oder in die Zwischenräume der ersten Mischung einzufügen. Nur die praktische Beobachtung wird dir zeigen, welche gegenseitigen Wirkungen die Farben aufeinander haben, wenn sie auf diese Weise übereinander oder nebeneinander angelegt sind.

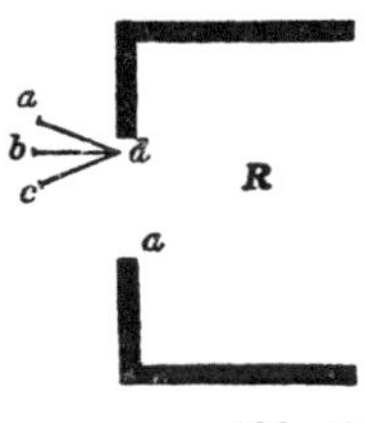

Abb. 28

Wenn du inzwischen vertraut mit den hauptsächlichen Kombinationsmöglichkeiten bist, setze dich an ein Fenster, in das die Sonne nicht direkt hereinscheint, und von wo aus du auf ein einfaches Stück Landschaft schauen kannst. Fertige eine grobe Skizze dieser Landschaft an; dann nimmst du ein Stück weißen Karton und schneidest ein Loch von der Größe einer großen Erbse hinein. Wenn nun, wie in Abbildung 28 *R* für den Raum steht, *a d* für das Fenster und du sitzt am Punkt *a*, dann hältst du jetzt den Karton, parallel zum Fensterrahmen, etwas außerhalb des Fensters, senkrecht in der Richtung *b d,* oder leicht gedreht in Richtung *a d,* um mehr Licht einzufangen, aber auf keinen Fall in Richtung *c d,* was den Karton verdunkeln würde. Jetzt wirst du Stück für Stück die Landschaft durch das runde Loch hindurch sehen. Zu jedem wichtigen Stück Landschaft setzt du dann den möglichst entsprechenden Farbton neben die Lochöffnung, deine Grundfarben jeweils mit Weiß abmischend. Wenn du die entsprechenden Farbtöne beisammen hast, legst du jeweils eine Tupfprobe von jedem Farbton oben auf dein Papier an, mit der Kennzeichnung darunter: »dunkle Baumfarbe«, »Bergfarbe«, »Feldfarbe«, usw. Dann wäscht du die Farbe rund um die Öffnung weg, und der Karton ist bereit für den nächsten Landschaftsausschnitt. Wenn du auf diese Weise die Farbtöne der hauptsächlichen Massen bestimmt hast, überträgst du jeweils einen an seinen richtigen Platz auf deiner Skizze, die du dann, auf diese übertragenen Töne abgestimmt, nach Augenmaß vervollständigst.

Bei deinen ersten Experimenten werden dir zwei Dinge besonders aufgefallen sein: das erste ist die unnachahmliche Helligkeit des Himmels und der von der Sonne erleuchteten Gegenstände; das zweite ist, dass beim Nachahmen der gesehenen Farben jene, die du für die dunkelsten hieltst, sich in Wirklichkeit durchgehend als die hellsten herausstellen. Unter normalen Bedingungen beurteilen wir die Dunkelheit der Gegenstände viel stärker nach unserem Wissen, als nach unserem tatsächlichen Sehen; so geben wir einer zweihundert Meter entfernten Zeder oder schottischen Fichte ein dunkleres Grün als einer Ulme oder Eiche in unserer Nähe; denn aus Erfahrung wissen wir, dass die bestimmte Farbe, in der sie uns erscheinen, das *Zeichen* für die Dunkelheit des Blattlaubes ist. Aber wenn wir die Bäume durch das Loch im Karton anschauen, wird sich die nahe Eiche tatsächlich vielmehr dunkelgrün zeigen, und die entferntere Zeder vielleicht in einem blassen Purpurgrau. Wie häufig tatsächlich Purpur und Grau in der Natur vorkommen, ist übrigens eine weitere recht überraschende Entdeckung.

Nachdem du deine hauptsächlichen Farben ermittelt hast, kannst du nun die passenden Farben auf deine Skizze übertragen, unter Beachtung folgender Besonderheiten:

1. Manche Partien deines Landschaftsmotivs erscheinen durch die Öffnung des Papiers heller als das Papier selbst, so der Himmel, sonnenbeschienenes Gras, usw. Lasse diese Partien für den Augenblick weiß und beginne mit den Bereichen, deren Farben du ermitteln kannst.

2. Während du dein Motiv mit dem Karton abgetastet hast, konntest du sicher beobachten, wie häufig sich innerhalb kleiner Raumbereiche die Farbtöne änderten. Versuche beim Auftragen der Farben dein Auge im Wahrnehmen dieser verschiedenen Tönungen zu schulen, ohne Zuhilfenahme des Kartons, und lege sie wohlbedacht, wie ein Mosaizist, als getrennte Farben an, jede einzelne sorgsam auf deiner Palette vorbereitend und sie dann anlegend, als wären es ausgeschnittene, farbige Stoffflicken, die dicht an dicht aneinander gesetzt werden; sodass der *Fehler* deiner Arbeit jedenfalls nicht in einem verschwommenen Aussehen liegen würde, sondern höchstens in ihrer Ähnlichkeit mit einer Patchwork-Decke, als wäre alles mit einer Schere ausgeschnitten worden. Beim Zeichnen eines Birkenstammes beispielsweise werden wir wahrscheinlich weiße helle Lichter vorfinden, dann, um sie herum, ein blasses rosiges Grau an der Lichtseite, und ein (wahrscheinlich grün-

liches) dunkleres Grau an der Schattenseite, in der Tönung variierend durch Farbreflexe der Umgebung, und der ganze Stamm gezeichnet von kräftigen schwarzen Streifen der Rinde und von braunen Moosflecken. Du beginnst mit dem Anlegen des rosigen Grau, dabei die Stellen für die hellen Lichter *und für die Moosflecken* weiß lassend, und ohne die Schattenseite zu berühren. Dann setzt du das dunklere Grau für die Schattenseite, sodass es dicht an das rosige Grau anschließt, und auch hierbei die Stellen weiß lassend, die für das schwarze und braune Moos vorgesehen sind; dann bereitest du, für jeden Fleck separat, die einzelnen Moosfarben vor, und setzt sie an die vorgesehenen weißen Stellen. Nicht eine Spur von Weiß darf dann mehr zu sehen sein, nicht einmal durch ein Vergrößerungsglas, ausgenommen die bewusst weiß gelassenen Punkte für die hellsten Lichter, so perfekt musst du die Farben aneinander gesetzt haben. Zum Schluss nimmst du deine Hintergrundfarben und bringst sie an den Seiten des Baumstammes an, vorsichtig und so dicht wie möglich daran anschließend.

Du kannst dir vielleicht denken, was bei deiner Arbeit herausgekommen wäre, wenn du nicht vorher zeichnen gelernt hättest, und nicht wüsstest, wie man den Umriss eines Stammes zeichnet oder wie man eine Farbmasse in der gewünschten Ausdehnung aufträgt.

Eine Zeitlang werden deine Aquarelle noch sehr sonderbar aussehen, wenn du auf diese Weise zu malen beginnst und noch keine anderen Techniken kennengelernt hast, wie ich sie dir in der Folge vorstellen werde; aber sei nicht besorgt deswegen; es ist höchst wichtig, dass du das separate Anlegen der Farbtöne übst, denn davon hängt am Ende jede gute Farbenwirkung ab. Tatsächlich ist es aber oft notwendig, und bisweilen auch wünschenswert, eine Farbe und Form kühn über eine andere zu legen: so etwa wenn man Blätter vor einem blauen Himmel anbringen will; da ist es meist bei großen Bildern oder unter Zeitnot unmöglich, das Blau nachträglich in die Zwischenräume der Blätter zu setzen. So legen die großen Venezianer durchgehend zuerst einen blauen Grund an, um dann erst, nachdem dieser getrocknet ist, das Goldbraun in Form der Blätter darüber aufzutragen, sodass das untere Blau durch das Gold hindurchscheint und dieses zugleich zu dem gewünschten Olivgrün abdämpft. Doch bei den kostbarsten und vollkommensten Werken ist jedes einzelne Blatt wie eingelegt und das Blau darum herumgelegt; gleich welcher Methode du nun folgst, um zum besten Ergebnis zu kommen ist es wichtig, mit absoluter Entschiedenheit die Farbe anzulegen. Entweder du trägst zuerst den Grund auf und legst dann, endgültig und unveränderlich, deine obere Farbe in perfekter Form darüber; oder aber du setzt die beiden Farben separat an ihre jeweiligen Plätze und schließt sie an den vorgesehenen Begrenzungen aneinander an, gleichermaßen unveränderlich. Beide Vorgehensweisen erfordern jedenfalls absolute Entschiedenheit. Wenn du einmal zu schludern anfängst, zu verändern oder zu entwerfen, oder mit der Farbe herumexperimentierst, ist es aus damit und mit dir auch. Man sieht überall schlechte Kopisten, die versuchen, die Venezianer nachzuahmen und mit ihren Farben herumschmieren, mal hier, mal dort retuschieren, abdämpfen, während sie mit jedem Pinselstrich und jeder hinzugefügten Farbe nur tiefer ins Chaos geraten. Im Louvre ist auf einem Bild von Veronese[11] ein Hund zwischen zwei Kindern zu sehen, der die Kopisten äußerst beschäftigt. Er hat einen dunklen Grund, den Veronese zuerst gemalt hat, und auf den er, nachdem er getrocknet war oder fast, die weißen Haarlocken des Hundes mit einem halben Dutzend welliger Pinselschwünge aufgetragen hat, augenblicklich richtig und endgültig. Wäre auch nur eine Linie oder ein Haar danebengegangen, es wäre für immer missraten gewesen und kein Ausbessern hätte den Schaden wieder gut machen können. Die armen Kopisten schmieren zuerst etwas Hintergrund hin und dann ein paar Hundehaare; dann werden abwechselnd Hintergrund und Haare ausgebessert; stundenlang arbeiten sie daran, im Vertrauen darauf, dass am folgenden Tag dann alles passt – »wenn es fertig ist«. Sie *mögen* auch Jahrhunderte daran arbeiten, es wird nie etwas daraus werden. Wenn sie es mit dem Arbeitsaufwand Veroneses schaffen, also mit einem halben Dutzend Pinselschwünge aus freier Hand über den dunklen Hintergrund hin, dann soll es gut sein; wenn nicht, mögen sie den Hund doch selbst fragen, ob es jemals richtig ist und auf eine ehrliche Antwort von ihm warten – ganz nach den Worten von Launce:

»wenn er ja sagt, so giebt es eine; wenn er nein sagt, giebts eine; wedelt er aber mit dem Schwanz und sagt nichts, giebt es auch eine«.[12]

3. Wann immer du Farbflecken anlegst, gleich wie groß oder klein, sie sollten immer abgestuft sein. Unter normalen Bedingungen gibt es in der Natur keine Farbe ohne Abstufung. Wenn du das nicht siehst, liegt es an deiner Unerfahrenheit, du musst dich nur lang genug darin üben. Aber im Allgemeinen sollte es dir sofort auffallen. Bei dem Birkenstamm beispielsweise *muss* das rosige Grau abgestuft sein allein schon durch die Rundung des Stammes bis hin zur Schattenseite; auf ähnliche Weise wird die Schattenseite von reflektiertem Licht der Umgebung abgetönt. Entsprechend musst du jede Farbe, die du anlegst, entweder durch Zusatz von Wasser oder weißer Farbe, oder durch variierenden Pinselaufdruck (den du je nach gewünschter Textur nach Belieben einsetzen kannst), an einer Stelle etwas blasser halten als an anderer Stelle, und dafür sorgen, dass die Abstufung zwischen den Farben gleichmäßig ausfällt. Es könnte jetzt scheinen, ich wollte dir hier ein rigides Gesetz oder Rezept vorlegen; dabei ist es nichts als eine natürliche Tatsache. Es ist nun in der Tat physikalisch nicht ausgeschlossen, auf eine nicht abgestufte Farbfläche zu stoßen, aber es ist derart unwahrscheinlich, dass du dich beim Nachahmen einer Farbe eher nicht fragen solltest »Ist sie abgestuft?«, sondern immer »In welcher Weise ist sie abgestuft?«, und mindestens in neunundneunzig von hundert Fällen wirst du nach einem

aufmerksamen Blick eine klare Antwort finden, auch wenn die Abstufung so zart war, dass du sie nicht unmittelbar erkannt hast. Und sei es noch der kleinste Pinseltupfer Farbe, nicht größer als der kleinste Stecknadelkopf, wenn ein Teil davon nicht dunkler als der Rest ist, so ist es ein missratener Pinseltupfer. Dabei geht es bei der Bedeutung von Abstufung nicht bloß um eine natürliche Tatsache. Das Wohltuende und Köstliche der Farbe an sich beruhen darauf, mehr als auf allen anderen ihrer Qualitäten, denn die Abstufung ist für die Farbe das, was die Kurve für die Linie ist; beide werden instinktiv vom Menschen als schön empfunden, und beide sind als Sinnbilder Ausdruck des Gesetzes beständiger Veränderung und des menschlichen Fortschritts. Wie groß der Unterschied in bloßer Schönheit zwischen einer abgestuften und einer unabgestuften Farbe ist, lässt sich leicht erkennen, wenn man einen gleichmäßigen Fleck rosenroter Farbe auf ein Papier aufträgt und ein Rosenblütenblatt daneben legt. Die herausragende Schönheit der Rose im Vergleich zu anderen Blumen rührt ganz von der Zartheit und dem Reichtum ihrer Farbabstufungen; alle anderen Blumen sind entweder weniger reich an Abstufungen, weil sie weniger Blütenfalten aufweisen, oder sie sind weniger zart, weil fleckig und geädert, im Gegensatz zur sanft farbübergossenen Rose.

4. Allerdings ist es generell nicht ausreichend, die Abstufung der Farben dadurch zu erreichen, dass man die Farbe an einer Stelle einfach heller

oder dunkler als an anderer Stelle anlegt. Im Allgemeinen ändert die Farbe ihren Ton, wenn sie abgedämpft wird, und ist nicht bloß dunkler an einer Stelle, sondern auch reiner als an allen anderen. Daraus folgt nun aber nicht im Geringsten, dass die dunkelste Stelle auch die reinste sein muss; und noch weniger, dass die hellste Stelle die reinste sein muss. Sehr oft kreuzen sich die beiden Abstufungen, die eine im Übergang von hell zu dunkel, die andere im Übergang von rein zu trübe, aber fast immer sind beide gegenwärtig, wie sehr sie auch vereint auftreten mögen. Und daher solltest du dich niemals mit einem Farbauftrag zufrieden geben, der nicht beide zeigt: anders gesagt, jedes Blau, das du anlegst, muss nur an einer bestimmten, nicht einmal großen Stelle *wirklich ganz* blau sein, und von dort, über seine restliche Fläche hin, zu einem weniger reinen Blauton abgestuft werden – gräuliches Blau, grünliches Blau oder purpurnes Blau. Und dafür wählst du einen der folgenden drei Wege: Entweder du mischt die Farbe, während sie noch nass ist, mit jener Farbe ab, welche sie abdämpfen soll, nach und nach etwas mehr hinzufügend; oder anders, du überziehst die bereits getrocknete Farbe mit einem anderen Farbton, sodass nur ein ganz kleiner Bereich der ersten Farbe sichtbar bleibt; oder noch anders, du legst die abdämpfenden Farben in kleinen Pinselstrichen an, wie bei der Schachbrett-Kolorierübung. Zu jeder dieser drei Methoden bleibt noch einiges zu sagen; doch das gehört im engeren Sinne nicht mehr zum Thema der Abstufung, das ich nicht verlassen kann, ohne dich nochmals ausdrücklich auf die absolute Notwendigkeit hinzuweisen, sie überall anzuwenden. Ich halte überhaupt nichts von festen Angewohnheiten der Hand, doch in diesem Fall bin ich versucht, dir die Gewohnheit anzuraten, niemals Farbe auf Papier zu bringen, ohne ihre Abstufung sicherzustellen. In den größten Ölbildern Turners, von ungefähr zwei Metern Breite und anderthalb Metern Höhe, wirst du nicht einen Farbfleck finden, der nicht abgestuft wäre, und sei er nicht größer als ein Weizenkorn. Und in der Praxis wirst du sehen, dass die Brillanz des Farbtons, seine Leuchtkraft und selbst die Transparenz der Schatten im Wesentlichen allein vom Grad der Abstufung herrühren, während Härte, Kälte und Stumpfheit in der Farbenwirkung weit mehr von der *Gleichförmigkeit* des Farbenauftrags abhängen als von der Natur der Farbe. Gib mir etwas Schlamm von einer Straßenkreuzung, etwas Ocker aus einer Kiesgrube, ein wenig weiße Tünche und ein wenig Kohlenstaub, und ich werde dir ein leuchtendes Bild malen, wenn du mir Zeit lässt, meinen Schlamm abzustufen und meinen Staub abzudämpfen: du magst das Rot des Rubins haben, das Blau des Enzians, Schnee für das Licht und Bernstein für das Gold, und kannst doch kein leuchtendes Bild malen, wenn du die Reinheit dieser Farbenmassen ungebrochen lässt und unverändert ihre Tiefe.

5. Kehren wir jetzt zu den drei Methoden zurück, um Abstufungen und andere Effekte zu erhalten:

A. Nass-in-Nass-Mischen der Farben.

Vielleicht bist du etwas verwirrt, dass ich dir zunächst dazu riet, die Farbtöne in getrennten Flächen anzulegen, und dir jetzt dagegen sage, du sollst sie miteinander mischen während du sie aufträgst: dabei sind die Farbenmassen getrennt anzulegen, wenn die Farben längs einer gegebenen Grenze deutlich entgegengesetzt sind; hingegen sind die Farbtöne zu mischen, wenn der eine durch den anderen hindurchzittert, oder sie ineinander verlaufen. Es ist zunächst jedoch besser, sich an die Trennung zu halten. Deswegen riet ich dir, die dunkle und die helle Seite des Birkenstammes separat zu malen, obwohl die beiden Farbtöne in Wirklichkeit, mit der Rundung des Stammes vom Licht weg, graduell ineinander übergehen und so eine Nachbehandlung erfordern, um sie aufeinander abzustimmen: aber sie tun das nur auf sehr engem Raum, deutlich markiert entlang der ganzen Stammlänge, und es ist daher einfacher und sicherer, die beiden Farbtöne zuerst getrennt zu halten. Dabei ist es häufig so, dass die ganze Schönheit von zwei Farben daher rührt, dass die eine in harmonischem Zusammenspiel sich durch die andere hindurch fortsetzt, so wie es Blau und Grün oft im Wasser tun; Blau und Grau, oder Purpur und Scharlach im Himmel: in Hunderten solcher Fälle werden die schönsten und naturwahrsten Ergebnisse erzielt durch das Hineinmalen einer Farbe in die andere noch feuchte Farbe; dabei genau abschätzend, wie weit sie verlaufen wird, oder sie mit dem Pinsel in etwas dickerer Konsistenz wie eine nasse Deckfarbe in die andere hineinmischend. Nur achte darauf, niemals auf diese Weise zwei *Farbenmixturen* zu vermischen; die Farbe, die du in die andere hineinmalst sollte immer ein einfacher Farbton sein, kein zusammengesetzter.

B. Eine Farbe über die andere legen.

Wenn du einen kräftige Schicht Zinnober anlegst und nach dem vollständigen Auftrocknen eine sehr nasse Schicht Karmin schnell darüberwirfst, erhältst du ein leuchtenderes Rot als durch Mischen von Karmin und Zinnober. Entsprechend erhältst du ein schöneres Grau, wenn du zuerst eine dunkle Farbe anlegst und dann etwas Blau oder Deckweiß leicht darüberwirfst, als durch Mischen der dunklen Farbe mit dem Blau oder dem Weiß. Dergleichen Kunstgriffe sind in hochklassiger Malerei gang und gäbe; aber ich würde dir nicht raten, zu viel auf sie zu setzen, denn sie lassen dich zu sehr an die Eigenschaften der Farbe denken. Es ist mir lieber, du konzentrierst dich auf das einfache Anlegen matter Farben, und wenig anderes. Dabei bedenke immer, dass je *weniger* Farben du verwendest, dein Bild umso besser wird. Wenn du also eine Fläche in Rot angelegt hast, und du willst eine purpurne darüberziehen, dann mische den Purpur nicht auf deiner Palette, um ihn so dick über das Rot zu legen, dass dieses übertönt wird, sondern nimm etwas dünnes Blau von deiner Palette und lege es leicht über das Rot, sodass das Rot noch durchscheint und auf diese Weise den erwünschten Purpurton erzeugt. Und wenn du einen Grünton über einem blauen Untergrund wünscht, dann legst du keine große Menge Grün über das Blau sondern nur *etwas* Gelb, und so entsprechend weiter, dabei weitestmöglich immer die untere Farbe sich zu Nutze machend. Falls aber die untere Farbe der darüberzulegenden völlig entgegengesetzt ist, wie im Fall von Grün und Scharlach, musst du entweder die benötigten Bereiche der unteren Farbe fein mit deinem Messer oder mit Wasser entfernen, oder du legst eine Schicht kräftiges Weiß darüber, lässt es trocknen und lasierst es mit der oberen Farbe. Das ist im Allgemeinen besser, als die obere Farbe so dick aufzutragen, dass sie die Unterlage übertönt. Wenn du also Äste und Blätter in warmem Farbton über einen blauen Himmel legen willst, sie aber ein zu großes Wirrwarr bilden, um beim Auftragen des Blau den entsprechenden Raum für sie auszusparen, dann ist es besser, sie zuerst in Deckweiß anzulegen und danach mit Terra di Siena und Ocker zu lasieren, als Siena und Weiß zu mischen; auch wenn dieses Verfahren natürlich langwieriger und mühsamer ist. Wenn allerdings von vornherein ein sehr zarter Pinselauftrag erfordert wird, ist ein nachträgliches Lasieren unmöglich. In diesem Fall musst du die warme Farbe gleich dick abmischen und so auch auftragen. Das ist häufig notwendig bei zarten Gräsern und ähnlich feinen Lichtfäden im Vordergrund.

C. Das Unterteilen ein und derselben Farbe in kleine Punkte durch eine andere hindurch oder auf eine andere Farbe.

Dies ist die wichtigste aller Malweisen in guter moderner* Öl- und Aquarellmalerei, aber du darfst nicht glauben, es darin jemals sehr weit zu bringen. Hier zu guten Ergebnissen zu kommen ist sehr arbeitsaufwändig und erfordert großes Können und eine überaus zarte Hand, was sich nur durch unaufhörliche Praxis erwerben lässt. Doch es kann nur von Vorteil für dich sein, die folgenden Punkte zu beherzigen:

*Ich sage *moderne*, weil Tizians unauffällige Art, Farben zu vermengen, welche die absolut richtige ist, heutzutage von keinem Künstler mehr verstanden wird. Die beste Farbwirkung wird durch Tüpfeln erzielt; was aber eigentlich nicht richtig ist.

C.1 Bei entfernten, dichten Motiven wie Wald, gekräuseltem Wasser oder Wolkenfetzen lassen sich gute Effekte erzielen durch Tupfen oder gebrochene Striche von eher trockener Farbe, ergänzt um andere, nachträglich in die Zwischenräume eingefügte Farben. Je mehr du dich darin übst und das Motiv offensichtlich danach verlangt, umso mehr wird dein Auge sich an der gesteigerten Farbenwirkung erfreuen. Tatsächlich geht es bei dieser Malweise darum, das Prinzip separater Farben bis zur höchstmöglichen Verfeinerung zu treiben, indem winzigste Farbpunkte nebeneinandergesetzt werden. Wenn du beim Ausfüllen derartiger kleinster Zwischenräume der dafür bestimmten Farbe Brillanz verleihen willst, so ist es besser, sie in einem intensiveren Farbton hinzupunktieren und daneben oder ringsum etwas Weiß zu lassen, als den ganzen Zwischenraum mit einem blasseren Ton der Farbe auszufüllen. Auf sehr kleinem Raum sind etwa blasse Farbtöne von Gelb oder Orange kaum zu sehen; aber als intensive Tupfer hingesetzt, wenn auch noch so klein, mit etwas Weiß daneben, kommen sie zum Leuchten.

C.2 Wenn eine Farbe durch Darüberlegen einer anderen Farbe abgedunkelt werden soll, ist es in vielen Fällen besser, die obere Farbe mit eher energischen kleinen Pinselstrichen aufzutragen, ähnlich fein geschnittenem Stroh, als sie gleichförmig darüberzuziehen; und das aus zwei Gründen: zuerst, weil das so erhaltene Zusammenspiel der beiden Farben das Auge erfreut; und dann, weil eine umsichtige Verteilung der oberen dunkleren Striche die Expressivität der Formen erhöht. So können sie etwa bei einer entfernten Berglandschaft zu Kiefern, zerklüfteten Felsen, zu Dörfern oder zu Steinfeldern werden, was immer du willst; bei Wolken können sie die Richtung des Regens anzeigen, die Umrisse dahinziehender Wolkenmassen; und bei Wasser die kleineren Wellen. In guten Aquarellzeichnungen werden die herrlichsten dunklen atmosphärischen Wirkungen durch diese beiden Malweisen erreicht, durch gebrochenes Neben- oder Übereinandersetzen der Farben, oder durch Retuschieren der unteren Farbe mit dunklerer Feinzeichnung. Der Gebrauch des Schwamms und das Lavieren für die Erzeugung solcher Effekte ist barbarisch und bloß etwas für Anfänger, obwohl es bei zarten atmosphärischen Lichtübergängen oft auch nützlich ist.

c.3 Wenn du Zeit hast, übe dich in der Herstellung von gemischten Farben durch getrenntes Übereinanderarbeiten der reinen Farben, aus denen sie zusammengesetzt sind, und wende dieses Verfahren vor allem bei den Partien deiner Studien an, wo du satte, reiche Farbeffekte erzielen willst. Dazu empfehle ich dir, viele Bildnotizen zur Vielfarbigkeit der Blumen anzufertigen; dabei brauchst du die einzelne Blume nicht insgesamt zu malen, es reicht, wenn du die Grundfarbe eines Blütenblatts anlegst und dann mit großer Genauigkeit die farbigen Flecken darauf wiedergibst. Auf diese Weise kannst du dir eine, in mehr als nur künstlerischer Hinsicht, aufschlussreiche Serie einzelner Blütenblätter anlegen von Lilien, Geranien, Tulpen usw., durchnummeriert nach ihrer jeweiligen Position in der Blume. Versuche insbesondere die fein verteilten Abstufungen der Flecken wiederzugeben, wie sie gut etwa bei der Pantoffelblume, beim Fingerhut und ähnlichen Blumen zu sehen sind. Die unbestimmten vagen Farbnuancen der Flecken selbst können durch das Übereinanderlegen winziger Punkte reiner Farbe ausgedrückt werden, anders bekommt man nicht ihre Farbfülle und ihren samtenen Glanz. Dabei wirst du einerseits mit Erstaunen feststellen, wie umfassend das immer wieder betonte Gesetz der Abstufung ist; und zum anderen, dass die Natur genauso sparsam mit *ihren* schönsten Farben umgeht, wie ich dir geraten habe, mit deinen Farben umzugehen. Man könnte denken, dass die Natur, angesichts der Art, wie sie malt, einen gewaltigen Aufwand mit ihren Farben treibt;

dabei gibt sie uns nur einen einzigen Tupfer reiner Farbe genau an der Stelle, wo das Blütenblatt sich dem Licht zuwendet; weiter unten im Blütenkelch und auf der Unterseite der Blütenblätter verblassen die Farben, selbst bei den prächtigsten Blumen. Was du für strahlendes Blau gehalten hast, ist, nah besehen, nur staubiges Grau oder Grün oder Purpur, oder alle Farben dieser Welt auf einmal, mit nur einem Schimmer oder Streifen reinen Blaus in der Mitte. Und so ist es bei allen Farben der Natur. Manchmal ist es mir sogar schwergefallen, ihren Farbengeiz zu tolerieren. So beim Enzian beispielsweise, wie sie da im Blütenkelch mit ihrem Ultramarin geizt, ist schon ein wenig übertrieben.

Als nächstes etwas zur allgemeinen Tönung. [...] Insbesondere Schwarz und Weiß solltest du sparsam, aber zugleich wirkungsvoll einsetzen. Wie gut deine Farbentönungen ausgefallen sind, lässt sich bestens daran messen, wie kostbar sich das Weiß in deinem Bild zeigt, und wie auffallend sichtbar das Schwarz.

Wenn ich von kostbarem Weiß spreche, so meine ich damit nicht bloßes Glitzern oder Leuchten. Es ist einfach, weiße Seemöwen aus schwarzen Wolken herauszukratzen oder mit Kreide Tau über unförmiges Laub zu sprenkeln; aber wenn Weiß gekonnt verwendet wird, sollte es eigentümlich köstlich wirken, so zart wie leuchtend, gleich der Intarsie einer Perlmutter, oder gleich in Milch gewaschenen weißen Rosen. Das Auge sollte sich darin ausruhen wollen, so leuchtend es auch sein mag; und es empfinden als eine Sphäre wundersam himmlischer

Blässe inmitten überflutender Farben. Diese Wirkung ist nur zu erreichen durch eine allgemeine gedämpfte Tönung, bei der jedes Weiß rigoros ausgeschlossen wird und selbst dort, wo es notwendig ist, mit Grau abgedämpft wird, ein paar Punkte höchsten Glanzes ausgenommen.

Das Schwarz hingegen muss auffallend sein. Jeder noch so kleine schwarze Punkt sollte den Blick auf sich ziehen, andernfalls sind die Schatten deines Bildes zu dunkel geraten. Alle gewöhnlichen Schatten sollten zu gewissem Grad *farbig* sein, niemals schwarz oder nahezu schwarz, und immer von augenfällig leuchtender Natur, und das Schwarz sollte dann unter ihnen eher als etwas Sonderbares erscheinen, das niemals vorkommt, außer in einem ausgewiesen schwarzen Gegenstand oder in kleinen Punkten tiefsten Dunkels im Zentrum von Schattenmassen. Schatten von absolut neutralem Grau hingegen können aufs Schönste mit Weiß oder mit Gold zusammengebracht werden; aber auch wenn das Schwarz so in abgeschwächter Intensität an Räumlichkeit gewinnt, sollte es doch immer augenfällig bleiben. Der Betrachter wird diese graue Neutralität mit einigem Staunen wahrnehmen und sich dank ihr umso mehr erfreuen können am Gold und am Weiß, die durch sie hervorgehoben werden. Unter allen großen Farbenkünstlern ist Velázquez der größte Meister der schwarzen Töne. Sein Schwarz ist kostbarer als das Karmin der meisten anderen Künstler.

Doch sollst du nicht nur Weiß und Schwarz zur Geltung bringen, sondern allen Farben, die du benutzt, einen herausragenden Wert geben. Dabei sollen sich Weiß und Schwarz merklich vom Rest absetzen, während die anderen Farben beständig ineinander übergehen, alle augenfällige Gefährten derselben fröhlichen Welt, und Weiß, Schwarz und das neutrale Grau mönchisch für sich bleiben in ihrer Mitte. Du kannst dein Karmin in Purpur übergehen lassen, dein Purpur in Blau, und dein Blau in Grün, aber du darfst keine dieser Farben bis zum Schwarz treiben. Dagegen solltest du, wie gesagt, allen deinen Farben Kostbarkeit verleihen, indem du insbesondere niemals ein Körnchen mehr Farbe benutzt als unbedingt notwendig, und jedem Farbton mittels Kontrastierung seinen höchsten Wert gibst. Jede gute Farbgebung erfordert wie jedes gute Zeichnen große Feinheit, und einen so zarten Umgang mit der Farbe, dass du in dem Augenblick, wo du die Farbe *siehst*, die du gerade aufträgst, bereits zu viel von ihr angebracht hast. Du solltest dabei eine Veränderung in der allgemeinen Tönung spüren können, bewirkt durch Farbsetzungen, die für sich allein zu blass sind, um gesehen zu werden; und wenn sich im ganzen Bild auch nur ein unnötiges Atom gleichwelcher Farbe befindet, so ist das ganze Bild verletzt.

Bedenke auch, dass fast alle gut gemischten Farben etwas *Seltsames* an sich haben. So kann es geschehen, dass du dir zehn Minuten lang einen Farbton im Bild eines guten Malers anschaust, bevor du weißt, wie er zu benennen wäre. Du dachtest, er wäre braun, aber jetzt scheint er dir eher rot; und im nächsten Augenblick ist irgendwie auch Gelb darin; und dann wieder auch etwas Blaues. Beim Versuch ihn zu kopieren, wirst du deine Farbe immer zu warm oder zu kalt finden, und keine Farbe deines Farbkastens scheint ihm nahezukommen; und doch wird dieser Farbton so rein erscheinen, als wäre er mit einem einzigen Pinselstrich mit einer einzigen Farbe hingesetzt worden.

Zur harmonisch abgestimmten Farbwahl im Allgemeinen ist zu sagen, dass du sie entweder instinktiv richtig triffst oder gar nicht. Wenn du Beispiele für ausgesprochen schreckliche, misstönende Farben suchst, so findest du sie zuhauf in Abhandlungen zu den Gesetzen der Harmonie; doch wenn du auf eine schöne Farbgebung aus bist, dann male wie es dir am besten gefällt in *ruhiger Atmosphäre*, nicht so sehr, um die Blicke zu fesseln, und auch nicht, um den Eindruck zu erwecken, dein Farbengebrauch sei raffiniert und schwierig, sondern so, dass du in glücklichen oder gedankenvollen Momenten die Farben als wohltuend empfindest. Beobachte ausgiebig den Morgen- und Abendhimmel und auch einfache Blumen – wilde Rosen, Waldhyazinthen, Veilchen, Mohnblumen, Disteln, Heideblumen und ähnliche – ganz so wie die Natur sie in den Wäldern und Feldern angelegt hat. Und falls jemand gelehrt tut und dir gegenüber behauptet, dass zwei Farben »unharmonisch« zusammen seien, so notiere dir diese zwei Farben und setze sie zusammen wann immer es geht. Ich habe tatsächlich Leute sagen hören, Blau und Grün seien unharmonisch zusammen; gerade die zwei Farben, welche die Natur offensichtlich niemals getrennt erscheinen lassen will, und jede einzelne in ihrer vollen Schönheit erst gemeinsam mit der anderen zu spüren gibt! – ein Pfauenhals oder ein blauer Himmel zwischen grünen Blättern, oder eine mit grünen Lichtern durchzogene blaue Welle, sie alle gehören neben Wolken bei Sonnenaufgang zu den schönsten Dingen in unserer bunten Welt. Wenn du ein gutes Auge für Farben hast, wirst du bald sehen, wie die Natur immer wieder Purpur mit Grün zusammenbringt, Purpur mit Scharlach, Grün mit Blau, Gelb mit neutralem Grau und ähnliche; und wie sie diese Farbakkorde in Generaltöne vereinigt, und dann noch unzählige Nebenakkorde hineinsetzt; und immer mehr wirst du einfach alles lieben, was sie tut, und täglich neue schöne Farbakkorde in ihrem Werk entdecken. Wenn du Freude an ihnen hast, verlass dich drauf, so wirst du sie bis zu gewissem Grad auch richtig malen; geben sie dir hingegen keine Freude, so wirst du sie mit Sicherheit falsch malen. Wenn Farbe nicht tiefes Gefallen in dir auslöst, dann lass sie bleiben; denn sonst wirst du, sobald du sie anrührst, sicher nur Augen und Sinne derer quälen, die für Farbe ein Empfinden haben, und das wäre rücksichtslos und ungehörig.

Außerdem wirst du merken, dass dein Können im Umgang mit Farben stark von deinem allgemeinen Wohlbefinden und deiner seelischen Ausgeglichenheit abhängt; wenn du erschöpft oder müde bist, wirst du Farben nicht gut sehen, und wenn du bei schlechter Laune bist, wirst du sie nicht gut auswählen. Und selbst wenn das Farbkönnen kein unfehlbares Zeichen für den Charakter eines Individuums darstellt, so gibt es doch deutlich Aufschluss über die geistige Gesundheit der Völker; wenn diese sich in einem Zustand geistigen Verfalls befinden, wird immer auch ihre Farbgebung stumpf und trübe. Und lass dich nicht beeinflussen durch das affektierte Gerede über Farben von den vielen Leuten, die nichts davon verstehen, nur vorlaut daherreden und wahrscheinlich in ihrem ganzen Leben nicht eine einzige echte Farbempfindung hatten. Die modernen religiösen Schwärmer der Schule von Overbeck gebärden sich ganz so wie Leute, die Schieferstifte und Kreide essen, und aller Welt versichern, dass sie schöner und reiner sind als Erdbeeren und Pflaumen.

Und lass dich auch nicht von Behauptungen in die Irre führen, dass Farbe die *Form* unterstützen oder hervorheben könnte; vielmehr ist Farbe dazu bestimmt, die Form immer zu verbergen.

Es ist ein beliebtes Dogma unter modernen Farben-Experten, dass »warme Farben« (rote und gelbe Töne) »hervortreten«, oder Nähe ausdrücken, und »kalte Farben« (Blau und Grau) »wegrücken«, oder Entfernung ausdrücken. Das ist völlig abwegig, und nichts in der Welt drückt Entfernung besser aus als Gold und Orange im Himmel bei Abenddämmerung. Farben an sich sagen ABSOLUT nichts über Entfernung aus. Es ist ihre Qualität wie Intensität, Zartheit, usw., die Entfernung ausdrückt, nicht ihr Farbton. Eine blaue Schachtel, die im selben Regal neben einer gelben steht, wird keinen Zentimeter weiter entfernt erscheinen, aber eine rote oder orange Wolke höher im Himmel werden wir immer jenseits einer uns näheren blauen Wolke wahrnehmen, so wie es auch in Wirklichkeit ist. Es ist sicher wahr, dass Blau bei gewissen Gegenständen ein *Zeichen* von Entfernung ist; aber nicht etwa weil Blau eine wegrückende Farbe wäre, sondern weil der Dunst in der Luft blau ist, weshalb dann jede warme Farbe, die nicht genügend Lichtkraft besitzt, um den Dunst zu durchbrechen, in seinem Blau verblasst oder verloren geht. Blau ist in dieser Hinsicht nicht mehr eine »wegrückende Farbe« als Braun, denn betrachten wir Steine durch braunes Wasser hindurch, so erscheinen sie uns umso brauner, je tiefer sie liegen; oder auch nicht mehr als Gelb ein wegrückende Farbe ist, wie denn die durch den Londoner Nebel gesehenen Gegenstände umso gelber erscheinen, je weiter sie entfernt sind. Weder Blau, noch Gelb, noch Rot können als solche auch nur im Geringsten Nähe oder Entfernung ausdrücken: Sie können es nur unter den besonderen Verhältnissen, die sie in diesem Moment und an diesem Ort zu *Zeichen* von Nähe oder Entfernung werden lassen. So ist das lebhafte Orange einer Orange ein Zeichen von Nähe, denn wenn man die Orange um einiges weiter entfernt, wird ihre Farbe nicht mehr so leuchtend erscheinen; dagegen ist ein lebhaftes Orange im Himmel ein Zeichen von Entfernung, weil man keine Orangefarbe in einer uns nahen Wolke sehen kann. Entsprechend ist Purpur in einem Veilchen oder einer Hyazinthe ein Zeichen von Nähe, denn je näher du ihnen kommst, desto kräftigeres Purpur wirst du sehen. Aber Purpur in den Bergen ist ein Zeichen von Entfernung, denn ein dir naher Berg ist nicht purpurn, sondern grün oder grau. Allgemein lässt sich wohl annehmen, dass eine zarte oder blasse Farbe mehr oder weniger Ausdruck von Entfernung ist, und eine kräftige oder dunkle Farbe Nähe ausdrückt; doch selbst das ist nicht immer so. Mit Erika bewachsene Hügel erscheinen aus der Nähe betrachtet blass und zart, und aus größerer Entfernung in einem intensiven und dunklen Purpur; die rosige Farbe des Sonnenuntergangs auf einer Schneelandschaft erscheint ganz blass auf dem Schnee direkt vor deinen Füßen, aber tief und voll auf dem Schnee in größerer Entfernung; und das Grün eines Schweizer Sees erscheint blass in den klaren Wellen am Strand, aber so intensiv wie ein Smaragd in dem zehn Kilometer entfernten Sonnenstreifen auf dem See. Wenn der Vordergrund sich in starkem Licht befindet, mit viel Wasser ringsum, oder einer weißen Fläche, die intensive Reflexe wirft, können alle Farben tatsächlich ganz zart, blass und schwach sein; während der entfernte Hintergrund, wenn er im Schatten liegt, den gesamten Vordergrund mit intensiv dunklen Tönen von Purpur, Blaugrün oder Ultramarinblau beleben kann. Insgesamt betrachtet ist es demnach eher aussichtslos und absurd, sich viel Hilfe von den Gesetzen der Luftperspektive zu erwarten. Halte dich an die natürlichen Wirkungen und gib sie so vollständig und getreu wie möglich wieder, und verändere *niemals* eine

Farbe, weil sie nicht an ihrem richtigen Platz zu sein scheint. Setze die Farbe kräftig, wenn sie kräftig ist, mag sie auch weit entfernt sein; und setze sie matt, wenn sie matt ist, mag sie auch nahe bei dir sein. Warum solltest du annehmen, dass die Natur immer von dir erwartet, die genaue Entfernung zwischen den Dingen zu kennen? Sicherlich erwartet sie von dir, dass du dich immer an ihrer Farbgebung erfreust, aber nicht, dass du immer ihre Räume ausmisst. Du wärst ziemlich in der Klemme, wenn du bei jedem Malen des Sonnenuntergangs die 150 Millionen Kilometer Entfernung in »Luftperspektive« ausdrücken wolltest.

Es gibt allerdings ein Gesetz hinsichtlich der Entfernung, das einen gewissen Anspruch auf konstante Gültigkeit hat, nämlich dass Trübheit und Schwere der Farbe mehr oder weniger Nähe anzeigen. Jede entfernte Farbe ist *reine* Farbe: sie ist vielleicht nicht leuchtend, aber klar und reizend, jedenfalls nicht opak und nicht schmutzig; denn Luft und Licht, indem sie zwischen uns und gleichwelche erdige oder unreine Farbe treten, reinigen und harmonisieren sie; daher ist ein schlechter Farbenkünstler ganz besonders unfähig, Entfernung auszudrücken. Das heißt selbstverständlich nicht, dass du schlechte Farben für deinen Vordergrund benutzen sollst, um ihn vorrücken zu lassen; sondern nur, dass eine verfehlte Farbe in diesem Bereich ihn nicht gleich durcheinanderbringt. Während eine verfehlte Farbe im Hintergrund sofort dessen Ferne zerstört; dein trübfarbiger Vordergrund wird immer noch ein Vordergrund sein, selbst wenn schlecht gemalt; aber dein schlecht gemalter Hintergrund wird nicht nur ein bloß trüber Hintergrund sein, es wird überhaupt keiner sein.

Ich habe nur noch eine weitere Empfehlung für dich, nämlich niemals ungeduldig oder in Eile zu malen. Du wirst in der Tat, wenn du dich gewissenhaft deiner Farbgebung widmest, nicht die Formvollständigkeit einer Chiaroscuro-Zeichnung erreichen können; trotzdem kannst du, wenn du bei deiner Arbeit weder zu wild noch zu faul vorgehst, eine zufriedenstellende Formwiedergabe bekommen. Eine extra Viertelstunde, ruhig über die gesamte Bildausführung verteilt, kann schon den Unterschied ausmachen zwischen einer klar aufgebauten Zeichnung und einer undurchsichtig schludrigen. Wenn du schon im Vorhinein entscheidest, welchen Umriss jede Farbenpartie erhalten soll, und diese, sobald sie auf dem Papier ist, ohne Nervosität in die erwünschte Form bringst; und dann, nach dem Auftrocknen, genau überlegst, welche Retuschen noch notwendig sind, dann wirst du am Ende erstaunt sein, wie meisterhaft deine Arbeit aussieht, verglichen mit einer übereilten oder schlecht durchdachten Skizze. Bei keinem Arbeitsprozess, den ich kenne – am wenigsten beim Skizzieren – kann durch Hetzen wirklich Zeit gewonnen werden. Nur umsichtige Sorgfalt bringt hier Gewinn, und das in vielerlei Hinsicht; denn ein umsichtiges und gut durchgebildetes Anbringen der Schattenfarben gibt nicht nur der Form mehr Wahrheit, sondern auch dem Licht mehr Kraft. Oftmals kannst du mit einem einfachen flachen

Farbüberzug, gut abgestuft und abgegrenzt, ohne eine einzige Retusche ein eher kompliziertes Motiv ausdrücken. Die beiden Schweizer Hütten beispielsweise, mit ihren Balkonen, ihren glitzernden Fenstern und ihren charakteristischen Schindel-Dachüberhängen in Abbildung 29 sind mit einer Schicht Grau und ein paar verstreuten Punkten und Linien wiedergegeben. All dies solltest du anlegen können, ohne mit deinem Pinsel mehr als drei Mal Farbe aufnehmen zu müssen, und ohne eine einzige Retusche nach dem Auftrocknen der Farbe auszuführen.

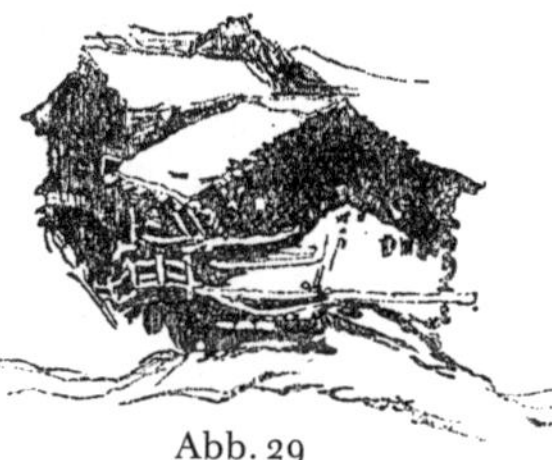

Abb. 29

Weil ich dir dazu ohne Farbillustrationen nicht mehr sagen kann, muss ich dich an dieser Stelle deinen eigenen Nachforschungen und Studien überlassen, und dich für weitere Aufklärung an die dir verfügbaren Aquarellzeichnungen verweisen, oder auch an die kleinen Abhandlungen unserer Aquarellmaler. Doch darfst du dir nicht zu viel Hilfe von jenen Arbeiten erwarten. Vielleicht ein paar gute Tipps zum Mischen von Farben; hier und da auch die Erklärung eines nützlichen Kunstgriffs oder einer Verfahrensweise; aber fast alle dieser Bücher sind nur mit der Absicht geschrieben, müßiggängerischen Dilettanten zu anbiedernden, vorteilsheischenden Fähigkeiten zu verhelfen. Die meisten von ihnen preisen Kühnheit, während ein Anfänger sich allein von behutsamer Umsicht leiten lassen sollte; sie raten zu Schnelligkeit, während Bedachtsamkeit die erste Bedingung für den

Erfolg darstellt; sie plädieren für Verallgemeinerung, wo doch alles Können und Wirken auf das Wissen um das Besondere gegründet sein muss.

Zum Schluss komme ich jetzt zu jenem Teil vollendeter Kunst, der zugleich von gefährlicher Erhabenheit ist: zur Komposition. Selbst wenn es für die erste Zeit eher überflüssig und vielleicht völlig unratsam ist, dich damit zu beschäftigen, solltest du doch wissen, worum es bei ihr geht, und sie in den Werken anderer Künstler aufspüren und genießen.

Komposition bedeutet wortwörtlich und schlicht, verschiedene Dinge zusammenzubringen, um sie in *einem* Ding zu vereinen, an dessen Natur und Wert jedes einzelne seinen Anteil hat. Entsprechend komponiert der Musiker ein Lied, indem er Noten in bestimmte Beziehungen zueinander setzt; der Dichter ein Gedicht, indem er Gedanken und Wörter in eine wohltuende Ordnung bringt; und der Maler ein Bild, indem er Gedanken, Formen und Farben in eine wohltuende Ordnung bringt.

In all diesen Fällen muss eine intendierte Einheit das Ergebnis sein. Man kann nicht sagen, dass ein Pflasterer den Haufen Steine komponiert, den er von seinem Karren ablädt; noch dass der Säer die Handvoll Samen komponiert, die er ausstreut. Es gehört zum Wesen der Komposition, dass alle Bestandteile einen bestimmten Platz einnehmen, eine intendierte Rolle spielen, und in dieser Rolle zum Vorteil all dessen agieren, was mit der Komposition in Verbindung steht.

In diesem reinen Sinn verstanden, ist die Komposition innerhalb der menschlichen Künste das Pendant zur weltbeherrschenden Vorsehung. In der Ordnung der Noten, oder der Farben, oder der Formen veranschaulicht sie die Vorteile perfekter Gemeinschaft, Disziplin und Ausgewogenheit. In einem gut komponierten Lied darf keine noch so kurze oder tiefe Note ausgelassen werden, denn die kleinste ist so notwendig wie die größte; keine noch so langgezogene Note wirkt ermüdend, vielmehr wird ihre Dauer durch die anderen Noten vorbereitet, die zugleich ihren Gewinn daraus ziehen; keine noch so hohe Note wirkt tyrannisch, vielmehr wird ihre Exaltiertheit durch die anderen Noten eingeleitet, welche sie zugleich in deren Wirkung verstärkt; und keine noch so tiefe Note wird erstickt, denn ihre Demut wird durch die anderen Noten vorbereitet, die sich zugleich auf sie einstimmen. Das Ganze mit dem Ergebnis, dass jede einzelne Note in der ihr zugewiesenen Position ihren eigenen Wert hat, den sie für sich allein niemals besitzt, und den sie losgelöst von den anderen Noten augenblicklich verlieren würde.

Analog erhöht in einem guten Gedicht jedes einzelne Wort und jeder einzelne Gedanke den Wert der jeweils vorhergehenden und folgenden Worte und Gedanken; und jede Silbe hat etwas Entzückendes, das weniger von ihrem isolierten Klang als vielmehr von ihrer Position im Ganzen herrührt. Du wirst es kaum wiedererkennen, wenn du im Wörterbuch nach demselben Wort schaust.

Das gilt umso mehr für ein vorzügliches Bild, in dem jede Linie und jede Farbe so angeordnet ist, dass alles Übrige umso besser wirkt. Nichts dabei ist unwesentlich, so geringfügig es auch scheinen mag; und nichts steht unabhängig für sich allein, so zwingend es auch wirkt. Es ist nicht genug, dass Linien und Farben wahrheitsgetreu natürliche Gegenstände darstellen; sie müssen auch bestimmte Positionen ausfüllen, und sich zu bestimmten harmonischen Gruppen zusammentun, sodass etwa der rote Schornstein eines Bauernhauses nicht bloß in seiner Funktion als Schornstein an seinen Platz gesetzt erscheint, sondern dass er zugleich auch in augengefälliger Weise auf die grünen oder blauen Stellen anderer Bildpartien einwirkt; und wir sollten das Meisterhafte des Werkes allein an Position und Ausmaß dieser grünen, roten und blauen Flecken erkennen, selbst aus einem Abstand, der es völlig unmöglich macht, zu entscheiden, was die Farben nun darstellen, oder zu erkennen, ob das Rote ein Schornstein ist, oder der Mantel einer alten Frau; und ob das Blau Rauch ist, Himmel oder Wasser.

Damit wir in allem unseren Tun an die grundlegenden Gesetze der Göttlichen Ordnung und des menschlichen Gemeinwesens erinnert werden, scheint es so bestimmt zu sein, dass die Komposition in den Künsten stark auf die Menschen aller Geistesschichten einwirken soll, wie ungelernt oder gedankenlos diese auch seien. Daher der populäre Geschmack für Rhythmus und Metrum und einfache musikalische Melodien. Aber ebenso bestimmt ist es, dass die *Herrschaft* der Komposition in den schönen Künsten ein exklusives Attribut hohen Intellekts sein sollte. Alle können mehr oder weniger nachahmen, was sie sehen und es sich mehr oder weniger in Erinnerung rufen; auch Reflexionsvermögen und Forschergeist sind uns allen gemeinsam, sodass ein Urteil auf Minderwertigkeit bei diesen beiden Fähigkeiten nur eine Frage des *Grades* ist. A. hat ein besseres Gedächtnis als B., und C. reflektiert gründlicher als D. Aber die Gabe der Komposition ist nicht mehr als einem von Tausend verliehen; und auf ihrer höchsten Ebene gibt es nicht mehr als drei oder vier solcher Fälle in einem Jahrhundert.

Aus diesen allgemeinen Wahrheiten folgt, dass es unmöglich ist, Regeln aufzustellen, die dich zum Komponieren befähigen. Viel eher noch könnte es Regeln geben, die dich zum Witzigsein befähigen. Doch wäre es möglich, nach Regeln witzig zu sein, so würde der Witz schnell aufhören, bewundert zu werden oder belustigend zu wirken. Und wäre es möglich, Melodien nach Regeln zu komponieren, so hätten Mozart und Cimarosa erst gar nicht geboren werden müssen. Und wäre es möglich, Bilder nach Regeln zu komponieren, so wären Tizian und Veronese zwei gewöhnliche Menschen. Die Essenz der Komposition liegt gerade in ihrer Unlehrbarkeit, in ihrer Erscheinung als Wirken eines individuellen Geistes hohen Ranges mit einer Kraft, die ihn über andere hinaushebt.

Aber selbst wenn niemand nach Regeln *erfinden* kann, gibt es doch einige einfache Gesetze der

Anordnung, die du kennen solltest, denn auch wenn sie dich nicht befähigen, ein gutes Bild herzustellen, werden sie dir oft dabei behilflich sein, das vorhandene Gute in deiner Arbeit auf wirksamere Weise voranzutreiben als auf anderen Wegen. Wenn du diese Gesetze in den Werken guter Bildkomponisten studierst, wirst du ihr Vorstellungsvermögen und ihre Materialbeherrschung besser begreifen. Folgend werde ich kurz die hauptsächlichen dieser Gesetze vorstellen.

1. DAS GESETZ DES VORRANGS

Das Hauptziel der Komposition ist es immer, Einheit zu schaffen, das heißt aus vielen Dingen ein Ganzes zu bilden; der erste Schritt zur Verwirklichung dieses Ziels besteht darin, *ein* Element zu bestimmen, das wichtiger als alles Übrige sein soll, und mit dem die anderen Elemente dann in untergeordneten Positionen eine Gruppe bilden.

Das ist das einfachste Gesetz gewöhnlicher Ornamentierung. So ist etwa das Blätterpaar in Abbildung 30a unbefriedigend, weil es kein Haupt-Blatt aufweist; dagegen ist die Blattgruppe in b schöner, weil sie ein Haupt-Blatt besitzt; und die Gruppe in c ist nochmals reizender, weil die untergeordnete Stellung der anderen Blätter in Bezug auf das Haupt-Blatt noch manifester in Erscheinung tritt durch ihre graduelle wegrückende Verkleinerung. Das erklärt etwa auch zum Teil unser Vergnügen am griechischen Geißblatt-Ornament und an anderen ähnlichen.

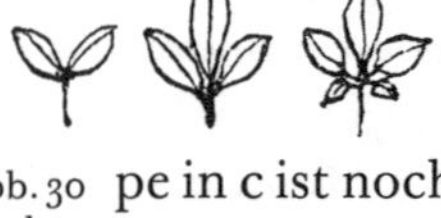

Abb. 30 a+b+c

So ist auch auf guten Bildern immer ein Licht größer und heller als die anderen, oder eine Figur tritt vor den anderen hervor, oder eine Farbe dominiert alle anderen; und allgemein wirst du sehen, wie sehr es deiner Zeichnung zugutekommt, wenn du ein Licht auf dem Bauernhaus oder eine blaue Wolke am Himmel anbringen kannst, die den Blick als hervorstechendes Hell oder Dunkel auf sich zieht. Doch wird die Befolgung dieser Regel von den großen Bildkomponisten oft derart klug verborgen, dass ihre Wirkkraft zunächst kaum wahrnehmbar ist; dagegen wirst du allgemein jene Bilder ordinär finden, in denen das Gesetz augenfällig manifest ist.

Das lässt sich auf einfache Weise an einer musikalischen Melodie zeigen: so dominiert beispielsweise in der folgenden Phrase[13]

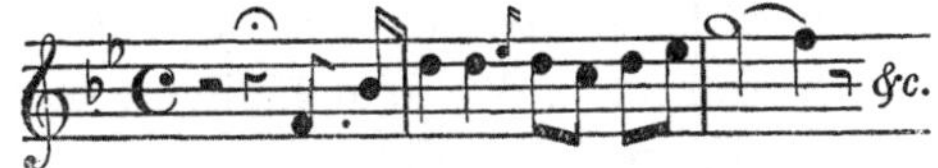

eine einzige Note (hier das hohe G) die gesamte Phrase und konzentriert in sich deren ganzen Schwung. Derartige Phrasen, denen in der Malerei vollständig untergeordnete Kompositionen entsprechen, wirken schnell ermüdend, wenn sie oft wiederholt werden. Dagegen lässt sich in der folgenden Phrase[14]

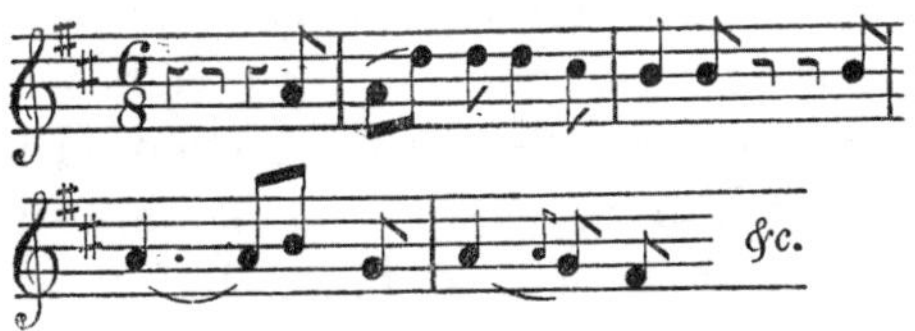

nur sehr schwer sagen, welche die Hauptnote ist. Das A im letzten Takt ist zwar leicht dominant, aber zugleich läuft ein sehr gleichmäßiger Kraftfluss durch das Ganze; und derartige Phrasen wirken nur selten ermüdend. Dieses Prinzip gilt durchgehend für breit angelegte Dispositionen, sodass es in den großartigsten Kompositionen wie in den *Nozze di Cana* von Paolo Veronese oder der *Disputa* von Raffael nicht einfach ist, sofort die Hauptfigur auszumachen; und sehr häufig fällt die tatsächliche Hauptfigur nicht als erstes in die Augen, sondern wird erst bei stetem Anschauen nach und nach immer mehr sichtbar. So ist in Tizians großartiger Komposition der Pesaro Familie[15] die intendierte Hauptfigur zweifellos ein Jüngling von fünfzehn oder sechzehn Jahren, dessen Portrait der Maler offensichtlich so interessant wie möglich anlegen wollte. Dabei ist das Zentrum des Bildes von einer prächtigen Madonna und einem heiligen Georg mit entfaltetem Banner ausgefüllt, die als erste den Blick auf sich ziehen, dazu kommen noch einige weitere Figuren; und erst nach und nach dann werden wir von den zentralen Figuren weggeführt hin zu einem perlmutterartigen Lichtschimmer in der unteren Ecke, und wir spüren, dass wir unsere Augen nicht mehr von diesem Kopf lösen können, auf dem das Licht ruht.

Da sich in jedem guten Bild nahezu alle Gesetze der Anordnung mehr oder weniger veranschaulicht finden, wird es aufs Ganze gesehen leichter sein, sie zu erklären, indem eine Komposition gründlich untersucht wird, als hierzu Beispiele aus

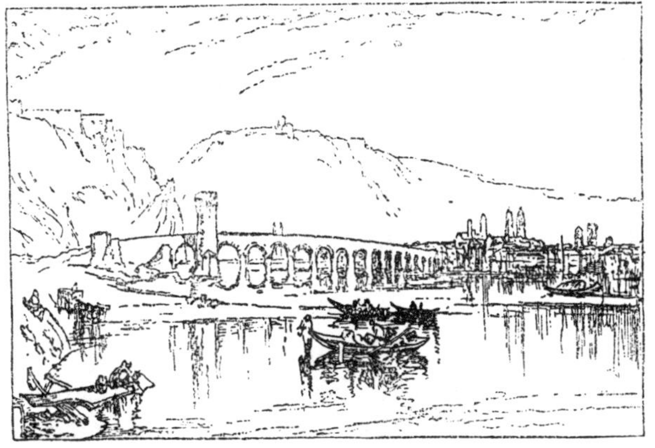

mehreren Werken heranzuziehen. So ist eines von Turners einfachsten Werken bestens dazu geeignet, es gewissermaßen auseinanderzunehmen und dadurch nach und nach jedes Gesetz zu veranschaulichen. Abb. 31

Abbildung 31 ist eine grobe Skizze der Anordnung des gesamten Motivs, und zwar der alten Moselbrücke bei Koblenz, mit der Stadt Koblenz auf der rechten Seite und der Festung Ehrenbreitstein auf der linken. Das Hauptelement ist offensichtlich der Turm auf der Brücke. Dabei verhindert jeweils eine bedeutende Gruppe zu beiden Seiten, dass er *zu sehr* vorherrschend wirkt; rechts die Boote und links dahinter Ehrenbreitstein. Die Boote bilden eine breitere Masse und erscheinen farblich zwingender, doch sind sie kleinteilig gebrochen, während der Turm einfach gehalten ist und deswegen weiterhin herrschend bleibt. Der Felsen Ehrenbreitstein wirkt erhaben in seiner Masse, aber so reduziert durch die farbige Luftperspektive, dass er mit dem Turm nicht mithalten kann, der das Auge weiterhin auf sich lenkt und somit die Schlüsselposition des Bildes einnimmt. Wir werden nun sehen, wie gerade jene Gegenstände, die zunächst mit ihm um die Herrschaft zu wetteifern scheinen, auf geradezu magische Weise dazu bestimmt sind, seine Vorherrschaft noch zu verstärken.

II. DAS GESETZ DER WIEDERHOLUNG

Ein weiteres wesentliches Mittel zum Ausdruck von Einheit besteht darin, eine Art von Sympathie unter den verschiedenen Bildgegenständen anzuzeigen, und die vielleicht reizvollste, weil überraschendste Art von Sympathie liegt vor, wenn eine Gruppe eine andere imitiert oder wiederholt; aber nicht im Sinne einer Herstellung von Ausgeglichenheit oder Symmetrie, sondern ganz untergeordnet nebenbei, wie ein entferntes und gebrochenes Echo. Und ich glaube, dass dies Wiederholungsprinzip in den Köpfen der meisten großen Bildkomponisten maßgeblicher präsent ist, als das Gesetz der Vorrangstellung. In der Komposition, die ich als Anschauungsbeispiel gewählt habe, findet sich die Wiederholung außergewöhnlich weitreichend angewendet. Als erstes wird der Turm als herrschendes Element in seinem niedrigen Doppel links von ihm wiederholt; lege deinen Finger auf diesen niedrigeren Turm, und du wirst sehen, wie das ganze Bild dadurch ruiniert wird. Dann sind die Turmspitzen von Koblenz alle in Paaren angeordnet (wie sie in Wirklichkeit angeordnet sind, spielt dabei keine Rolle; wenn wir ein großes Bild komponieren, müssen wir mit der Position der Türme spielen, bis sie gut herauskommen, und so bedenkenlos, als ginge es um Schachfiguren und keine Kirchen). Man würde die gedoppelte Anordnung dieser letztgenannten Türme gar zu leicht erkennen, wäre da nicht der kleine Turmstummel außen rechts zum Bildrand hin, der so tut, als wollte er das letzte Turmdoppel links neben ihm in eine Triade verwandeln, doch ist er so verblasst, dass er kaum noch wahrgenommen wird; aber er lenkt die Aufmerksamkeit vom Turmdoppel weg, darin noch unterstützt vom Mast im vorderen Teil des Bootes davor, der augenblicklich sein eigenes Duplikat am Heck des Bootes findet.* Dann ist da näher zum Betrachter hin das große Boot mit seinem Echo dahinter. Und dieses Echo ist seinerseits wiederum zweigeteilt, und jedes dieser zwei kleineren Boote ist mit zwei Figuren besetzt, während weitere zwei Figuren auf dem großen alten Ruder zusammensitzen, das halb im Wasser und halb auf dem Ufer liegt. Dann endlich die große Masse von Ehrenbreitstein, die zunächst kein echoartiges Gegenstück zu haben scheint, dabei bildet die Uferböschung, auf der das Mädchen sitzt, nahezu ihr *Faksimile*; und diese Uferböschung trägt so absolut wesentlich zur Vollendung des Bildes bei wie jeder andere Gegenstand auch. All das ist so angelegt, um den Effekt von Ruhe zu vertiefen.**

*Das ist nur sehr undeutlich im groben Holzschnitt zu erkennen, wo die Masten so dünn und fein erscheinen, dass sie unter den vielen reflektierten Linien untergehen. Im Original sind sie von einem orangefarbenen Licht erleuchtet, das sich vor dem purpurnen Hintergrund abhebt.

**»Im allgemeinen

zeigen Reflexion und Wiederholung in der Natur durchgehend etwas Friedvolles an, verbunden mit der Vorstellung einer ruhigen Abfolge der Geschehnisse; dass ein Tag wie ein anderer sein solle, oder eine Geschichte die Wiederholung einer anderen Geschichte, mehr oder weniger sich aus Stille ergebend, während Unähnlichkeit und Nicht-Abfolge von Störungen und Unruhe herrühren. So gibt ein Echo, das vordergründig die gehörten Töne nur verstärkt, durch seine Wiederholung der Note oder Silbe erst eine Vorstellung von Ruhe, wie sie auf keine andere Weise erreichbar ist; von daher auch die Empfindung von Ruhe, die der Kuckucksruf einer Landschaft verleiht.« [J. RUSKIN: *The works*, Library Edition, Bd. 13: *Turner: the Harbours of England. Catalogue and notes,* S. 73f.]

Symmetrie oder das Gleichgewicht von Teilen oder Massen in nahezu gleichwertiger Entgegensetzung ist eine der Äußerungsformen des Gesetzes der Wiederholung. So ist die Entgegensetzung in einem symmetrischen Gegenstand eine von ähnlichen, gleichartigen Dingen, die einander reflektieren; sie bedeutet nicht das Gleichgewicht von gegensätzlichen Naturen (wie das von Tag und Nacht), sondern von ähnlichen Naturen oder Formen, wie die eine Seite eines Blattes ähnlich der Reflexion der anderen Seite auf dem Wasser ist.

In der Natur allerdings gibt es weder eine formale noch eine genaue Symmetrie. Tatsächlich verwendet sie die größte Sorge darauf, bestehende Unterschiede zwischen einander entsprechenden Dingen oder deren Bestandteilen zu verdeutlichen; und eine annäherungsweise genaue Symmetrie ist nur bei Tieren zugelassen, weil ihre Bewegungen einen steten Unterschied zwischen den einander ausgleichenden Teilen anzeigen. Stell dich vor einen Spiegel, halte beide Arme in genau der gleichen Position, den Kopf erhoben, den Körper durchgestreckt; scheitele deine Haare exakt in der Mitte und kämme sie zu beiden Seiten in exakt gleicher Form über die Ohren, und du erhältst einen Eindruck von genauer Symmetrie; zugleich wirst du aber auch erkennen, wie alle Anmut und Kraft der menschlichen Gestalt herrühren vom Sichkreuzen von Bewegung und Leben mit Symmetrie, sowie vom Einklang der Ausgewogenheit menschlicher Gestalt mit ihrer Veränderlichkeit. Deine Position wie im Spiegel gesehen bildet nach dem Verständnis moderner Architekten das höchste Muster von Symmetrie.

In vielen heiligen Kompositionen bildet lebendige Symmetrie, das heißt die Ausgewogenheit harmonischer Entgegensetzung, eine der Urquellen ihrer Ausstrahlungskraft. Nahezu alle Werke der alten Maler, Fra Angelico, Perugini, Giotto usw. sind eindrucksvolle Belege dafür. Die *Madonna* von Perugino in der National Gallery mit den Erzengeln Michael und Raphael an den beiden Seiten ist eines der schönsten Beispiele.

In der Landschaftsmalerei findet sich das Prinzip des Gleichgewichts mehr oder weniger verwirklicht in Abhängigkeit vom Wunsch des Malers, geordnete Ruhe auszudrücken. In schlechten Kompositionen, wie auch bei schlechter Architektur, ist das Gleichgewichtsprinzip formaler Natur: der Baum auf der einen Seite steht dem Baum auf der anderen gegenüber; doch in guten Kompositionen, wie auch bei anmutigen Statuen ist es immer eher fließend und zuweilen kaum nachweisbar. Im Bild der Moselbrücke jedenfalls ist ganz unschwer zu erkennen, wie die Boote auf der einen Seite des Turms und die Figuren auf der anderen Seite in nahezu gleichwertiger Entgegensetzung zueinander stehen, beide vereint durch den Turm als zentraler Masse.

III. DAS GESETZ DER KONTINUITÄT

Ein weiterer Modus, um Einheit auszudrücken, besteht darin, eine gewisse Anzahl von mehr oder weniger ähnlichen Gegenständen in eine geordnete Abfolge zu bringen. Besonders interessant wird es, wenn die Abfolge dabei mit einer graduellen Veränderung in Aussehen oder Natur der Gegenstände einhergeht. So etwa bei der Säulenfolge eines Kirchenschiffes, wenn die Säulen mit zunehmender Entfernung perspektivisch zurückweichen und immer unklarer erscheinen. So die Aufeinanderfolge von Vorgebirgszügen an den Flanken eines Tals; so auch die Abfolge von Wolken, die zum Horizont hin immer mehr verschwimmen; jeder einzelne Bergzug und jede einzelne Wolke von unterschiedlicher Gestalt, und dabei doch alle augenfällig in einer prästabilierten ruhigen Ordnung aufeinanderfolgend. Bleiben aber Gestalt und Größe der Gegenstände vollkommen unverändert, so gibt es keine Kontinuität, sondern bloße Wiederholung, sprich: Monotonie. Erst die Veränderung in der Form erzeugt auch die Vorstellung individueller Freiheit der Gegenstände, die es ihnen nach Wunsch ermöglicht, sich von dem sie beherrschenden Gesetz loszusagen, während sie ihm doch weiter unterworfen bleiben. [...]

Es erübrigt sich wohl, darauf hinzuweisen, wie augenfällig dieses Gesetz der Kontinuität sich in unserem Hauptbeispiel der Moselbrücke illustriert findet. Es ist ganz einfach die graduelle Abfolge der zunehmend wegrückenden Brückenbögen, was Turner überhaupt dazu bewegte, dieses Motiv zu malen; und es ist eben dieses Ordnungsprinzip, welches ihn immer Motive auswählen ließ, die auch lange Brücken einschlossen, wo immer er sie antreffen konnte. Aber bezeichnenderweise gerade asymmetrische Brücken, mit dem höchsten Bogen nicht in der Mitte, sondern seitlich versetzt. [...]

Turners Brücke in Abbildung 31 bildet somit ein absolut perfektes Muster für Kontinuität, wobei die Krönung des Hauptbogens mit einem Wachturm das Ganze nochmals interessanter macht. Aber worauf ich besonders aufmerksam machen möchte, und was vielleicht bei der wirklichen Brücke gar nicht der Fall war und eher Turners ganz eigene Darstellungsweise anzeigt, ist, dass es beim graduellen Zusammenschrumpfen der Bögen keine *Regelmäßigkeit* gibt, jeder einzelne ist von unterschiedlicher Form und Größe – was in Abb. 31 nicht klar zu erkennen ist, dafür aber umso leichter in der vergrößerten Abb. 32. Das entspricht in der Tat auch dem Ideal einer Brücke, da ja auch die seitlichen, ufernahen Strömungen von unterschiedlicher Stärke und Ausdehnung sind, und jeder einfache Brückenbauer entsprechend seine Bögen daran anpassen würde, so wie er analog dazu auch den Bau seiner Brückenpfeiler nach der Beschaffenheit des Unterwasserbodens ausrichten würde. Doch hat Turner diese Unregelmäßigkeit nicht eingeführt, um dem Ideal einer Brücke zu genü-

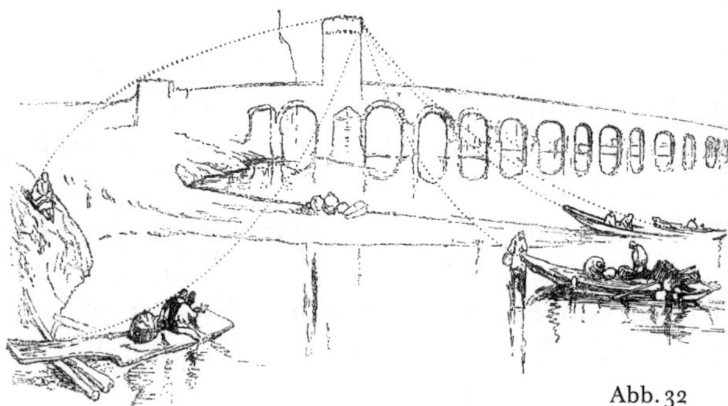

Abb. 32

gen, sondern weil jede erhabene Komposition es so erfordert. Diese Darstellungsweise erhebt ihren Gegenstand augenblicklich über die untere oder ordinäre Einheit eines rigiden Gesetzes hinaus zu der weit umfassenderen Einheit der Wolken, der Wellen, der Bäume und der menschlichen Seelen, alle verschieden untereinander, alle abhängig voneinander und alle zu einem harmonischen Zweck vereint.

IV. DAS GESETZ DER KURVATUR

Es gibt aber noch etwas Erwähnenswertes bei Turners Brücke. Denn nicht nur neigt sie sich ungleichmäßig zu ihren beiden Seiten hin, sie verläuft dabei auch in einer leichten feinen Kurve. Und wenn du diese Kurve durch eine gerade Linie ersetzt (welche du in Abb. 32 mit einem Lineal von der Turmbasis aus bis zu beiden Brückenenden ziehst und dann die Kurve ausradierst), wirst du augenblicklich sehen, wie sehr die ganze Zeichnung darunter leidet. Mit einigen Versuchen kannst du dich davon überzeugen, dass alle schönen Gegenstände auf diese Weise von leicht gekurvten Linien begrenzt werden, außer wenn eine gerade Linie unerlässlich für deren Zweck oder Stabilität ist; und dass in einem solchen Fall, wo ein komplettes System von geraden, formstrukturierenden Linien für die Stabilität erforderlich ist, wie etwa bei Kristallen, die Schönheit, wenn vorhanden, sich in Farbe und Transparenz ausdrückt, nicht in der Form. Schneide aus weißem Wachs oder Holz die Form irgendeines Kristalls heraus und lege sie neben eine weiße Lilie, und du wirst die Kraft der Kurvatur in ihrer ganzen Reinheit spüren, ungeachtet der Farben oder anderer hinzutretender Elemente von Schönheit.

Da nun einmal Kurven schöner sind als gerade Linien, ist es für eine gute Komposition wichtig, dass die Kontinuität ihrer Gegenstände, Massen oder Farben möglichst in Kurven und weniger in geraden oder winkelförmigen Linien ausgedrückt wird. Eines der einfachsten und schönsten Beispiele für eine anmutige Kontinuität dieser Art zeigt sich vielleicht in der Linie, die von den Korken eines Fischernetzes gebildet wird, während es eingezogen wird: nahezu jeder ist mehr oder weniger fasziniert von der Schönheit dieser punktierten Linie. Nun ist es fast immer möglich, eine derartige Kontinuität nicht nur in der Anordnung oder den Begrenzungen tatsächlich miteinander verbundener Gegenstände zu bekommen, wie bei den Brückenbögen oder den Netzkorken, sondern – und dies ist eine noch erhabenere und interessantere Art von Kontinuität – auch zwischen Elemen-

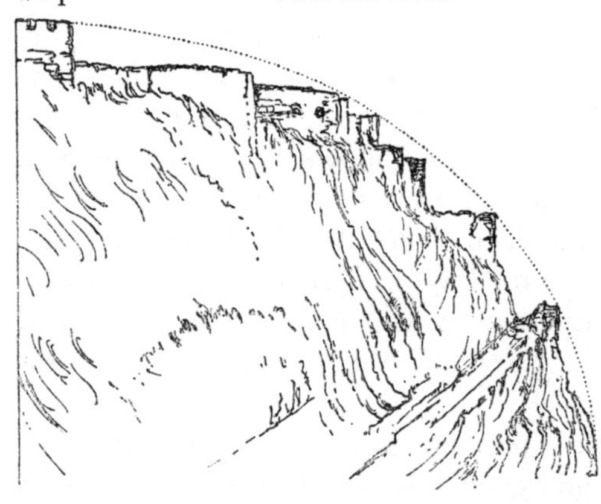

Abb. 33

ten, die zunächst völlig getrennt erscheinen. So erscheinen die Türme von Ehrenbreitstein links in Abbildung 31 auf den ersten Blick unabhängig voneinander zu sein; doch wenn ich in größerem Maßstab, wie in Abb. 33, ihr Profil nachzeichne, ist leicht zu erkennen, dass eine subtile Kadenz und Harmonie zwischen ihnen besteht. Der Grund dafür ist, dass sie alle in eine große Kurve eingebunden sind, hier durch die punktierte Linie verdeutlicht. Von den sieben Türmen berühren genau vier diese Kurve, wobei die anderen hier und da zurücktreten, nur um das Auge davon abzuhalten, sich zu schnell darüber klarzuwerden.

Und nicht nur ist es immer möglich, Kontinuitäten dieser Art zu erlangen, es entspricht auch wesentlich der Wahrheit, wenn man etwa die Formen großer Wälder oder Berge zeichnet. So mögen die Türme von Ehrenbreitstein in der Wirklichkeit in eine Kurve eingebunden sein oder auch nicht, aber ganz sicher ist es der Basaltfelsen, auf dem sie stehen; denn alle Bergformationen, sofern nicht völlig durch Abgründe gespalten, oder von glatten Schieferschichten bedeckt, folgen mehr oder weniger diesen großen Kurven, deren Bildung zu den Zielen der Natur gehört, wo immer sie am Werk ist. Wer Gelegenheit hatte, in den Bergen zu zeichnen, wird das bereits wissen; den anderen Lesern sei geraten, sorgfältig die Umrisse auch nur von niedrigen Hügeln in ihrer Umgebung zu zeichnen, sofern sie genügend steil sind, oder von den Wäldern, die auf ihnen wachsen. Für die Bewohner Londons leicht erreichbar sind etwa die Steilufer der Themse bei Maidenhead oder die Hügel von Brighton und Dover, oder noch näher, jene unweit von Croydon, wie die Addington Hills; und sie werden rasch feststellen, nicht nur wie konstant die Kurvatur sich dort zeigt, sondern auch wie anmutig. Anmutige Kurvatur unterscheidet sich von ungraziöser in zwei Punkten: zuerst in ihrer Gemäßigtheit, das heißt, ihrer Annäherung an eine gerade Linie in einigen Abschnitten ihres Verlaufs; und zweitens in ihrer Variation, das heißt, ihrer niemals gleichmäßigen Krümmung in den verschiedenen Abschnitten ihres Verlaufs.

Abb. 34a b

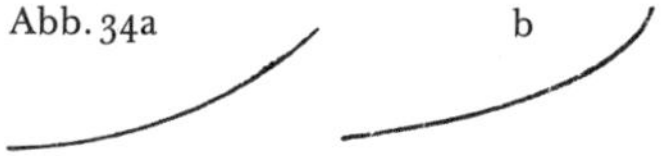

Diese Variation nun ist ihrerseits in allen guten Kurven zweifacher Natur.

A. Im ersten Fall zeigt die ganze Linie einen steten Wechsel von weniger zu mehr Krümmung, oder umgekehrt, sodass *nicht ein* Abschnitt der Linie ein Kreissegment bildet oder auf irgendeine

Weise mit einem Zirkel nachgezogen werden könnte. So ist a in Abbildung 34 eine schlechte Kurve, weil Teil eines Kreises und daher durchgehend monoton; dagegen ist b eine gute Kurve, weil sie in ihrem Verlauf beständig die Richtung verändert.

Was *als erstes* eine gute vor einer schlechten Zeichnung von Baumzweigen auszeichnet, ist das Beachten dieser Tatsache. Wenn ich also, wie in Abbildung 35 Blätter an die Linie b setze, ist sofort die Sprießkraft des Ganzen zu spüren, herrührend von der Variationsfülle der Kurve. Du kannst selbst auch Blätter an die andere Kurvenlinie setzen, wirst dann aber schnell erkennen, dass kein guter Blätterzweig dabei herauskommt. Denn *alle* Baumäste, ob groß oder klein, wie überhaupt alle erhabenen natürlichen Linien, teilen diesen Charakter; und es ist von größter Wichtigkeit, dass dein Auge diesen Charakter erfasst und deine Hand ihn nachzeichnet. Abb. 36 zeigt zwei weitere Beispiele von guten Kurven, diesmal mit Blättern an den Zweigenden und nicht an den Seiten; gefolgt von zwei Zweigkurven in Abb. 37, die aus etwas größerer Entfernung die Anordnung ihrer Blättermassen sehen lassen, und welche du wiederum zum Spaß in Kreissegmente umwandeln kannst – das Ergebnis wirst du dann sehen. Dabei hoffe ich, dass du inzwischen viele gute, sorgfältig angefertigte Studien von Baum-

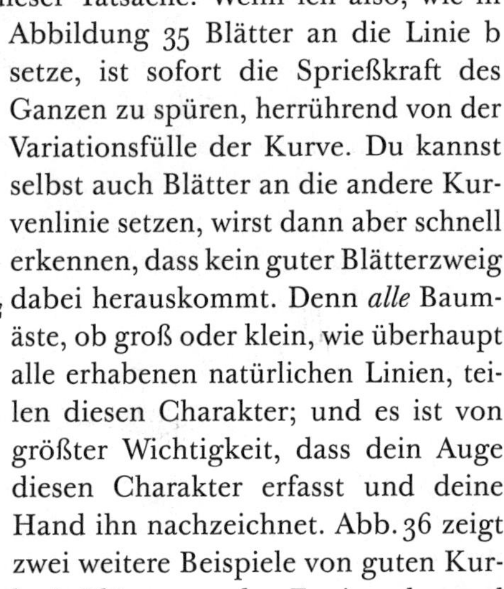

Abb. 35

Abb. 36

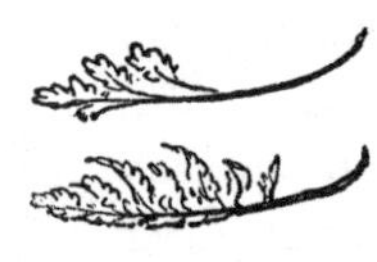

Abb. 37

zweigen neben dir liegen hast, an denen du die Krümmungsvariationen in ihren kompliziertesten und lieblichsten Formen studieren kannst.

Abb. 38

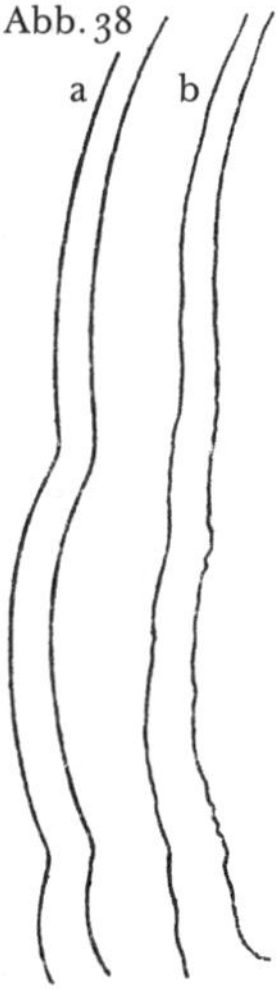

a b

B. Nicht nur hat jede gute Kurve die allgemeine Tendenz zu variieren, sie wird zudem in ihrem Verlauf von unzähligen sekundären Kurven moduliert. So sind die Umrisslinien eines Baumstammes niemals wie in Abb. 38a, sondern vielmehr wie in b. Das gilt entsprechend für Wellen, Wolken, und alle anderen erhaben geformten Massen. Darin liegt ein weiterer wesentlicher Unterschied zwischen guter und schlechter Zeichnung, oder guter und schlechter Skulptur, nämlich in der Quantität und Feinheit von sekundären Kurvaturen, die gekonnt in die Hauptlinien eingearbeitet wurden. Genaugenommen geht es hierbei jedoch nicht um die Variation in großen Kurven, sondern um die Komposition großer Kurven mittels kleinerer Kurven; was eine Quantitätssteigerung des gegebenen Elements des Schönen bedeutet, aber keine Veränderung seiner Natur.

V. DAS GESETZ DER STRAHLENFÖRMIGEN AUSBREITUNG

Bis hierher haben wir uns nur mit dem Eingebundensein unserer verschiedenen Gegenstände in schöne Linien oder Abfolgen beschäftigt. Im nächsten Schritt wollen wir der Frage nachgehen, wie wir diese Linien oder Abfolgen für sich gesehen vereinen können, um aus *ihnen* Gruppen zu bilden.

Nun gibt es zwei Arten von Linienharmonien. Eine, in der die Linien, mehr oder weniger Seite an Seite verlaufend, auf verschiedene Weise, doch zusammenstimmend, sich voneinander entfernen oder sich einander nähern, sich überschneiden oder gegeneinander laufen; so Melodiemotive für verschiedene Stimmen in der Musik, die sich harmonisch nähern und überkreuzen, sich erheben und sich senken; so die Meereswellen, die in Ufernähe ineinanderfließen oder sich durchkreuzen, aber bei allem eine große Einheit bildend; und so fließen auch in einem Bild verschiedenartige Kompositionslinien oft harmonisch durcheinander. Doch die einfachste und perfekte Verbindung von Linien erfolgt durch strahlenförmige Ausbreitung; das heißt, durch ihr gemeinsames Ausstrahlen von einem Punkt aus, oder umgekehrt durch ihr Zusammenschließen auf diesen einen Punkt zu; und diese Harmonie ist häufig, in der Natur nahezu immer, mit der anderen verbunden; so wie die Baumzweige, selbst wenn sie einander spielerisch und unregelmäßig kreuzen, in ihrer allgemeinen Ausrichtung ihren Ursprung aus einer Wurzel anzeigen. Die Schönheit aller pflanzlichen Formen gründet zu einem wesentlichen Teil in dieser strahlenförmigen Ausbreitung; in ihrer einfachsten Ausprägung lässt sie sich bei einer einzelnen Blüte oder einem Blatt beobachten, wie etwa bei der Glockenwinde oder einem Kastanienblatt; doch in noch schönerer Ausprägung bei den komplizierten Anordnungen großer Äste und Gezweige. [...]

Dieses Gesetz strahlenförmiger Ausbreitung, das eine einheitliche Bewegungsrichtung im Entspringen von oder im Zulaufen zu einem gegebenen Punkt herbeiführt, ist von allen Kompositionsprinzipien vielleicht das am meisten am Generieren der Schönheit von Formgruppen beteiligte Prinzip. Andere Gesetze verleihen ihnen Wirksamkeit oder Reiz, aber dieses ist allgemein Vorreiter darin, ihnen Schönheit zu geben. Die großen Kompositionskünstler befolgen es durchgehend bei der Anordnung von Massen in ihren Bildern; aber sie tun es, ähnlich wie beim Gesetz des Vorrangs, indem sie zugleich sorgsam dessen Dominanz verbergen; so befindet sich der Punkt, zu welchem hin die hauptsächlichen Linienkurvaturen ausgerichtet sind, sehr oft weit außerhalb des Bildes. Manchmal allerdings wird ein System von Kurven bewusst mit dem Ziel eingesetzt, mittels ihres Zusammenwirkens den Wert eines Leitgegenstandes herauszuheben, in diesem Fall dann ist das Gesetz ziemlich gut auszumachen.

In unserem Beispiel, mit dem Brückenturm als Hauptgegenstand, hat Turner die Spitze des Turmes zum Ausgangspunkt seines Kurvaturensystems bestimmt. Der Vergleich des Diagramms der Abbildung 32, S. 202, mit der Abbildung 31, S. 195, zeigt, wie das funktioniert. Eine Kurve verbindet die beiden Türme und wird dann über den Rücken der auf der Böschung sitzenden Figur bis in das gebogene Holzstück hinein verlängert. Das ist eine begrenzende Kurve von großer Bedeutung, wobei Turner mit großer Sorgfalt bereits die gebogene

Kante des Holzstücks zu einem erheblichen Abschnitt der Kurve hat werden lassen, um dann den Blick mittels einiger weißer Flecken und einer angedeuteten Felsbank in der Böschung hinauf zum sitzenden Mädchen zu lenken, worauf dann die Weiterführung zu den beiden Turmspitzen unschwer auszumachen ist.

Die nächste Kurve nimmt über wenig mehr als einem Zentimeter ihren Ausgang von dem alten Ruder; darauf wird sie von dem Korb und den Köpfen aufgenommen und dann akkurat bis hinauf zur Turmspitze weitergeführt. Die Dollborde beider Boote bilden den Anfang der nächsten zwei Kurven, die dann im selben Punkt zusammenlaufen; zudem werden alle Kurven durch die langen Reflexionen zentriert, die die vertikalen Linien fortsetzen.

Diesem ersten System von Kurven untergeordnet gibt es noch eine weitere Kurve, die mit dem kurzen Querholz im Winkel hinter dem Ruder beginnt und sich dann im unteren Rand der Böschung fortsetzt, auf dem das Mädchen sitzt, dahinter dann erzwungenermaßen für ein Stück unterbrochen,* aber wieder aufgenommen von der Wasserlinie, die zum Fuße der Brücke führt und dann in zarten Schatten – in dem groben Diagramm kaum wiederzugeben – unter den Bögen

*In dem kleineren Schaubild (Abb. 31) ist zu erkennen, dass diese Unterbrechung durch ein Wagengespann verursacht wird, das sich dem Ufer nähert und zugleich den Ausgangspunkt eines weiteren Kurvensystems bezeichnet, das auf der rechten Seite aus dem Bild herausführt, dabei aber so unklar gezeichnet ist, dass es sich kaum wiedergeben lässt. Da es für unsere Ausführungen an dieser Stelle nicht wesentlich ist, wurde es im größeren Diagramm ausgelassen, in welchem bloß die Richtung des Kurvenbeginns gestrichelt angezeigt wird.

bis hin zum anderen Brückenende weiterläuft. Diese Kurve ist sehr bedeutungsvoll, weil sie anzeigt, dass die Kraft und die Strömung des Flusses in alten Zeiten unter den großen Bögen am stärksten war; während das hohe Alter der Brücke sich an der langen Landzunge ablesen lässt, die wohl entweder durch abgeladene Abfälle entstanden ist, oder von einem kleineren Fluss angeschwemmt wurde (und die auch letztlich unsere Kurve unterbrochen hat), und die jetzt als Landeplatz für die Boote und für die Verladung von Waren genutzt wird, von denen einige Ballen und Bündel in einem Haufen direkt unter dem großen Turm liegen. Ein gewöhnlicher Künstler hätte diese Ballen an die eine oder die andere Seite des Turmes platziert, aber Turner weiß es besser; er benutzt sie als Fundament für seinen Turm, dadurch noch zusätzlich dessen Bedeutung betonend, genauso wie ein geschnitzter Sockel eine Säule dekoriert; und darüber hinaus verstärkt er noch den Eindruck der Höhe des Turms, indem er dessen Reflexion weit über das nahe Wasser wirft. Alle großen Kompositionskünstler stimmen in der Betonung ihrer vertikalen Massen überein. [...] So platzieren auch Veronese, Tizian und Tintoretto immer wieder ihre Hauptfiguren an Säulenbasen. Turner hat schon sehr früh das Geheimnis dieser Vertikale herausgefunden, wobei das prominenteste Beispiel unter seinen auf diesem Prinzip beruhenden Kompositionen wohl die Zeichnung *Turin, From The Portico Of The Superga Church* ist. Ich habe die Abbildung 19, die mir weiter oben, S. 103, bereits zur Illustrierung des Zeichnens von Laubwerk diente, vor allem deswegen gewählt, weil sie als weiteres Beispiel der hier besprochenen Anordnungen dich zugleich von deren Vorsätzlichkeit überzeugen soll. So findet sich dort die von dem größeren Baum gebildete Vertikale fortgesetzt in der Figur des Landmannes, und die Vertikale von einem der kleineren Bäume in seinem Stock. Die Linien der inneren Buschmasse strahlen, dem Gesetz strahlenförmiger Ausbreitung folgend, von einem Punkt hinter dem Kopf des Landmannes aus; dabei werden, nun dem Gesetz der Kontinuität folgend, ihre Umrisskurven fortgeführt und wiederholt in den Kurven des Hundes und des Jungen – beachte dabei auch die Besonderheit des Gebrauchs dunkelster Linien zum Licht hin – und alle lenken mehr oder weniger den Blick des Betrachters nach rechts oben, um ihn schließlich zum Bergfried von Windsor zu führen, welcher der Hauptgegenstand des Bildes ist, so wie der Brückenturm in der Ansicht von Koblenz. Die Mauer, auf die der Junge klettert, entspricht sowohl in Richtung wie in Beschaffenheit dem Zweck des Kontrasts mit den hauptsächlichen Kurven; darin nahezu die gleiche Rolle einnehmend wie die kleine Landzunge in der Ansicht von Koblenz. Das führt uns nun zu einem weiteren Gesetz, das wir separat behandeln wollen.

VI. DAS GESETZ DES KONTRASTS

Selbstverständlich manifestiert sich die Natur aller Dinge am deutlichsten durch Kontrastierung. Das Ruhen lässt sich nur nach anstrengender Arbeit genießen; ein Klang muss, um klar gehört zu werden, aus der Stille kommen; Licht wird manifest durch Dunkelheit, Dunkelheit durch Licht; und so in allen Dingen. So hat in der Kunst jede Farbe eine entgegengesetzte Farbe, welche, neben die erste gesetzt, diese stärker hervorheben wird als jede andere. Und so können auch jede Form und jede Linie noch augenfälliger gemacht werden, indem man eine entgegengesetzte Form oder Linie in ihre Nähe bringt; eine Kurvenlinie wird durch eine Gerade hervorgehoben, eine massige Form durch eine leichte, und so weiter. In jedem guten Kunstwerk wird der Wert, den eine gegebene Farbe oder Form für sich allein besitzt, durch Kontrastierung nahezu verdoppelt.

Aber auch hier lässt ein zu offensichtlicher Gebrauch des Kunstmittels das Bild nur ordinär werden. Große Maler vermeiden gewöhnlich heftige oder zu sichtbare Kontraste und fügen sie eher heimlich ein, in vermittelnder Verbindung mit zarten Veränderungen, sodass der Kontrast eher als Überraschung auf den Betrachter einwirkt und nicht als Schock.*

*Turner hat, soweit ich mich erinnere, kaum jemals ein starkes Licht mit komplettem Dunkel ohne einen vermittelnden Farbton kontrastieren lassen. Seine Sonnen gehen niemals hinter dunklen Bergen unter ohne einen Wolkenfilm über den Bergkämmen.

So entsprechend auch beim Felsen von Ehrenbreitstein, Abbildung 33, wo der hauptsächliche Linienfluss in konvexer Schwellung nach unten gerichtet ist und dann plötzlich am tiefst gelegenen Turm unterbrochen wird durch eine Folge entgegengesetzter Felsschichten, die fast völlig quer dazu verlaufen. Diese entgegenwirkende Kraft hebt kontrastierend die große Kurvatur hervor, wird aber zugleich mit ihr abgestimmt durch eine Reihe von ausstrahlenden Linien darunter, die zunächst mit dem querlaufenden Streifen sympathisieren, dann aber zunehmend steiler werden, bis sie sich ganz der großen Kurve in ihrem Fallen anschließen. Ein guter Künstler malt keinen Übergang, auch wenn dieser bewusst monoton gehalten ist, ohne nicht eine gewisse leichte Gegenbewegung dieser Art einzufügen; tatsächlich halten die Meister der Komposition dies für dermaßen wichtig, dass sie sogar Dinge bewusst schlecht oder unbefriedigend gestalten, um ihre Glanzstücke an anderen Stellen besonders hervorzuheben. In der Verskunst eines ausgewiesenen Dichters sind die sogenannten schlechten oder minderwertigen Verse nicht minderwertig, weil er sie nicht besser hätte schreiben können, sondern weil er spürt, dass, wenn sie alle gleichgewichtig wären, sich nirgendwo mehr eine wirkliche Gewichtigkeit zeigen würde; wenn sie alle gleich melodisch wären, die Melodie selbst ermüdend wirken würde. In der Malerei zerstören mindere Künstler immer wieder ihre Werke, indem sie zu viel dessen hineinbringen, was sie für gut befinden, während der große Maler gerade genug Gutes gibt, um Gefallen daran zu bewirken und dann übergeht zu einer Art entgegengesetzten oder niedrigeren Gefallens: er malt eine Passage reicher, komplexer und exquisit aufbereiteter Farbe, geht dann schnell über zu leichter, blasser und einfacher Farbe; malt dann für eine oder zwei Minuten mit intensiver Entschiedenheit, und wird plötzlich, denkt der Betrachter, nachlässig; aber er ist nicht nachlässig: du hättest an diesem Punkt nur nicht noch mehr Entschiedenheit von seiner Seite *ertragen*; du hast gerade so viel bekommen, wie es gut für dich ist: über eine große Fläche seiner Leinwand malt er Formen von schönst gerundeter und dahinschmelzender Zartheit, und plötzlich, wie aus einer verrückten Laune heraus, denkst du, malt er etwas so Bizarres und Kantiges wie einen blattlosen Schlehdorn. Das vielleicht exquisiteste Beispiel subtilen Kontrastes in der Welt der Malerei ist die Pfeilspitze, die scharf an der weißen Körperseite von Correggios Antiope anliegt. Es ist schon einzigartig, wie wenig Kontrast manchmal ausreicht, um eine komplette Gruppe von Formen interessant zu machen, die sonst wertlos gewesen wäre. [...]

VII. DAS GESETZ DES WECHSELS

Eng verbunden mit dem Gesetz des Kontrasts ist ein Gesetz, das die Einheit entgegengesetzter Dinge herbeiführt, indem es jedem einen Teil des Charakters des anderen verleiht. Wenn du beispielsweise ein Schild ins Längsrichtung von oben nach unten in zwei Farbfelder aufteilst, sagen wir blau und weiß, und dann einen Balken oder eine Tierfigur zur Hälfte auf das eine Feld, zur Hälfte auf das andere setzt, wirst du es angenehm fürs Auge empfinden, wenn du den Teil des Tieres blau malst, der auf das weiße Feld kommt, und weiß den Teil, der auf das blaue Feld kommt. In der

Heraldik ist dies ein übliches Verfahren, teils zur besseren Erkennbarkeit, doch mehr noch wegen der reizvollen Wirkung wechselnder Farben, wie es im goldenen Zeitalter der Zeichnung ein durchgehend übliches Verfahren bei jeder Art von Ornamentik ist.

Manchmal ist dieser Wechsel eine bloße Umkehr von Kontrasten; wie in dem Fall, wenn Rot eine Zeitlang auf einer Seite war, und Blau auf der anderen, das Rot dann zur blauen Seite wechseln wird und das Blau zur roten. Diese Art von Wechsel geschieht auf einfache Weise in viergeteilten Schilden; in Beispielen subtilerer Ausarbeitung wird nur ein wenig von jeder Farbe in die andere eingefügt, sie werden sozusagen miteinander verquickt. Eine der seltsamsten Erscheinungen, die sich dir einprägen wird, nachdem du schon einige Zeit sorgfältig in Chiaroscuro nach der Natur gezeichnet hast, ist das scheinbar Geplante ihrer Kunstgriffe, mit denen sie diese Art wechselnder Kontraste erzeugt: die Vollendung, mit der die Natur einen Baumstamm verdunkelt, solange er sich gegen einen hellen Himmel abhebt, dann aber Sonnenlicht auf genau die Stelle des Stammes fallen lässt, wo er vor einen dunklen Hügel gerät, und auf ähnliche Weise alle ihre Massen von Schatten und Farbe behandelt, ist so groß, dass, wenn du ihr nur getreu folgst, jeder aufmerksame Betrachter deiner Zeichnung denken wird, du hättest auf höchst künstliche und unnatürliche Weise die reizvollsten Schattenwechsel erfunden, die sich jemals ein menschlicher Geist hat ausdenken können. [...]

Kennzeichnender Zweck des Gesetzes des Wechsels ist es also, uns zu zeigen, wie entgegengesetzte Naturen gestützt und gestärkt werden können, wenn sie, gemäß ihrem Charakter und ihren Möglichkeiten, jeweils von der anderen ein prägendes Merkmal, einen Reflex oder eine Kraft zugeteilt bekommen.

VIII. DAS GESETZ DER KOHÄRENZ

Als nächstes muss daran erinnert werden, dass, während der Kontrast die *Charakteristika* der Dinge offenlegt, er dabei sehr oft auch ihre *Kraft* neutralisiert oder lähmt. Die Weiße einer Reihe weißer Gegenstände lässt sich noch klarer hervorheben durch Kontrastierung mit einem schwarzen Gegenstand. Aber wenn wir die Kraftfülle ihres versammelten konzentrierten Lichts bekommen wollen, kann uns der schwarze Gegenstand ernsthaft im Wege stehen. Während also der Kontrast die Dinge offenlegt, sind es Einigkeit und Zusammenklang, welche die Dinge bündeln und ihre verteilte Kraft in einer Masse konzentrieren. Und nicht bloß in der Kunst, sondern in allen Lebensangelegenheiten ist somit der Mensch beständig dazu aufgerufen, diese entgegengesetzten Methoden, einmal des Offenlegens der in seiner Verfügungsgewalt stehenden Materialien, und zum anderen ihres aktiven Einsatzes, miteinander zu versöhnen. Durch Wechsel gibt er ihnen Wohlgefallen, und durch Kohärenz gibt er ihnen Wert; durch Wechsel wird er erfrischt, und durch Kohärenz gestärkt.

Viele Kompositionen richten sich daher mehr durch die versammelte Kraft ihrer Farben oder Linien an den Betrachter, als durch deren Kontrast; viele erhabene Bilder sind nahezu ausschließlich in verschiedenen Rot-, Grau- oder Goldtönen gemalt, und faszinieren augenblicklich durch die Fülle ihres leuchtenden Glanzes oder ihrer zarten Kühle, wobei diese Eigenschaften bloß durch leichten und subtilen Einsatz von Kontrast hervorgehoben werden. Ähnliches geschieht bei der Form; einige Kompositionen bringen massive und raue Formen zusammen, andere wieder leichte und anmutige, mit jeweils nur wenigen Unterbrechungen durch dagegengesetzte Linien. Und im Allgemeinen sind derartige Kompositionen von höherer Erhabenheit als jene, deren Elemente mehr durcheinander gehen. Denn sie erzählen uns eine ganz besondere Geschichte und rufen einen ganz bestimmten Gefühlszustand in uns auf, während die meisten Kompositionen bloß dem Auge gefallen.

Diese Einheitlichkeit oder Charakterfülle ist allgemein zumeist den Werken der größten Künstler eigen; jedes einzelne ihrer Bilder hat für sich ein gesondertes Ziel. So finden wir in jedem einzelnen von ihnen kein Grau gegen dunkle Farben gesetzt, oder scharfe Formen gegen weiche, oder grelle Partien gegen gedämpfte, sondern haben vielmehr dieses eine leuchtende Bild mit seiner zarten Traurigkeit vor uns; dieses eine dunkle Bild mit seinem einzigen Troststrahl; dieses eine strenge Bild mit nur einer Gruppe von sanften Linien; dieses eine weiche und ruhige Bild mit nur einem Felsenwinkel an der Seite; und so weiter. Daher rührt die Vielfalt wie auch die Eindrücklichkeit ihres Werks. Vor allem aber kommt dieses Gesetz in den separaten Massen oder Gruppen eines Bildes zur Wirkung: der Gesamtcharakter der Komposition kann unsertwegen gebrochen oder in sich verschiedenartig sein, aber es muss unabdingbar eine Tendenz zu einer kohärenten Zusammenfügung ihrer Gruppen vorhanden sein. Wie eine Armee an verschiedenen Punkten gleichzeitig agieren, doch wirklich effizient nur dann sein kann, wenn sie an bestimmten Orten geordnete Massenformationen aufstellt, und nicht nur vereinzelte Schützen; so kann auch ein Bild verschiedene Tendenzen aufweisen, aber irgendwo muss es einheitlich und kohärent in seinen Massen sein. Gute Bildkomponisten vereinigen ihre Farben immer zu großen Gruppen, deren Formen sie mit einschließenden Linien zusammenbinden und mittels verschiedener Tricks festhalten, was man »weite Fülle« nennen könnte, oder mit anderen Worten, ein ausgedehntes Versammeln von verschiedenen Dingen gleicher Art an einem Ort; so wird Licht zu Licht gesellt, Dunkel zu Dunkel, und Farbe zu Farbe. Wenn das allerdings unter Einsatz falscher Lichter oder falscher Farben geschieht, wird es absurd und monströs; das Können eines Malers besteht hier vielmehr darin, diese weite Fülle durch umsichtige Disposition seiner Gegenstände zu erreichen, nicht durch erzwungenes oder leichtfertiges Vorgehen. Es ist einfach, ein Ding ganz weiß zu malen, und ein anderes ganz schwarz oder braun; aber es ist kein leichtes

Geschäft, alle Umstände zusammenzubringen, die unter natürlichen Verhältnissen an einem Ort das Weiß, oder an einem anderen Ort das Braun entstehen lassen. Allgemein lässt sich sagen, dass sich die weite Fülle in ausreichendem Maß durch getreues Nachbilden erlangen lässt. Die Natur ist immer weit; und wenn du ihre Farben in ihren tatsächlichen Relationen malst, wirst du sie in majestätischen Massen malen. Falls du dann dein Bild gebrochen und zerstreut findest, so ist es höchstwahrscheinlich nicht nur schlecht komponiert, sondern auch der Natur ungetreu.

Das der weiten Fülle entgegengesetzte Merkmal, nämlich die Unterteilung und Zerstreuung von Licht und Farbe, ist indes von einem gewissen kontrastierenden Reiz, und wird gelegentlich auch von guten Bildkomponisten mit vorzüglicher Wirkung eingesetzt. Doch die wirkliche Quelle des Wohlgefallens dabei ist niemals die bloße Zerstreuung, sondern vielmehr die Ordnung, die sich durch diese Zerstreuung hindurch zu erkennen gibt; nicht die bloße Vielheit, sondern die Konstellation der Vielheit. Die gebrochenen Lichter im Werk eines guten Malers wandern wie Schafherden über die Hügel, dabei nicht ohne Schafhirten, und reden von Leben und Frieden; die gebrochenen Lichter im Werk eines schlechten Malers hingegen fallen wie Hagelkörner auf einen herab, richten bloß Schaden an und hinterlassen nur den Wunsch, dass sie schnell wegschmelzen mögen.

IX. DAS GESETZ DER HARMONIE

Bei diesem letzten Gesetz geht es genau genommen nicht so sehr um Komposition, als vielmehr um Wahrheit, aber da die Komposition nach ihm ausgerichtet werden muss, passt es genau hierher.

Wie wir gesehen haben ist eine gute Zeichnung ein *Abriss* natürlicher Tatsachen und da man nicht alles was man will wiedergeben kann, muss man notgedrungen hinter der Kraftfülle der Natur zurückbleiben. Nehmen wir einmal an, dass deine Mittel und deine Zeit es nicht zulassen, eine Szene in seiner vollen Farbentiefe wiederzugeben, und dass du gezwungen bist, sie in blasseren Tönen zu malen. Wenn du nun alle Farben im richtigen Verhältnis zueinander blasser malst, als hättest du von allen das gleiche Maß an Farbe weggewaschen, so wirst du immer noch eine harmonische, wenn auch nicht in gleichem Maße eindringliche Darstellung natürlicher Tatsachen bekommen. Wenn du aber die Farben ungleichmäßig abträgst und einige Farbtöne in nahezu der gleichen Intensität belässt, die sie auch in der Natur haben, während andere sehr abgedämpft sind, dann hast du keine wahrheitsgetreue Wiedergabe mehr; und wirst auch keinem Betrachter sagen können: »Stell dir alle diese Farben in etwas stärkerer Intensität vor, und du hast die Wirklichkeit vor dir«. Dann mag er in seiner Vorstellung noch so viel hinzufügen oder wegnehmen, immer wird etwas nicht passen. Das Bild ist ohne Harmonie.

Weit häufiger allerdings wirst du das ganze Farbengefüge eher abdunkeln als aufhellen müssen.

Du wirst dich erinnern, dass ich dir bei deinen ersten Farbstudien nach der Natur dazu riet, das Papier an den Stellen weiß zu lassen, wo das Licht zu hell ist, um nachgebildet zu werden. Doch beim Vervollständigen des Bildes wird es dann doch notwendig, auch dort Farbe hineinzusetzen; die anderen Farben müssen dann in einem bestimmten Verhältnis zu diesen Lichtstellen entsprechend abgedunkelt werden. Wenn du auf diese Weise alle Farben im richtigen Verhältnis zueinander abdunkelst, wird die ganze Szene zwar dunkler als in der Wirklichkeit erscheinen, doch ist es so, als würdest du die Wirklichkeit nur bei geringerem Licht betrachten. Wenn du dabei aber einige Farben unabgedunkelt lässt, ist das Bild wiederum ohne Harmonie und wird nicht den Eindruck von Wahrheit vermitteln.

Tatsächlich ist es nicht möglich, *alle* Farben so weit abzudunkeln, dass die Lichter in ihrer natürlichen Stärke hervortreten; bei entsprechendem Versuch würdest du den größten Teil deiner Farben bloß in eine weite Masse von Schwärze versenken. Doch ist es durchaus möglich, sie auf harmonische Weise in ihrer Intensität zu verringern, wenn auch in gewissen Bildpartien mehr als in anderen, und so die gewünschte Lichtstärke sichtbar hervortreten zu lassen. In gut harmonisierten Bildern wird dies erreicht durch graduelles Verstärken der Intensität der allgemeinen Farbtiefe zu den helleren Bildpartien hin, ohne sie wesentlich in den dunkelsten Partien abzusenken, da derartige Bilder überhaupt das Ziel verfolgen, große Massen von mittleren Farbtönen zu umfassen. Das Wichtigste bei diesem Vorgehen ist, die einzelnen Farbtöne zu intensivieren, ohne sie zu verunreinigen oder zu verdunkeln. Es ist leicht, die Tonalität des Bildes durch eine graue oder braune Lasur abzusenken, und leicht auch, die Wirkung der Landschaft zu sehen, wenn ihre Farben durch Einsatz des schwarzen konvexen Spiegels[16] durchweg mit Schwarz verdorben sind, eine der ekelhaftesten Erfindungen, die je in Künstlerhände gelegt wurde, um die Natur zu verfälschen und die Kunst zu degradieren.* Denn das Ziel hier ist nicht, blasses Gelb durch Abmischen mit Grau abzudunkeln, sondern dem reinen Gelb mehr Intensität zu geben; und nicht, das Karmesin durch Abmischen mit Schwarz abzudunkeln, sondern es intensiver und reicher werden zu lassen. In der Natur wäre die erwünschte Wirkung nur zu sehen, wenn du unzählige Glasstücke jeweils von der Farbe jedes einzelnen Gegenstandes in deiner Landschaft hättest, einschließlich aller Abstufungen, aus denen jene Farben sich zusammensetzen, und du dann die wirkliche Landschaft durch diese reiche Pracht der vielfarbigen Gläser hindurch betrachten könntest. Mit Glas lässt sich das nicht machen, aber du kannst es für dich selbst während des Malvorgangs tun; anders gesagt, du kannst intensives Blau anstelle

*Ich bin überzeugt, dass die seltsame graue Düsternis, verbunden mit beträchtlicher Wirkkraft, die in der modernen französischen Kunst vorherrscht, von dem Gebrauch dieses verderblichen Instruments herrührt: bei der französischen Landschaftsmalerei habe ich immer den Eindruck von einer Natur, wie sie ohne Skrupel im dunklen Spiegel gesehen und auf derbe Weise, wenn auch wissenschaftlich, durch den Schleier seiner Perversität hindurch abgemalt wird.

blassen Blaus setzen, intensives Gold anstelle blassen Golds, und so weiter, in der erforderten Proportionalität. Und dann kannst du so nachdrücklich malen wie du willst, und dein Werk wird immer noch mehr nach Tizian geraten, und nicht nach Caravaggio oder Spagnoletto, oder nach irgendeinem anderen solcher düsteren Sklaven der Malerei.

Wenn jene Farbskalen, die ich dir zur Verdeutlichung des Verhältnisses der Farben zu Grau anzulegen riet, recht genau und zahlreich ausgeführt sind, so brauchst du, um eine intensivere Farbtiefe in einer gegebenen Farbmasse zu bekommen, nicht mehr zu tun als jeden ihrer Tonwerte mit dem zu ersetzen, der um so viele Grade tiefer auf der Skala liegt, wie du es wünscht; das heißt, wenn du das Ganze um zwei Grade intensivieren willst, ersetzt du das Gelb № 5 mit dem Gelb № 7, und das Rot № 9 mit dem Rot № 11, und so fort. Nur sind in der Natur die Tonwertabstufungen gleichwelchen Gegenstandes bei weitem viel zu zahlreich und ihre Gradierung viel zu subtil, als dass sie mit einem derart mechanischen Verfahren erfasst werden könnten. Aber das Prinzip hinter der ganzen Sache wird dir schnell einleuchten, wenn du eine Gruppe Farben aus deiner Skala herausnimmst, sie recht schön anordnest und sie dann alle mit Grau überziehst: das entspricht der Behandlung der Natur mit dem dunklen Spiegel. Darauf ordnest du die gleiche Gruppe Farben an, aber jetzt in den fünf oder sechs Grade tieferen Tonwerten auf der Skala, was dann Tizians Behandlung der Natur entspricht.

Der einzig richtige Weg ist es jedenfalls, nach der Natur zu arbeiten.

Das beste Ausgangssujet für eine Studie dieser Art ist ein ordentlich dicker Baumstamm vor blauem Himmel, mit einigen Wolken darin. Male die Wolken in getreuem und sanft abgestuftem Weiß; dann den Himmel in entschieden vollem Blau, das die Wolken klar hervortreten lässt; dann malst du den Stamm und die Blätter in üppigem Dunkel, sich gegen alles andere abhebend, aber in einem so leuchtend dunklen Grün und Braun wie nur irgend möglich. Darauf gehst du dann zu komplizierteren Studien über, indem du zunächst die Farben sorgsam gemäß deiner gewohnten Methode aufeinander abstimmst, und dann jede Farbe mit ihrem eigenen Ton intensivierst, dabei vor allem auf einen gleichmäßigen Farbwechsel achtend, wenn die Farben miteinander verbunden werden, wie bei der Licht- und Schattenseite desselben Gegenstandes. Mit der Präzision, die du bei dunklen und hellen Seiten auf das Verhältnis der Farben zueinander und die Wirkung sich ändernder Reflexe aufwendest, ist weit mehr an Harmonie gewonnen, als durch bloße Akkuratesse bei der Intensivierung einzelner unabhängiger Farben.

Diese Harmonie der Tonalität, wie sie gewöhnlich genannt wird, ist die wichtigste, die der Künstler zu beachten hat. Dabei gibt es entsprechend seiner Herstellungsweise viele Arten von Harmonie in einem Bild. Es gibt sogar eine Harmonie der Pinselführung. Wenn du einen Teil des Bildes sehr schnell und nachdrücklich malst, und einen anderen Teil langsam und zart, mag jeder Bildteil für sich richtig sein, aber gemeinsam betrachtet stimmen sie nicht zusammen, als Ganzes wird es wirkungs- und wertlos erscheinen, ohne Harmonie. Ähnliches geschieht, wenn du einen Teil bei gelbem Licht an einem warmen Tag malst, und einen anderen Teil bei grauem Licht an einem kalten Tag; obwohl es dann in beiden Bildteilen Sonnenlicht geben mag, und beide eine stimmige Tonalität aufweisen, und ihre jeweiligen Schatten getreu wiedergegeben sind, wird doch keiner der beiden von wirklichem Licht durchdrungen sein; sie werden sich gegenseitig in ihrer Kraft zerstören, weil sie ohne Harmonie sind. Dies sind nur allgemeine und einfach bestimmbare Beispiele von Dissonanz; aber in jedem guten Werk gibt es ein solches Ausmaß an subtiler Harmonie, dass sie sich jeder genauen Bestimmung entzieht; denn wer ein solches Werk hervorbringt, führt alles, was er zeichnet, zu dem ausgewogenen und harmonischen Punkt, wo Ausführung, Farbe, Intensität des Farbtons wie Intensität des moralischen Sinns, und Art der Pinselführung alle zugleich zusammenstimmen; dabei niemals zu sehr losgelöste Teile betonend, oder einen Gegenstand auf Kosten eines anderen verherrlichend, oder an einer Stelle Gefühlswärme zeigend und an anderer Gefühlskälte. [...]

Damit habe ich dir nun alle Gesetze der Komposition vorgestellt, die sich nach meiner Meinung illustrieren oder bestimmen lassen. Es gibt unzählige andere, die ich aber nach meinem gegenwärtigen Wissensstand nicht definieren kann, und andere, die ich niemals zu definieren wünsche, wobei gerade diese zugleich die wichtigsten sind, weil verbunden mit den tiefsten Bewegkräften der Kunst. Ich hoffe, sind meine Gedanken dazu erst einmal weiter fortgeschritten, einige der Gesetze erklären zu können, welche sich auf Erhabenheit sowie auch auf Niedrigkeit beziehen; insbesondere jene Niedrigkeit, die wir gemeinhin »Vulgarität« nennen, und welche ihrem Wesen nach einen der sonderbarsten Untersuchungsgegenstände auf dem Gebiet menschlichen Fühlens bildet. Andere wünsche ich niemals zu erklären, es sind dies Gesetze des Ausdrucks, die in einfacher Weise mit einfachen Fragen zu tun haben, aber eben deshalb größeren Einfluss haben als alle anderen. Diese Gesetze sind von Beginn an genauso unerklärbar wie unsere körperlichen Empfindungen; wie es, denke ich, entsprechend ebenso unmöglich ist, zu zeigen, warum eine gewisse Abfolge musikalischer Noten* erhaben und pathetisch wirkt, etwa jene, die vielleicht Casella für Dante gesungen hat, und warum eine andere Abfolge dagegen minderwertig und lächerlich wirkt, und höchstens dem leidlich guten Ohr von Bottom[17] angemessen; wie es letztlich unerklärbar ist, warum wir Süßes lieben und Bitteres verabscheuen. Das Beste jedes großen Werkes bleibt immer unerklärbar: es ist gut, weil es gut ist; voll unschuldiger

*Bei den besten Arrangements von Farben ist das durch die Art ihrer Abfolge herbeigeführte Vergnügen völlig unerklärbar und jedem Räsonieren unzugänglich; es gefällt uns einfach, so wie uns ein Lied gefällt, ohne eine abwehrende Person dazu überzeugen zu können; und doch gibt es darin etwas deutlich Richtiges oder etwas Falsches, kommt ein guter oder ein schlechter Geschmack darin zum Ausdruck, ganz wie in der Musik.

Anmut, sich öffnend wie das Grün der Erde, oder herabfallend wie der Tau des Himmels.

Aber auch wenn du diese höheren Qualitäten großer Werke nicht erklären kannst, so kannst du doch immer dein Gespür dafür verfeinern, und zwar durch die Disziplin, mit der du den Charakter deines Bildes gestaltest und insbesondere die dargestellten Umstände auswählst; eine Art der Komposition, die auf gewisse Weise leichter ist als die künstlerische Anordnung von Linien und Farben, aber in jeder Hinsicht erhabener, weil sie sich an tiefere Gefühle richtet. [...]

In den *Lancaster Sands*,[18] einem der Stiche, die ich dir bereits wärmstens zum Erwerb empfohlen habe, benötigt der Lichtfluss, der von der untergehenden Sonne auf die herannahende Flut fällt, zur Hervorhebung seiner Helligkeit eigentlich die Wirkkraft eines nahen Gegenstandes. Aber das Vorkommnis, das Turner hier gewählt hat, ist das Herabstürzen einer zornigen Möwe auf einen Hund zu, der sie ankläfft und sich zurückzieht, während die kleinen Wellen schon seine Pfoten überspülen und der Vogel ihn anschreit. Die unerwartete Dreistigkeit der Möwe ist Sinnbild für den Zorn des Ozeans, ihres Elements, und warnt uns vor der herannahenden Flut. [...]

Eine erhabene Komposition lässt sich nur instinktiv verwirklichen; du kannst die Disposition eines derartigen Sujets nicht einfach beschließen. Du kannst es jederzeit sehen und erfassen, aber niemals durch Arbeit erfinden. Deine Fähigkeit, zu erkennen, welches unter den natürlichen Sujets besondere Expressivität besitzt, hängt dabei völlig von deiner Gemütsruhe ab; und vor allem von deinem möglichst häufigen Alleinsein, das dein Gemüt scharf und feinsinnig in seiner eigenen Ruhe werden lässt. Das laute Leben der heutigen Zeit ist völlig unvereinbar mit echter Wahrnehmung natürlicher Schönheit. Wenn du mit der Eisenbahn nach Cumberland fährst, dich in ein vielbesuchtes Hotel einquartierst und in fröhlicher Gesellschaft die Hügel erkundest, dann werden dir Ausflüge und Gespräche zwar viel Vergnügen bereiten, doch du wirst dabei kein einziges Bildmotiv richtig auswählen, kein einziges in seinen tieferen Dimensionen erfassen. Besser du nimmst für eine Woche Rucksack und Stock und wanderst in kurzen Etappen zu den Hügeln – fünfzehn oder zwanzig Kilometer am Tag – sodass du am Ende um die hundert Kilometer zurückgelegt haben wirst; du schläfst in den kleinen lauschigen Wirtshäusern am Wegesrand, oder in den rustikalen der Dörfer; dann geht es in die schon verlockenden Hügel, durch Schluchten hindurch oder an Bachufern entlang, wo immer dich auch Herz und Augenlust hinführen; alles Berühmte und Modische vor Ort verächtlich beiseite lassend, alles, was der gewöhnliche Reisende sich verpflichtet, anzuschauen oder voller Stolz zu tun. Zwinge dich niemals dazu, irgendetwas zu bewundern, wenn dir gar nicht danach ist; aber zwinge dich auch nicht weg von etwas Schönem auf der Suche nach etwas noch Schönerem; und so werden nach und nach die tieferen Gründe der natürlichen Welt sich dir enthüllen, in der immer weiter wachsenden Fülle deiner Begeisterungskraft; und du wirst nicht mehr das Problem haben, Sujets zu finden oder zu komponieren, sondern allein das, unter einer Vielheit von melodischen Gedanken einen auszuwählen, Gedanken, die dich begeistern und verfolgen, und von einmaliger Erhabenheit sein werden entsprechend deiner eigenen Wesenstiefe und allgemeinen Geistesstärke; denn es ist nicht so sehr die hinwendungsvolle Aufmerksamkeit, mit der du an jede einzelne Zeichnung gehst, sondern vielmehr die vorhergehende Disziplin deiner Gedankenkräfte, die den Charakter deiner Komposition bestimmen wird. Einfachheit im Leben wird dich empfänglich machen für die Feinheit und Einfachheit von Landschaftsszenerien, so wie ungeordnete Erregung und Pomp im täglichen Leben dich zu derben Farben und affektierten Formen hinreißen werden. Geduldiges Vergleichen und akkurates Urteilen werden deine Kunst kostbar wie auch dein Handeln umsichtig machen; und jedes Mehr an edlem Enthusiasmus deines lebendigen Geistes wird sich daran messen lassen, wie sich sein Leuchten in den Werken deiner Hände widerspiegelt.

Dein dir ergebener

John Ruskin

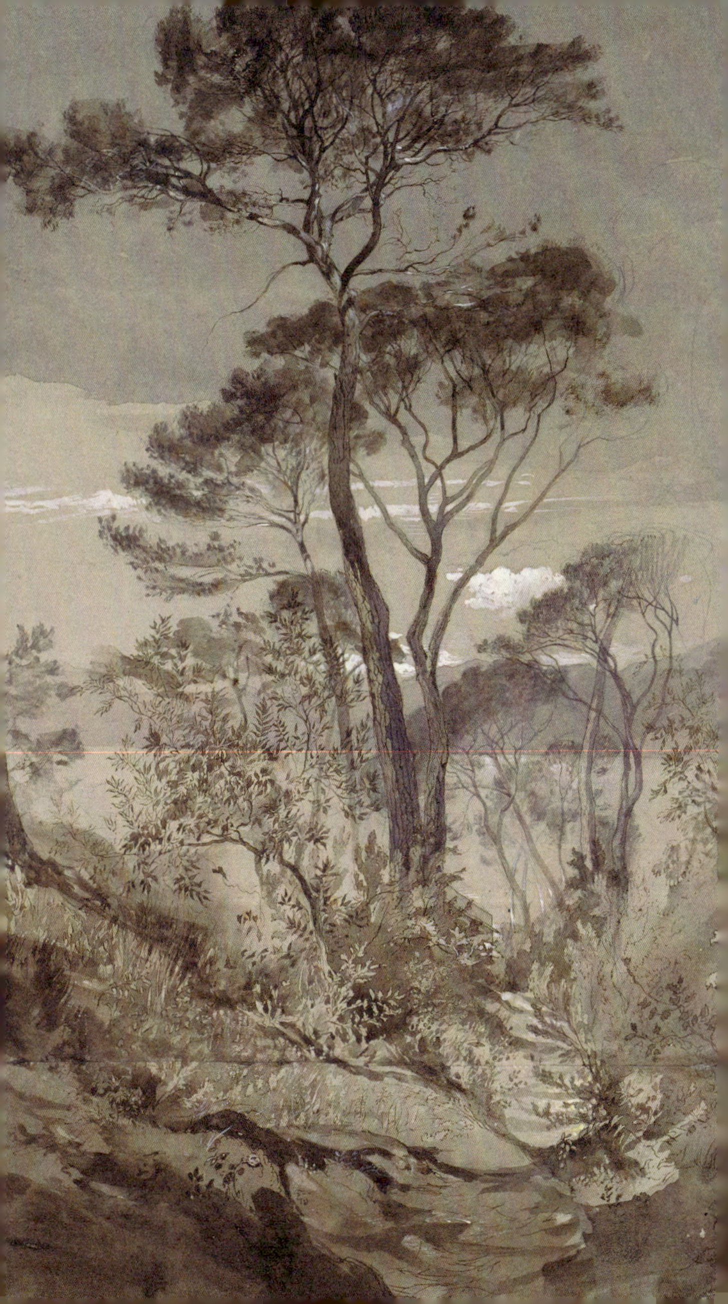

WOLFGANG KEMP

Bäume des Lebens und Bäume der Erkenntnis: Die Pinie am Strand von Sestri

Für John Ruskin war Zeichnen und Aquarellieren lebensnotwendig. Krisen versuchte er mit einer »drawing cure« zu überwinden. Fortschritte in seinem Denken und künstlerischen Schaffen wurden oft durch die zeichnerische Auseinandersetzung mit ganz bestimmten Gegenständen ausgelöst. Merkwürdigerweise sind es immer wieder Bäume, die solche Epiphanien auslösen: Ruskin-Kenner nicken, wenn jemand auf den Efeu von Norwood anspielt oder auf die Espe im Wald von Fontainebleau oder die Steinpinie von Sestri. Man fühlt sich an Proust erinnert und den Weißdorn, aber da entsteht sofort die Frage, ob Prousts Begeisterung für diesen Strauch, den »hawthorn«, nicht von Ruskin übernommen wurde, den Proust bewundert und übersetzt hat. Die Episode im Wald von Fontainebleau ist die lehrreichste, weil sie *in nuce* enthält, was den Wert des Zeichnens für Ruskin

[Abb. 1] John Ruskin, Pinie bei Sestri, Golf von Genua, 30. April 1845, Federzeichnung laviert. Ashmolean Museum, University of Oxford

ausmacht: die Symbiose im wörtlichen Sinne von lebensspendender und lebenserhellender Kraft. Der Text sei im Original gegeben, weil man an diesem kurzen Stück vielleicht erahnen kann, warum man in England sagt, Ruskin habe für die englische Prosa getan, was Shakespeare für den Vers getan hatte. Man beachte nur, wie im ersten Satz sieben Satzzeichen (, , ; , : — .) helfen, die sieben Teile zu definieren und den Rhythmus entweder zu unterbrechen oder voranzutreiben. Auf gewisse Weise zeichnen auch die Satzzeichen nach, was im Text das große Thema ist: eine Wiederbelebung durch Zeichnen.

> *Languidly, but not idly, I began to draw it; and as I drew, the languor passed away: the beautiful lines insisted on being traced — without weariness. More and more beautiful they became, as each rose out of the rest, and took its place in the air. With wonder increasing every instant, I saw that they »composed« themselves, by finer laws than any known of men. At last, the tree was there, and everything that I had thought before about trees, nowhere!*[19]

Die Zeichnung, die damals im Wald von Fontainebleau entstand, ist nicht erhalten, anders als tausende andere Blätter Ruskins. Dass er nicht zu den Lehrern gehörte, die lehren, was sie selbst nicht können, mag dagegen die Zeichnung einer Steinpinie belegen, die er auf einer seiner jährlichen Italienreisen 1845 in Sestri (Ligurien) angefertigt hatte und der er einen weiteren Durchbruch auf einem Weg zuschrieb, der ihn zu einem der bedeutendsten Zeichner des 19. Jahrhunderts machte.[20]

Einige Jahre später schrieb er an den Vater: »Ich ging nach Italien mit einer neuen Wahrnehmung dessen, was die Worte Zeichnung und Chiaroscuro bedeuten. Mein erster Versuch mit dieser neuen Wahrnehmung zu zeichnen, waren die Steinpinien von Sestri, die nun in Deinem Schlafzimmer hängen«.[21] Und er fügte hinzu, dass er damals am Strand in der Nähe von Genua »die Bedeutung der Worte ›Licht und Schatten‹ verstanden habe«.

Es ist im Grunde eine alte Geschichte: Ruskin hatte seit Kindertagen gezeichnet, er folgte bekannten Vorbildern und erzielte schöne Ergebnisse, »showy work«, wie er das nannte, also Vorzeigearbeiten, aber was dann geschah, waren wiederholte Krisen und inspirierende Begegnungen, die ihn von den Vorbildern befreiten und die Wahrnehmung reinigten. Ein exklusiver Bildungsgang also – was kann man davon in ein Curriculum, in eine Zeichenlehre übertragen?

Ein nationales Zeichensystem

Nun könnte man weitergehend behaupten, dass Zeichnen nicht nur für Ruskin lebensnotwendig war, sondern auch für Großbritannien als Ganzes. Dem staatlich geförderten Zeichenunterricht gehörte ab 1851 vorrangig die Aufmerksamkeit der Bildungspolitik. Das mag etwas übertrieben klingen, aber man muss sich klarmachen, dass in Großbritannien der Staat an Schulen nur die Kunstakademie und zwei Militärakademien unterhielt. Jetzt aber entstand mit einem Schlag ein nationales Kunstschulsystem mit Filialen in 21 Städten.[22] Der

Schlag war die Erste Große Weltausstellung, die 1851 in London stattfand. »Die Werkstatt der Welt«, also England, hatte als Organisator und als wichtigster Hersteller von Investitionsgütern, sprich Maschinen, die Welt beeindruckt, aber ebenso nachwirkend war die Erkenntnis zurückgeblieben, dass die Welt die von den vielen schönen Maschinen Englands fabrizierten Waren nicht so stark nachfragte, wie sie ausgestoßen wurden. Man deklarierte ein nationales Design-Defizit und machte den Organisator der Weltausstellung Henry Cole zum ersten *General Superintendent of the Department of Practical Art*. »Practical Art« spricht sehr deutlich die praktische Ausrichtung des Kunstunterrichts auf die Bedürfnisse der Industrie aus. Cole schuf als zentrales Formenrepositorium das später nach Königin Victoria und Prinz Albert benannte Museum in Kensington, er ließ einen nationalen Lehrplan für die Fachschulen und die allgemeinbildenden Schulen aufstellen und betrieb die Gründung der *Government Schools of Design* in den Provinzen. Der geniale Organisator und Diagnostiker brachte zur Behebung des nationalen Defizits allerdings nur die klassischen sekundären Erziehungsziele des 19. Jahrhunderts ein: Gehorsam, Genauigkeit und Geschicklichkeit der Hand. Um es kurz zu sagen: Es wurde kopiert, zuerst nach zweidimensionalen, meist geometrisch strukturierten Vorlagen, später nach dreidimensionalen Modellen. Ruskin hat im Vorwort der *Elements of Drawing* dieses System kurz kritisch abgewertet: Indem es »eine derart exakte Beherrschung mathematischer Figuren« dem Schüler abverlange, mache es die Genauigkeitsstandards industrieller Warenproduktion zum Leitbild der Pädagogik.

Vor allem der Glaube an den Lehrwert der geometrischen Formen irritierte Ruskin enorm. Man kann das unter anderem an den verächtlichen Bemerkungen über die Perspektive ablesen, die er seinen Schülern nicht beibringen will, denn »perspective is not of the slightest use«. »Kein großer Maler macht sich viel aus der Perspektive und nur sehr wenige kennen ihre Gesetze; sie zeichnen alles mit ihren Augen und kümmern sich natürlich umso weniger bei den einfachen Partien ihrer Arbeit um Regeln, die ihnen auch bei schwierigen Partien nicht weiterhelfen.«[23] Und was Präzision und Sauberkeit, die anderen großen Ziele der nationalen Zeichenpädagogik, angeht: immer wieder hält Ruskin die Schüler an, Korrekturen sichtbar nachzutragen und das Blatt als Arbeitsfläche und nicht als Schaustück oder Prüfungsleistung zu betrachten.

Neben der Einrichtung von Fachschulen strebte Cole eine Ausbreitung des Fachs »elementares Zeichnen als Teil der nationalen Erziehung« an. Dies war, betrachtet man das im europäischen Maßstab völlig unterentwickelte englische Schulsystem, die größte Herausforderung, und man nimmt mit Erstaunen zur Kenntnis, wie früh, nämlich 1854, Charles Dickens in *Hard Times* die Prinzipien eines Kunstunterrichts à la Cole skizzieren, bzw. karikieren konnte. Er kannte freilich den großen Organisator und hatte an den Rand des Manuskriptes notiert: »Cole« und »Marlborough House Doctrine«, so der Name des Hauses, in dem Coles Department untergebracht war. Im zweiten Kapitel lässt Dickens den Superintendenten Mr. Gradgrind auf die Schüler einer Modellschule los, die Lernen und Lehren auf Fakten allein stützen will: »In this life, we want nothing but Facts«. Die Klasse wird gefragt, ob sie für ihr Zimmer eine Tapete auswählen würde, die mit Pferden geschmückt sei. Später wird die Frage noch einmal wiederholt und nach einem Teppich mit Blumenmuster gefragt. In beiden Fällen belehrt Gradgrind die anders denkenden Kinder eines Besseren, nein Korrekteren: »Seht ihr je in Wirklichkeit Pferde auf der Seite eines Zimmers hin- und hergehen? Seht ihr das in der Tat? [...] Nein, ihr werdet nie etwas sehen, was ihr nicht in der Tat seht. [...] Ihr geht nicht auf Blumen in der Wirklichkeit, so könnt ihr auch nicht auf Blumen in einem Teppich gehen.«[24] Gradgrind verspricht den Kindern, dass bald eine »Kommission der Tatsachen« ins Leben gerufen werde, die in den Schulen eine Methode durchsetze, die alle Gegenstände »in Vergleichungen und Zusammenstellungen mathematischen Figuren unterwerfe«. »Das ist die neue Entdeckung. Das ist Tatsache. Das ist Geschmack.«[25]

Die Schüler wurden im Roman nur verbal in die neue Geschmackslehre eingeführt; durch praktischen Unterricht aber sollte erreicht werden, was Cole 1857 als Ziel ausgab: »Genauigkeit und gerade Linien sind ein nationales Bedürfnis, und die Öffentlichkeit bedient sich des Departments, um staatliche Hilfe zu ihrer Produktion zu erhalten.«[26]

Ruskins System

Die Weltausstellung von 1851 und der Aufbau einer nationalen Zeichenpädagogik fielen in die Zeit von Ruskins langsamem Aufstieg zum führenden Kunstkritiker und Kunsttheoretiker Englands und begleiteten, ja forcierten seinen Übergang zu einem der großen Sozialreformer des 19. Jahrhunderts. Nach der Veröffentlichung der beiden ersten Bände von *Modern Painters* und der drei Bände *The Stones of Venice* und dem Erfolg, den diese Bücher hatten, durfte es nicht als Anmaßung erscheinen, wenn Ruskin sagte: »Ich will, dass mein System in Marlborough House gelehrt wird«.[27] Welches System?

Ruskin hatte 1854 angefangen am Londoner *Working Men's College* zu unterrichten, der ersten, in diesem Jahr gegründeten Schule der Erwachsenenbildung, der Vorläuferin unserer Volkshochschulen. Wir wissen nicht sehr viel über seine ersten Erfahrungen und Vorgehensweisen als Lehrer und werden die wenigen Nachrichten darüber im Folgenden einbauen, aber es steht fest, dass Ruskin viele Elemente aus den Kursen in seine erste Zeichenlehre, die *Elements of Drawing,* übernahm, die zuerst 1857 herauskamen und danach oft nachgedruckt wurden, bis der ewig mit sich unzufriedene Autor sie zurückzog und durch neue Traktate zu ersetzen suchte. Später waren dann wieder Neuauflagen möglich, und 1902 erschien die erste deutsche Übersetzung. (2017 wurden 34 Ausgaben der *Elements* allein in englischer Sprache gezählt. Es dürften ungefähr zehn Open Access-Ausgaben im Netz stehen.) Die Kurse am College und das Buch waren eindeutig gegen Cole und das System von Marlborough House gerichtet. Man hatte von dort aus einen Beobachter entsandt, der den berufspraktischen Zweck des Unterrichts im Sinne von Cole verneinte. In dieser Beziehung hatte er Recht, und es bestand überhaupt der Verdacht, dass sich Ruskins Lehrtätigkeit nicht an der Klasse der Werktätigen, sondern an dem in England traditionell großen und aktiven Lager der Dilettanten orientierte.

Ruskin und der Dilettantismus

Der Dilettantismus war allezeit auf der Suche nach Methoden, die mit cleveren Ideen dem Amateur die Jahre mühsamen Lernens ersparten, die der Profi investieren musste. Die englische Kunstdidaktik ist reich an solchen »Methoden«. Am bekanntesten ist die Blot-Technik, die Alexander Cozens 1786 in *A New Method for Assisting the Invention in Drawing Original Compositions of Landscape* vorschlug.

Wie auch spätere Ratgeber nimmt Cozens dem Dilettanten den ersten Schritt ab. Es ist schon ein Bild auf dem Blatt, bevor er anfängt, das lockere Arrangement von Flecken phantasievoll in eine Landschaft mit Felsen und Wolken umzugestalten. Womit auch das Thema, die Bildgattung genannt ist, die für die Dilettanten, vor allem die englischen, die erste und wichtigste war: die Landschaft. Ruskin selbst hat sich, von wenigen Porträts abgesehen, ganz auf dieses Genre konzentriert, als Theoretiker wie als Zeichner und Aquarellist. Er hat freilich auch ungezählte Objektstudien angefertigt, Bauten, Pflanzen, Tiere, Mineralien gezeichnet und gemalt,

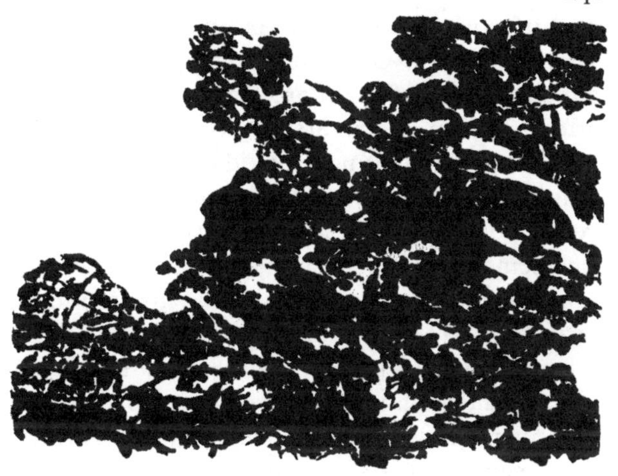

[Abb. 2] Blatt 7 aus Cozens: *A New Method for Assisting the Invention in Drawing Original Compositions of Landscape*

die man aber als Vorarbeiten für viele noch anzufertigende Landschaftsbilder auffassen könnte. Die ersten Gegenstände, welche die *Elements* zum Zeichnen bzw. genau Betrachten aufgeben, sind Bäume, Wolken und Steine. Wie die Kunst bis hin zu William Turner diese Sujets behandelte, darüber hatte Ruskin bereits ausführlich in seinem ersten Hauptwerk, den *Modern Painters* geschrieben, sodass man sich nicht wundern muss, wenn in den 1850er Jahren nicht so sehr Arbeiter als vielmehr Kunstliebhaber aus dem Bürgertum und dem Adel ihn auch als Kapazität in praktischen Fragen beanspruchten, zumal, nachdem sie gehört hatten, dass er Zeichenkurse gab, wenn auch nur an einer Institution, die sie nicht frequentiert hätten.

Dürfen wir also für die *Elements* eine gesteigerte oder endgültige »Gentrifizierung« des Unterrichts annehmen, den Ruskin am *Working Men's College* erteilte? Wenn es eine Stelle in den *Elements* gibt, die diesen Verdacht nahelegt, dann ist es der Anfang von Übung VIII im Ersten Brief: »Go out into your garden« – man beachtet das »your« und denkt sich seinen Teil, aber dann geht der Satz weiter: »or into the road, and pick up the first round or oval stone you can find [...]«. Das klingt dann schon wieder anders und für alle Schüler und Schülerinnen möglich und ist generell von Bedeutung für einen gewissermaßen ökumenischen Ansatz, der versucht, »road« und »garden« auf einen Nenner zu bringen.

Zwischen Dilettantismus und Ruskins Ansatz sind in zweierlei Hinsicht deutliche Trennstriche zu ziehen. Zunächst einmal verspricht Ruskin keine Abkürzungen, keine Tricks, keine Rezepte: »Bedenke aber immer, dass es dabei keine allgemeine Methode gibt, nach der in *jedem* Fall zu verfahren wäre. Da gibt es kein verbindliches Rezept, nicht einmal für das Zeichnen eines einfachen Grasbüschels. Denn Gras kann ausgefranst und steif, oder zart und weich sein; von der Sonne verdorrt und von Schafen zerfressen, oder üppig und spärlich; saftig oder trocken; glänzend oder stumpf: Schau es dir genau an, und versuche es so zu zeichnen wie es ist, und denke nicht an den, der dir vielleicht sagte ›Gras zeichnen *geht so*‹«.[28] Das Programm des Realismus, die Verpflichtung auf die Herausforderung des unmittelbar Gegebenen und sei es nur banales Beiwerk, kann freilich nicht unmittelbar erfüllt werden. Ruskin sagt Mühe und Arbeit voraus; das Wort »tedious« fällt, was auch langweilig und lästig heißen kann. Aber, so hält er dagegen, Musikunterricht und Schulfächer würden auch ihre Zeit kosten. Für seinen Elementarkurs, also für die ersten zehn Übungen, veranschlagt Ruskin sechs Monate lang eine Stunde pro Tag. »Ich kann nur empfehlen, zu bedenken, ob das Erlangen einer so bedeutenden Fähigkeit wie des bildlichen Ausdrucks von Gedanken nicht einige Anstrengung wert ist, oder ob es nach der gegebenen Ordnung der Dinge in dieser Arbeitswelt wahrscheinlich ist, eine so große Gabe erwerben zu können, ohne einen Preis dafür zu zahlen.«[29] Die Ausrede fehlendes Talent lässt Ruskin nicht gelten, alle könnten Zeichnen lernen.

Am Anfang ist die Kugel

In diesem Bekenntnis zum viktorianischen Arbeitsethos kommt Ruskin dann wieder erstaunlich nahe an das System der Regierungsschulen heran, die stolz darauf waren, dass ihre Schüler für fortgeschrittene Arbeiten, zum Beispiel für eine Kopie nach einem antiken Gipsrelief, ein halbes bis ein ganzes Jahr aufwenden mussten. *Niggling* hieß bzw. wurde diese Technik kritisch benannt, denn *niggling* bedeutete neben vielem anderem auch krittelig, oberflächlich, kleinlich. Höchst penibel waren diese Arbeiten mit feinsten Strichlagen und Schraffuren. *Niggling* gab es aber auch bei Ruskin. Den Kurs des *Working Men's College* fing er mit der Nach-

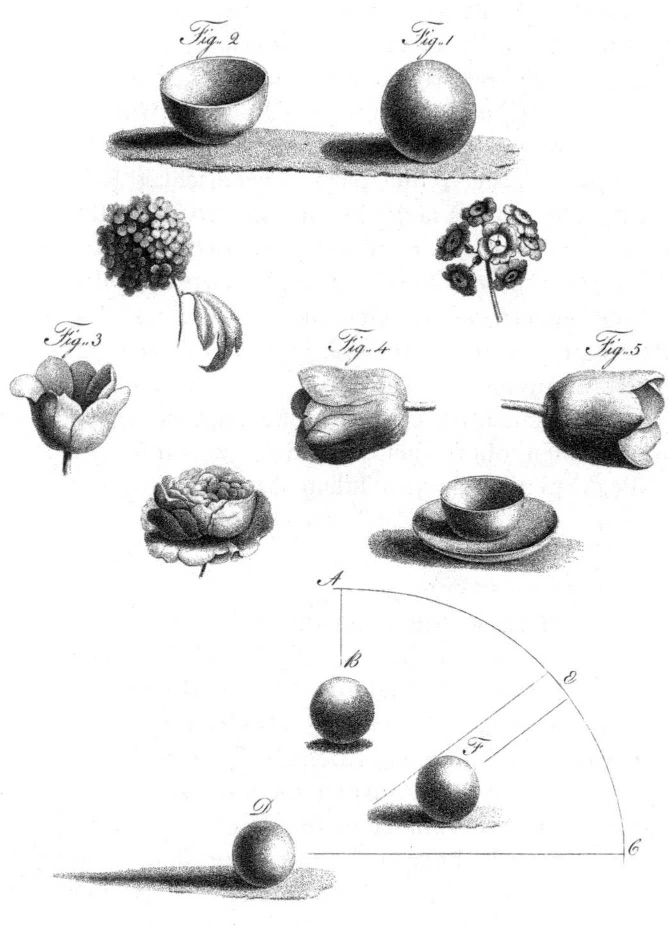

[Abb. 3] Tafel 2 in Mary Gartsides *Essay on Light and Shade*

zeichnung einer Kugel, eines Balls an. Das war ein legendärer, provokativer Beginn, der Abstand von allen anderen schüchternen ersten Schritten, ersten Strichen markieren sollte. Er war freilich nicht ganz neu, und es ist sehr charakteristisch, dass wir eine Anregung dazu in einem Traktat finden, der den Dilettanten, genauer den Dilettantinnen den Weg weist, denn er ist von einer Frau geschrieben, einer Lady gewidmet und richtet sich zur Unterweisung explizit an die Ladys. Mary Gartside heißt die Autorin des *Essay on Light and Shade, on Colours and on Composition in General*, der in London 1805 herauskam und unter den Zeichenlehren ein Rarissimum darstellt – der Titel hätte übrigens genau in dieser Reihenfolge auch über Ruskins Traktat stehen können (s. u.). Gartside kämpft erst einmal gegen die Ladys, die sofort anfangen wollen, zu »malen«, und zwingt sie, einen Grundstock zeichnerisch anzulegen. Aber sie fängt nicht mit Umrissen und Liniensystemen an, sondern widmet sich im ersten Kapitel dem Thema »Light and Shadow« und damit dem graphischen Äquivalent von Farbe.

Der erste Lehrgegenstand ist die Kugel, und es lohnt sich, die betreffenden Textstellen bei Gartside und Ruskin zu vergleichen. Die illustrierenden Graphiken trennen freilich Welten, wobei man dazu sagen muss, dass Arbeiten nach der Ruskinschen Urkugel aus der Zeit des *Working Men's College* nicht überliefert sind und die Kugel in den *Elements* nicht am Anfang steht, aber in der viel späteren Zeichenlehre *The Laws of Fésole* (1877) kehrt die Kugel zurück:[30]

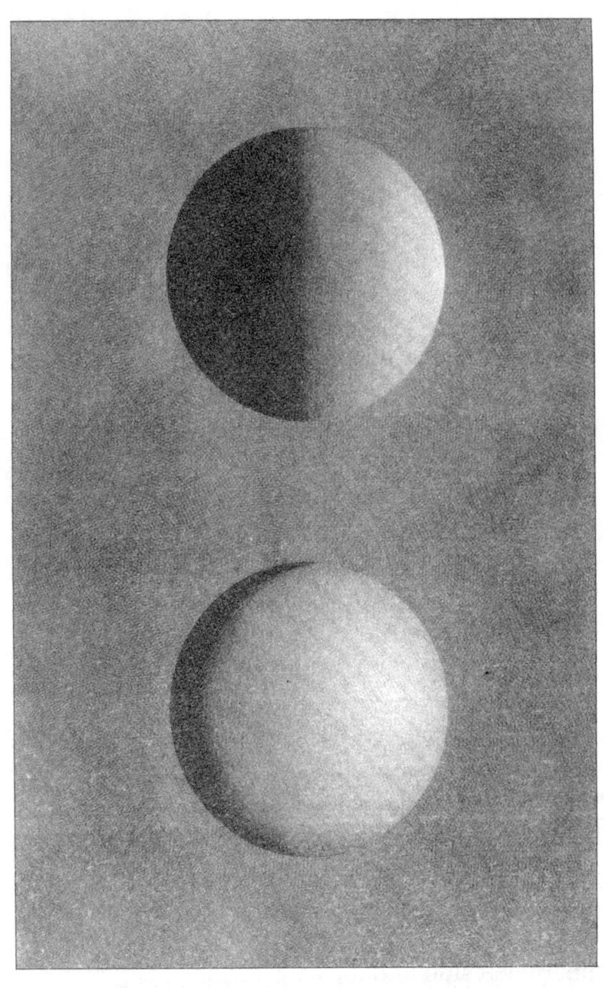

[Abb. 4] Tafel x aus *Laws of Fésole*

Jetzt wird sie allegorisch-kosmologisch überhöht – seit ca. 1870 ist der Realist Ruskin in eine mythopoetische Phase eingetreten. Die Unterschrift der Tafel mit den zwei Kugeln bezieht sich auf Genesis 1,14: »Appelavitque lucem diem, et tenebras noctem« – »Und Gott nannte das Licht Tag und die Dunkelheit Nacht«. Vorausgeht die Erschaffung der Erde und damit der perfekten runden Linie, dann kommt die Erschaffung von Licht und Schatten und damit die Erschaffung des Lebens und der lebendigen Zeichnung durch die subtile Wiedergabe von Hell und Dunkel in ihren präzisen Übergängen. Bei Gartside klingt das nüchtern und sachlich und bemüht doch auch die Kugel als Modell der Welt: »A ball is chosen, for an example, to illustrate the subject, in order to show that the idea is founded on a fixed law; and that the effect on light on the most diminutive sized ball [...] is the same as on the ball of the earth when enlightened by the sun«.[31] Man darf weiterhin annehmen, dass Ruskin den Lehrgegenstand Kugel in William Turners Nachlass studierte, dessen Verwalter er war. Dort finden sich großartige Demonstrationszeichnungen von durchsichtigen Kugeln und den Reflektionen der Umwelt.[32] Das waren freilich Vorlagen für den Unterricht des Professors für Perspektive an der Kunstakademie.

No object in nature has a line round it

Den Lesern der *Elements* mutet Ruskin die Kugel nicht zu, um sie nicht zu lange mit der äußeren Kreisform kämpfen zu lassen. Dies hätte die Umrisslinie, »the outline« als Leitmedium der Zeichenkunst und vor allem der Zeichenpädagogik in den Vordergrund gerückt. Ruskin führt sogar den Begriff leicht verächtlich ein: »Ich spreche hier von Umriss nur zum einfacheren Verständnis«, um dann aus der Wirklichkeit die eigentliche Orientierungsgröße zu holen: »genau betrachtet ist es nur der Rand des Schattens«.[33] Deswegen habe er seinen Schülern am *Working Men's College* nie erlaubt, eine Umrisslinie zu ziehen, »an outline, in the ordinary sense«.

Ruskin kommt an keiner Stelle seinem eigenen Zeichenlehrer näher als hier. James Duffield Harding (1798–1868) war nicht nur ein hochgeschätzter Landschaftsmaler und Graphiker, er dürfte auch die meisten Zeichenhandbücher herausgebracht haben. Sie richteten sich an Dilettanten, was allein schon die Konzentration auf das Fach Landschaft nahelegt. *The Park and the Forest* (1841) oder *On Drawing Trees and Nature* (o. J.) heißen z. B. diese umfangreichen und stark bebilderten Traktate. Ruskin bezieht sich in den *Elements* auf *On Drawing Trees and Nature*, und dort findet sich auch das folgende Statement zur Umrisslinie: »No object in nature has a line round it, which the Chalk or Pencil must necessary give, to exhibit the shape of any object; neither are the shades on my object in Nature made up of a multitude of lines: here then are the contradictions which the mind must be made to lose sight of in all cases«.[34]

Für ein Lehrbuch des Zeichnens ist das eine bemerkenswerte Position, und wir müssen erst einmal

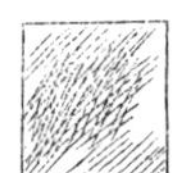
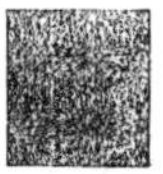

[Abb. 5] Ruskin, *Grundlagen des Zeichnens, Abb. 1*

aufschieben, welche Konsequenzen für den Lehrer der Dilettanten daraus folgen, dass die Arbeit mit Kreide und Stift (Harding schreibt rührenderweise die Wörter für seine Werkzeuge immer groß) auf einem Grundwiderspruch basiert. Ruskin jedenfalls, sein Schüler, ist darin konsequent, dass er erst die zeichnerischen Mittel für Licht und Schatten einübt und dies ohne die klassischen Techniken der Kreuzschraffur oder paralleler Linien. Jetzt wird *niggling* wichtig, nicht vorrangig als Fleißübung, sondern als graphisches Verfahren ohne Gegenstandsbezug und zeichnerische Handschrift.

Mit Feder und schwarzer Tinte werden zu Beginn des Ersten Briefes zwei Quadrate umrissen und mit Linien gefüllt: erst mit wenigen, erkennbaren Abstand haltenden Strichen in verschiedenen Lagen, und dann, nachdem man sich gewissermaßen freigezeichnet hat, werden die Strichlagen so verdichtet, dass das Papier »am Ende jedenfalls durchgehend eine gleichmäßige Tönung aufweisen sollte, ohne dass einzelne Linien sichtbar bleiben«.[35] »Tone« ist ein wichtiger Begriff, bei der nächsten Übung ist die Rede von »shading«. Das »getönte« Quadrat soll eine dichte, lebendige Faktur ergeben, die Tinte darf nicht klecksen und geschlossene Flächen bilden. Es wird so die Voraussetzung geschaffen, um zum Beispiel einer Kugel Plastizität zu verleihen: »Bei einer Kugel dagegen erscheint, was ohne Schatten ein flacher Kreis war, allein durch die Hinzufügung von Schatten, als ein greifbarer Ball: eine Tatsache, die den Schüler völlig verblüfft, gleich, ob sein Kreisumriss richtig oder falsch ist«.[36] Das Ganze ist also eine Vorübung, nicht nur um Dreidimensionales wiederzugeben, sondern auch um das Primat des »Tones«, der Abschattierung, vor allen Umrissen und Linien zu betonen. Die Welt, der sich die Schüler nach den Vorübungen nähern werden, bietet sich so dar: »Alles was wir in der Welt ringsum sehen können, zeigt sich unseren Augen nur als Anordnung verschiedener Farbflecken von verschiedener Schattierung. In manchen dieser Farbflecken zeigt sich etwas Strichhaftes oder Gewebehaftes, wie ein Stück Tuch oder Seide Fäden aufweist, oder ein Tierfell Haare«.[37] Noch sind wir nicht bei der farbigen Wiedergabe, noch müssen die »Tonlagen« in Schwarz, Grau und Weiß getroffen werden, aber es erfolgt hier schon der wichtige Hinweis, dass die »Flecken« der äußeren Welt nicht nur Farbe haben, sondern auch Strukturen besitzen können, also graphisch durchzogen sind von Linien, Adern, Falten, Rissen, also von Texturen und Fakturen. Hier deutet sich an, dass Linien gegenstandshaltig und damit mehr sein können als Mittel, Licht und Schatten auszudrücken.

Und noch etwas Interessantes ist bei der Übung in den Quadraten anzumerken: Ruskin möchte, dass die Striche mit Kraft und Sicherheit geführt werden, aber an den Grenzlinien exakt aufhören. Solche Praktiken gehören heute zu den Aufwärm-

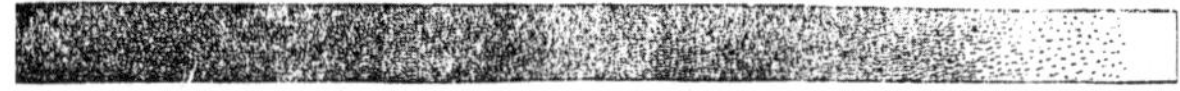

[Abb. 6] Ruskin, *Grundlagen des Zeichnens, Abb. 2*

übungen des Zeichen- und Kalligraphieunterrichts: Druck, schnelle Bewegung, abruptes Stoppen auf dem Papier sollen Muskulatur und Sensorik in Gang bringen. Auch die an Übung I anschließende Übung III mutet sehr modern an.

Wie Übung I folgt sie der Maxime: »Nahezu jede zeichnerische Darstellung einer körperhaften Form hängt ab von deiner Fähigkeit, auf diese Weise fein abstufen zu können«.[38] Auf einem langen Streifen wird, links beginnend, tiefstes Schwarz graduell in Weiß übersetzt, eine Skalenübung, wie wir sie dem Grundkurs des Bauhauses zuschreiben würden. »Gradating«, das Wort und der Wert, den Ruskin der Praxis zumisst, erinnern aber nicht nur an das sechzig Jahre spätere Bauhaus, sondern auch an einen großen Wahrnehmungspsychologen, an J. J. Gibson, der in den 1940er Jahren nachgewiesen hat, dass wir zur Wahrnehmung dreidimensionaler Realitäten nur detaillierte Oberflächen und keine Tiefenlinien benötigen. Gibson nennt diese Strukturiertheit der Oberflächen die Gradianten, also die sich feinteilig fortsetzende Abnahme der Körnung in der Tiefe.

Sehenlernen

Ein Schüler Ruskins am *Working Men's College* berichtet: »Zuerst musste ich einen weißen Lederball abzeichnen, der von einer Schnur hing; ich sollte genau das zeichnen, was ich sah. Also keinen Umriss, sondern nur Schatten dort, wo ich Schatten sah. Das Ergebnis war ziemlich bescheiden, aber ich erinnere mich, dass mein Versuch Ruskins Aufmerksamkeit fand, mit äußerster Genauigkeit auch die einzelnen Fasern der Schnur wiederzugeben. Nach dem Ball kamen Gipsabgüsse von Blättern, Früchten und verschiedenen Naturobjekten. Ein ganzer Baum wurde von Denmark Hill [aus Ruskins Garten] gebracht und wurde in einer Ecke des Klassenzimmers aufgebaut, Objekt für Licht- und Schattenstudien.«[39] Hier stoßen wir auf die zweite grundsätzliche Differenz zwischen Ruskin und den Dilettanten. Letztere wurden zur Herstellung schöner Bilder angeleitet. Ruskin nannte das wie gesagt »showy work«, später fasste man Traktate wie die von Gartside unter dem Label Wirkungsästhetik zusammen.[40] Ruskin gab vor, auf fertige Ergebnisse nichts, auf den Lernprozess und die dabei gemachten Erkenntnisse alles zu setzen. Die schönen Bilder der Dilettanten konnten weit entfernt von ihren Gegenständen auf dem Papier allein entstehen, siehe die Methode Cozens, siehe Ruskins plötzliche Einsicht nach der Zeichnung des Efeus im Wald von Norwood: »Als ich damit fertig war, sah ich, dass ich tatsächlich meine ganze Zeit seit meinem zwölften Jahr verloren hatte, denn nie hatte mich jemand darauf hingewiesen, wirklich Vorhandenes zu zeichnen.«[41] Nachdem er unzählige Vorlagen kopiert hatte, erkannte Ruskin den Wahrheitsbeweis jeder artistischen Tätigkeit, gleich ob dilettantisch oder professionell, in der Auseinandersetzung mit dem Gegenstand, der Arbeit vor dem Objekt. Erfahrungen wie die in Norwood sowie die Beschäftigung mit Turner und mit den Präraffaeliten hatten ihn gelehrt, dass das »Prinzip absoluter, kompromissloser Wahrheit« nur erreicht wird, »wenn man alles, wirklich alles bis zum letzten Detail vor der Natur und nur vor der Natur arbeitet«.[42]

Soweit die gleichen Voraussetzungen für Künstler und für Dilettanten bzw. Zeichenschüler. Die Lernziele dieser Praktiken gehen ein Stück parallel und die Ziele weit auseinander. Die Künstler erschaffen ein naturgetreues Werk, die Schüler lernen sehen: »Und selbst wenn es doch erhebliche Schwierigkeiten bereitete, glaube ich, dass das Sehen wichtiger ist als das Zeichnen. Lieber lehre ich meinen Schülern das Zeichnen, damit sie die Natur lieben lernen, als das Anschauen der Natur, nur um das Zeichnen zu lernen«.[43] Was Ruskin hier vorschlägt, ist nicht mehr und nicht weniger als die Transformation des Zeichenunterrichts in ein Fach der Allgemeinbildung. Auch hier macht sich wie im ganzen 19. Jahrhundert, spätestens seit Pestalozzi, der Vorrang sekundärer Erziehungsziele geltend. In den *Government Schools of Design* lehrte man Genauigkeit und Handfertigkeit, in Ruskins Kursen ging es um Sehenlernen. Auch die Lehrer der Dilettanten hatten diesem Ziel vorgearbeitet, wenn sie auch vorrangig an der Abschöpfung von Bildeffekten interessiert waren. Aber es ist schon bemerkenswert, dass John Burnet seinen *Essay on the Education of the Eye with Reference to Painting* mit der Feststellung beginnt: »In a country so largely connected with manufacture as this is, we cannot but wonder why the education of the eye has not been more generally cultivated«.[44] Während bei den Konkurrenten wie Burnet vieles der Kunst abgesehen wird (»with reference to painting«), setzt Ruskin als Unterrichtsziel »to teach the looking at Nature«, doch darf man das nicht zu eng auffassen. Ruskin hat zwar Wolken, Wasser, Bäume, Blumen und Steine mit hohem wissenschaftlichem, ja religiösem Ernst studiert, denn die Natur ist ja »God's second book«, aber Ruskin hat nicht weniger Bilder, Bauten, Skulpturen, Ornamente abgezeichnet. Alles vor dem Original, »auf dem Motiv«, wie man damals sagte.

A science of aspects

Ist Zeichnen also Studium, so darf man nicht folgern, der Schüler und die Schülerin sollen sich in den flächigen Identifikationsmerkmalen z. B. einer Pflanzenart üben, wie sie das Botanik-Lehrbuch anbietet und wie sie Dickens' Mr. Gradgrind gerne gesehen hätte. Wissenschaft und Kunst sind für Ruskin Wissenschaften mit verschiedenen Aufgaben: Es gebe »a science of the aspects of things, as well as of their nature«,[45] so eine berühmte Stelle in Band 3 der *Modern Painters*.[46] »Nature« kann auch mit Essenz, Gesetzlichkeit, Faktizität übersetzt werden. Ruskin aber teilte mit Leonardo und Goethe die Ansicht, dass das Essenzielle nicht ausschließlich im Verborgenen zu finden sei.

Um zu erläutern, wie der Zeichner eine »science of aspects« betreiben kann, bietet sich, bei den

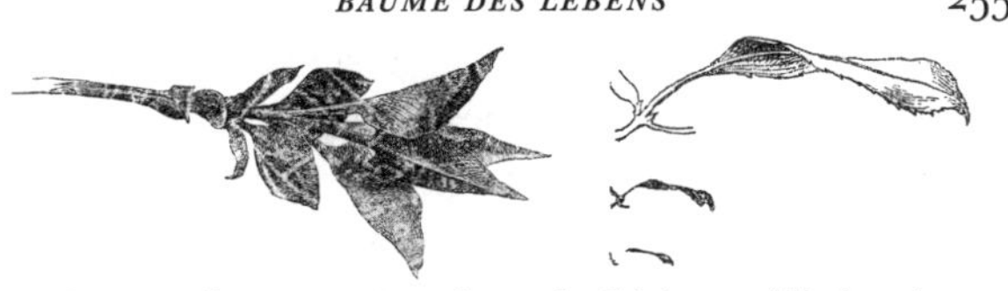

[Abb. 7, 8] Ruskin, *Grundlagen des Zeichnens*, Abb.6 und 7

Pflanzen bleibend, die auf die Übung x folgende Übungsreihe (S. 72–95) an.

Als Illustration hat sie zuerst einen Fliederast, der als scharfe Silhouette, als »flat example« auf den ersten Blick ins System der Government Schools gepasst hätte, aber dann erkennt man, dass die Flächen leben, nach Art der Übung I aus dichten Strichlagen zusammengesetzt sind und zu vibrieren scheinen. Im Sinne der »practical art« lässt sich aber daraus kein industrieverwertbares Ornament ableiten. Dass es in der Tat um anderes geht, beweisen die nächsten Illustrationen und Übungen.

Ruskins Abbildung 7 (unsere Abb. 8) dürfte ein Unikum in der Geschichte der Zeichenpädagogik sein. Sie leistet einen ersten Schritt auf dem Weg zu dem, was damals im Künstlerdeutsch »Baumschlag« hieß und Ruskin zufolge eine »confused mode of execution« verlangt. Das basiert auf der einfachen Einsicht, dass man von der Studie eines Einzelblattes im Stil von unserer Abbildung 7 nicht zum Kollektiv, zum Blatt- und Astwerk eines Baumes gelangt. Die ältere Methode schildert anschaulich Gottfried Keller in dem autobiographisch fundierten Künstlerroman *Der Grüne Heinrich*. Der Oheim, ein zeichnender Dilettant, wird als ein Spezialist im Fach Baumschlag vorgestellt: »Das Geheimnis desselben hatte er im Jahre 1780 in Dresden erlernt bei seinem verehrten Meister Zink, oder wie er ihn nannte. Es gibt, pflegte er zu sagen, zwei Klassen von Bäumen, in welche alle zerfallen, in die mit runden und die mit gezackten Blättern. Daher gibt es zwei Manieren: die gezackte Eichenmanier und die gerundete Lindenmanier! Wenn er bestrebt war, unsern jungen Damen das geläufige Schreiben dieser Manieren beizubringen, so sagte er, sie müssten sich vor allem an einen gewissen Takt gewöhnen, z. B. beim Zeichnen dieses oder jenes Baumschlages zählen: *Eins*, zwei, drei – *vier*, fünf, sechs! Das ist ja der Walzertakt! schrien die Mädchen und begannen um ihn herumzutanzen, bis er wütend aufsprang, dass ihm der Zopf wackelte!«[47] Der Grüne Heinrich leiht sich die Mappe mit den Baumstudien aus und kopiert nach Stichen des 17. und 18. Jahrhunderts.

Keller war Jahrgang 1819 wie Ruskin; sein Alter Ego hätte also auch bei Ruskins Zeichenlehrer Harding in die Schule gehen oder dessen Buch *On Drawing Trees and Nature* zu Hilfe nehmen können, eine Zeichenlehre, welche vom Baumschlag behauptet, ohne seine Beherrschung gebe es das Fach Landschaft nicht. Harding entlastet den Amateur von allzu großen Anforderungen an die imitativen Möglichkeiten der Kunst: »It is not within the reach of Art to given identical imitation of any one object, and still less of all which constitute landscape. Can the leaves of trees, and all the branches, in form and variety, be given? Impossible«.[48]

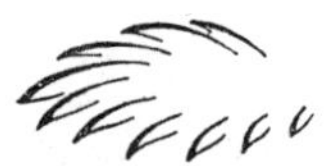

[Abb. 9] Ruskins Version von Hardings Blattmanier, *Grundlagen des Zeichnens*, Abb. 22

Da waren wir schon einmal: Wie seine Vorgänger entscheidet sich Harding für »pictorial effect« und nicht für »botanical delineation«. »[H]e [der Schüler] is not a painter of leaves in details; but deals with the masses, the common forms«.[49]

Harding bleibt, was die Blätter angeht, bei einer Zickzacklinienmanier, die man durchaus im Takt absolvieren kann, wie es die Zeichenschülerinnen im Dresden des 18. Jahrhunderts tun sollten. Auf jeden Fall sehen wir keine Blätter oder Blattstände, sondern hakenförmige Linien.

Wenn die Manier wörtlich verstanden zugespitzt wie in unserer Abbildung 9 durchgeführt wird, dann weist Ruskin nach, wie man schon auf der Mikroebene entscheidende Fehler machen kann. Es geht dabei gar nicht so sehr um die Tatsache, dass eine solche Manier das Abbild durchaus verschiedener Blattarten sein soll, es geht um den Effekt, den Feder und Stift notwendig erzeugen, wenn sie von rechts ansetzen, den Druck erhöhen, die Spitze automatisch betonen, um dann, nach der Kehre, im Rückschwung automatisch drosseln: dann wird die Blattoberseite als dunkel und die Unterseite als hell wahrgenommen und die Spitze hervorgehoben, was eher selten der Realität entspricht. Bei Ruskin heißen solche »Manieren« »signatures« und bezeichnen eine Art von Kurz-

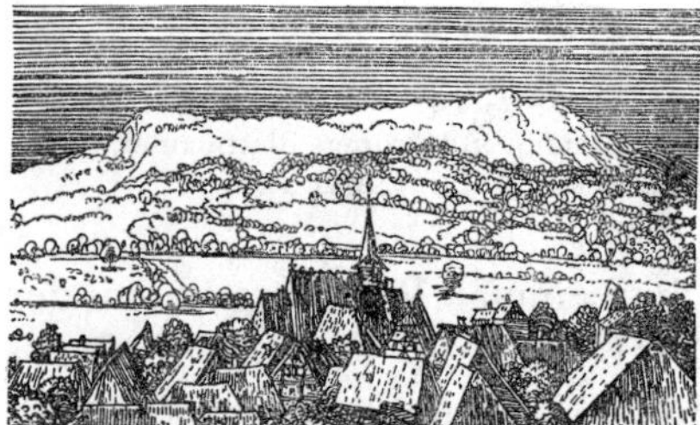

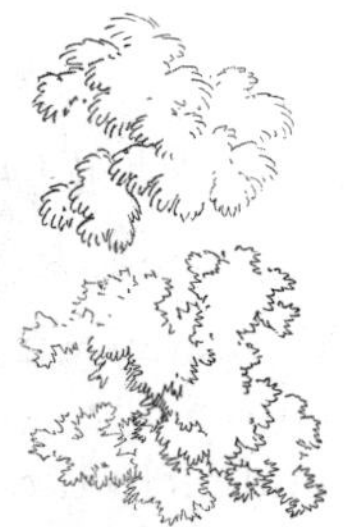

[Abb. 10, links] Ruskin, *Grundlagen des Zeichnens*, nach Dürer
[Abb. 11, rechts] J. D. Harding, Baumschlag, *On Drawing Trees*

schrift für Blattwerk oder ganze Bäume. Er lässt dergleichen zu, aber nur, wenn die Bäume in sehr großer Entfernung stehen – siehe seine Abbildung 12 (unsere Abb. 10).

Was Harding aber erreichen will, wenn er solche Signaturen wie in unserer Abbildung 9 hinzeichnet und oft bewusst nachlässig hinkritzelt, ist der Umriss einer »Masse« von Blättern wie in unserer Abbildung 11, »der in unserem Geist die Vorstellung einer Existenz von Blättern auf der weißen Fläche innerhalb dieser Umrisslinie erzeugt«.[50] Wir hatten oben die Kernaussage zitiert: Es gibt in der Realität, anders als in den Zeichnungen, keine Umrisslinien und keine Linien, die durch Strichlagen Plastizität ausdrücken. Zeichenkunst müsse diesen Grundwiderspruch überwinden, indem sie den wahrnehmenden Geist von ihm ablenke. Kurz gesagt: Die zackigen und runden Umrisslinien von unseren Abbildungen 9 und 11 sind nur dazu da, um dem Betrachter die leere Fläche zwischen ihnen als eine unendliche Fortsetzung des Blattwerks an-

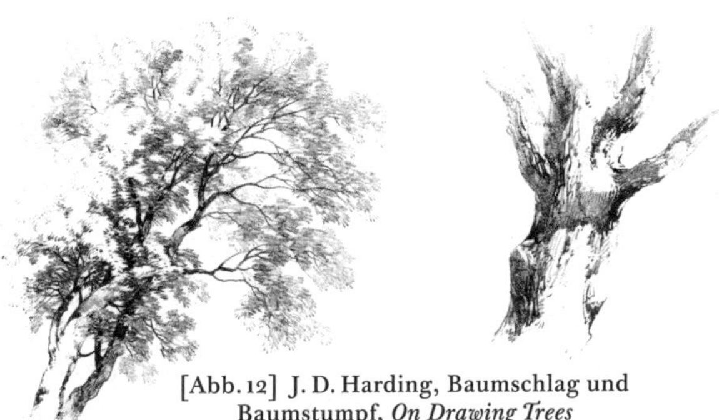

[Abb. 12] J. D. Harding, Baumschlag und Baumstumpf, *On Drawing Trees*

zubieten. Wenn man wie Harding, der das sehr gut kann, Blätter mit nur kleinen weißen Intervallen mit großen Flächen Weiß mischt, dann erhält man wie in Abbildung 11 eine sehr leichte, schimmernde, fast abhebende Baumkuppe. Ruskin hätte vielleicht von »showy work« gesprochen, er hatte noch mehr und anderes an Bäumen zu »zeigen«.

Harding aber hatte eines geleistet, das Ruskin ihm abschaute und weiterentwickelte, und das ist eine Neubewertung der Äste und Baumstämme, welche die ältere Landschaftsmalerei gerne unter den Blattmassen verschwinden ließ. Ja, Harding beutete diese Entdeckung so sehr aus, dass er oft zufrieden war mit Bildern von starken und im Sinne des Pittoresken auch mit knorzigen oder abgestorbenen Stämmen. Er darf als ein Meister der Stämme gelten, übertraf in diesem Fach die gleichzeitigen und viel berühmter gewordenen Maler im Wald von Fontainebleau.

Aber, um wieder zurückzugehen zu Ruskins Aufbau der Übung im Zeichnen von Blattwerk: auf seine Abbildungen 6 und 7 folgt Abbildung 8 (unsere Abb. 13), die gleich mehreres lehrt: 1. die charakteristische Silhouette eines Blattes (in einigen Fällen) und 2. seine vielen Ansichtigkeiten (»aspects«), abhängig vom Blickwinkel und von der Stellung der Blätter am Zweig und ihrer Bewegung durch Wind; 3. dass es mit dem einen Blatt nicht getan ist und erst recht nicht mit einer summarisch zusammenfassenden Umrisslinie, sondern dass die Blätter Familiengruppen bilden (hier jeweils drei) und dass so Figuren entstehen, die das noch einzuführende Gesetz der Wiederholung besonders stark ausdrücken, viel stärker als die manisch wirkenden Wiederholungen der Umrisslinien auf unserer Abbildung 11 nach Harding; 4. dass die Zweige sehr wichtig sind, als charakteristische Merkmale einer Spezies, aber vor allem als analoges und leichteres Pendant der Äste (Gesetz der Wiederholung), als lebendiger Widerstand gegen das Gewicht der Blätter.

Von daher kann man als erstes den entscheidenden Fehler der Baumschlagmanieren in unseren Abbildungen 9, 11 und 12 erkennen: die Blätter hängen in jeder Hinsicht in der Luft, sie sind noch nicht einmal ansatzweise mit Zweig, Ast und Stamm verbunden und damit biologisch tot. Für Ruskin, den Vertreter einer Ästhetik der »vital beauty«, der Schönheit des Lebendigen, ist das eine schwere Sünde. »Vital beauty« ist abhängig von der Realisierung von »vital truth«. Ihr Ausdruck sind die »chief lines«, die »lines of action or growth«, die Lebenslinien, in *Modern Painters* auch »curves of

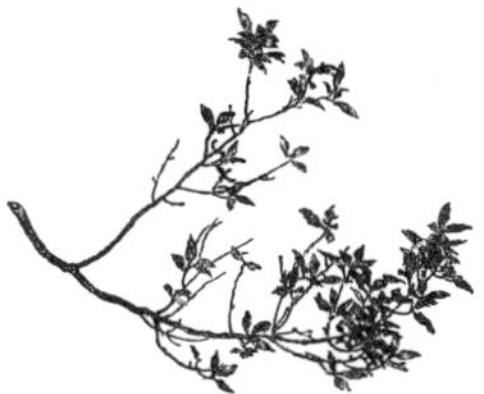

[Abb. 13] Ruskin, *Grundlagen des Zeichnens*, Abb. 8

life« genannt, »welche ihr vergangenes Leben bestimmten wie auch ihr zukünftiges bestimmen werden«.[51] Das macht die Zweige zu so signifikanten Trägern des »Gesetzes der strahlenförmigen Ausbreitung«, weil sie die vitale Energie der Pflanze von innen nach außen verlängern, und die ganze Kunst des Baumschlags besteht darin, die »ausstrahlenden«, also energiegeladenen Zweige und die »wilden« Zweige, die nicht tragend sind oder von Windenergie bestimmt werden, in ein Verhältnis zu bringen und das Laub dementsprechend zu gestalten. Was direkt zum »Gesetz der Freiheit« überleitet, das besagt, dass Erscheinen auch heißt, dass nichts gesetzmäßig rein erscheint. Alle Gesetze sind von Bedingungen abgelenkt, die das Bild fragmentieren. Und unter der Maxime »vital beauty« verstehen wir auch besser, dass Ruskin von der ersten Übung an Wert legt auf eine lebendige Faktur oder Textur – man schaue noch einmal auf unsere Abbildung 5 –, die das Gewordene, Gewachsene und Fortlebende der realen Welt zur Anschauung bringt.

Ruskin, so darf man zunächst einmal konstatieren, wurde ein Meister der Zweige, wie schon das frühe Blatt mit der Pinie (Abb. 1, S. 232) erkennen lässt. Eine solche Pinie ist es auch, welche mit Abbildung 4 (S. 37) den ersten Baum in die *Elements* einführt, und an der Pinie von Sestri entwickelt Ruskin im Übergang vom Ersten Brief zum Zweiten Brief seine Lehre der Triebe und der Zweige. Die Zeichnung zeigt noch nicht die voll entwickelte Baumschlagmanier der 1850er Jahre, aber sie bemüht sich in Ausschnitt und Detaillierung dem summarischen Baumschlag die Manier einer sorgfältigen Ausarbeitung der Aspekte entgegenzusetzen. Das Nadelwerk der Pinie lässt sich nur summarisch, massenhaft reproduzieren, und Ruskin geht an der Notwendigkeit dieser Wiedergabe nicht vorbei, auch bei Laubbäumen nicht. Für ihn entsteht so das »Geheimnis der Blätter«, ihre Erscheinung als Kollektiv, die freilich auch ihre charakteristischen Gesetzmäßigkeiten hat, was alles in der auf Übung x folgenden Übungsreihe nachzulesen ist, der gehaltvollsten von allen. Was aber die Pinien angeht, konzentriert sich Ruskin auf die Silhouette und vor allem auf die Stämme und das Astwerk, die »hard facts« sozusagen. Das Gestänge ist ihm aber zu wenig »vital beauty«, und so gibt er auch die wilden Triebe, die um den vorderen Baum nach oben sprießen. Das ist Vitalität pur und war Ruskin so wichtig, dass er dieses Detail auch in die *Elements* aufnahm (Abb. 15, S. 93). Doch damit nicht genug: links auf unserer Abbildung 1 erhebt sich ein noch zarter Laubwerksprössling, in dessen Wiedergabe Ruskin all das investiert, was er in der Folge der Übung 10 später entwickeln sollte. Hier herrschen die Zweige, und ihrem Regime gehorchen die Blätter und zeigen all ihre möglichen Ansichten: in Dunkel und Hell, als Cluster und als lehrbuchartig umrissene Figur.

I am sorry myself to leave the wood

Die Bäume sind für Ruskin Bäume der Erkenntnis. Sie betrachtend, sie zeichnend, sie lehrend entwickelt er die »Gesetze« seiner »Science of aspects«, die in ihrer Gesetzmäßigkeit immer wieder in die »Science of nature« hineinreichen. An jener Stelle seiner Lebenserinnerungen, die von den grundstürzenden Erfahrungen beim Zeichnen der Espe von Norwood handelt, heißt es – abrupt: »Not silvan only«. »Das alles stimmt nicht nur in Bezug auf die Wälder. Die Wälder, so sah ich dann später, erfüllten in ihrer Schönheit dieselben Gesetze, welche die Wolken anleiten, das Licht verteilen und die Wogen ausbalancieren«.[52] Die Themenstellung des Dritten Briefes führt erklärtermaßen woanders hin, ohne sich wirklich von den beiden anderen Briefen freimachen zu können: hier geht es um Farbe und das Malen mit Farben und um die Gesetze der Komposition. Die Abwendung von der Zeichnung und die Wendung zum Bild scheint damit vollzogen.

Der erste Teil des Briefes ist in vielen Passagen maltechnisch-ratgeberhaft und nicht so didaktisch werbend gehalten wie vor allem der Erste Brief. Für Ruskin war Farbe die höchste Gabe der Schöpfung, und sie war der Stoff, aus dem der Mensch die Welt neu erschaffen konnte, ganz gleich, zu welchen

Materialien er griff: »Gib mir etwas Schlamm von einer Straßenkreuzung, etwas Ocker aus einer Kiesgrube, ein wenig weiße Tünche und ein wenig Kohlenstaub, und ich werde dir ein leuchtendes Bild malen, wenn du mir Zeit lässt, meinen Schlamm abzustufen und meinen Staub abzudämpfen: du magst das Rot des Rubins haben, das Blau des Enzians, Schnee für das Licht und Bernstein für das Gold, und kannst doch kein leuchtendes Bild malen, wenn du die Reinheit dieser Farbenmassen ungebrochen lässt und unverändert ihre Tiefe«.[53] Wir haben eingangs darauf hingewiesen, wie Ruskin dem Arbeiten in Schwarz-Weiß so weit wie möglich die fehlende Farbe abgewinnen wollte, indem er es auf den »Ton«, die Gradation zwischen Schwarz und Weiß verpflichtete. Aber dann erkannte er auch als die eigene Leistung des Graphischen die strukturierte Wiedergabe von Textur und Faktur und konnte von da aus im Grunde viel weiter ausholen, als ihm das in dem Traktat über die Farben gelingt. Farbe ist vielleicht zu selbstevident und andererseits nur schwer zu lehren, wenn man sich nicht auf Farbreproduktionen stützen kann.

Der zweite Teil des Dritten Briefes hat die Komposition und ihre Gesetze zum Gegenstand. Dieser Teil überschreitet das Format einer praktischen Übung und gilt der Herstellung eines kompletten Bildes, womit der Autor dem Verlangen der Dilettanten und Künstler nach dem fertigen Werk nachgibt. Wie beim Thema Farbe ist die Beweisführung behindert durch die Tatsache, dass Ruskin keine großen Werkbeispiele reproduzieren kann und sich nur mit Skizzen behilft. William Turner, sein großes Vorbild, hatte eine Auswahl seiner Werke, das *Liber Studiorum*, zwar mit Halbton-Reproduktionen veröffentlicht, und Ruskin selbst hatte bei seinen *Stones of Venice* nicht auf farbige Abbildungen verzichtet, aber die *Elements* waren für ein breiteres Publikum bestimmt und kostengünstiger herzustellen. Jetzt also verlagert sich die Aufgabe des Sehenlernens darauf, »to appreciate the art of others«, die Kompositionsgesetze am Werk der Meister zu studieren, die aber ihrerseits nur die besten Kenner der Naturgesetze waren. Ruskin erklärt zwar Komposition für unlehrbar, schreitet darauf aber sofort mit der für ihn typischen paradoxen Wendung zur Aufstellung von neun Gesetzen, die unter folgenden Grundbegriffen firmieren: Vorrang, Wiederholung, Kontinuität, Kurvatur, strahlenförmige Ausbreitung, Kontrast, Wechsel, Kohärenz, Harmonie. Man erkennt sogleich, dass dies eine ziemlich heterogene Liste ist. Unterstrichen sei zuerst, dass die Harmonie, das traditionelle Ideal der älteren Ästhetik, nur eine Position unter neun solcher Grundgesetze einnimmt. Und als letzte ist sie keinesfalls Ziel und Höhepunkt.

Es darf dann nicht verwundern, dass die Gesetze, die schon im Ersten und Zweiten Brief abgeleitet wurden, Gesetze wie Wiederholung, Fortsetzung und strahlenförmige Ausbreitung, aber auch das neue Prinzip der Kurvatur am überzeugendsten dargelegt und illustriert werden. Besonders auffällig ist hier die Behandlung des Stichworts strahlenförmige Ausbreitung, das Ruskin noch einmal zu einer noch tiefer gehenden Abhandlung über das Verhältnis von Stamm, Ast, Zweig und Blatt[54] verleitet als im Ersten Brief, ein Unterkapitel, das ein Schmuckstück wäre in einer naturkundlichen Phänomenologie, aber nur ganz schwer in eine Kompositionslehre zu überführen ist. »Well, I am sorry myself to leave the wood«,[55] ruft der Autor aus, als er sich zwingen will, letzteres doch zu tun, und es dann wieder nicht schafft.

»Als erstes gilt es demnach das regierende organische Gesetz zu befolgen«[56] – das ist für den Gesetzgeber Ruskin das Gesetz aller Gesetze und die Quelle vieler daraus abgeleiteter ästhetischer Maximen: *Nature rules*. Ganz zu Anfang hatten wir zitiert, welche Erfahrung der junge Ruskin im Wald von Fontainebleau machte, als er die Espe zeichnete: »Mit immer steigender Bewunderung sah ich, daß sie [die Linien der Espe] sich nach feineren Gesetzen ›komponierten‹, als sie Menschen bewußt sind«. Im Grunde ist das Ruskins oberstes Paradox als Lehrer: Der zu zeichnende Gegenstand komponiert sich selbst, muss es auch, weil seine Gesetze zu fein sind für menschliches Begreifen. Aber Zeichnen hilft, erkennendes Zeichnen.

Editorische Notiz

Die deutsche Übersetzung folgt der Ausgabe *The Elements of Drawing. In Three Letters to Beginners*, hrsg. von E.T. Cook und Alexander Wedderburn in Band 15 der Library Edition *The Works of John Ruskin*, George Allen: London 1904. Die Abbildungen 1–37 – allesamt Holzschnitte nach Zeichnungen von John Ruskin – wurden von dieser Ausgabe übernommen.

Die Unterteilung des Textes in Paragrafen (in den englischen Ausgaben von der 4. Aufl. (1892) an zu finden) wurde in der deutschen Ausgabe nicht übernommen.

Die Marginalien im Text sind Originalanmerkungen von Ruskin. Endnoten wurden von den Herausgebern der englischen oder vom Übersetzer der deutschen Ausgabe hinzugefügt. Es handelt sich meist um Zitat- oder Bildnachweise. In der deutschen Ausgabe wurde Wert darauf gelegt, dass die von Ruskin erwähnten Bildbeispiele unter dem jeweils angeführten Titel über das Internet auffindbar sind.

Kleinere Textkürzungen wurden vorgenommen mit dem Blick auf diejenige oder denjenigen, die oder der sich heute unter Ruskins Anleitung im Zeichnen und in der Betrachtung von Natur und

Kunst üben möchte. So wurden etwa Hinweise auf zeitgenössische Illustrationsbeispiele gestrichen, die zu Ruskins Zeiten allgegenwärtig waren, aber heute nur noch von historischem Interesse sind. Behutsam kürzend eingegriffen wurde auch, wo Ruskin bei bestimmten Lieblingsthemen zu emphatischer Überausführlichkeit tendiert. Nicht aufgenommen wurden die beiden Anhänge mit zusätzlichen Anmerkungen und Kunstbeispielen, die den *Elements of Drawing* von der 2. Auflage an beigegeben waren, sowie das Vorwort zur 2. Auflage. Alle Kürzungen im Haupttext wurden markiert.

Durch die Textkürzungen ergeben sich geringfügige Abweichungen zwischen den Abbildungsnummern (Abb.) in der deutschen und den Abbildungsnummern (Fig.) in der englischen Ausgabe: Abb. 1–11: Fig. 1–11; Abb. 12–31: Fig. 13–32; Abb. 32–38: Fig. 34–40.

Inhalt

1 Vgl. Nachwort, S. 233.

2 SHAKESPEARE, *Heinrich V.*, Akt 5, Szene 2.

3 Vgl. GIORGIO VASARI, *Lebensbeschreibungen der berühmtesten Maler, Bildhauer und Architekten.*

4 Alle angegebenen Stiche (Ausnahme siehe Endnote 5) sind auf der Website der Tate Britain (www.tate.org.uk) zu finden, wenn man unter dem Bildtitel, »Turner« und »Engraving« sucht.

5 Siehe unter ruskin.ashmolean.org.

6 Für alle Stiche aus SAMUEL ROGERS, *Italy: a poem.* London 1830 siehe unter www.tate.org.uk. Suchbegriffe »Turner« und »Engraving« sowie »St Maurice« (S. 9) bzw. »Festa di Ballo« (S. 25).

7 Hintergrunddetail von Dürers Radierung *Landschaft mit Kanone.*

8 Siehe unter www.tate.org.uk. Suchbegriffe »Turner« und »View on the Seine between Mantes and Vernon«.

9 Vgl. dazu Nachwort von Wolfgang Kemp, S. 254f.

10 *The Pass of Faido* siehe unter britishmuseum.org, collection online. Suchbegriffe »Ruskin« und »Pass of Faido«.

11 *Supper at Emmaus.*

12 SHAKESPEARE, *Die beiden Edelleute von Verona*, Akt II, 5. Szene.

13 VINCENZO BELLINI, *La sonnambula*, 2. Akt, Szene 4, »Ah! Perché non posso«.

14 WOLFGANG AMADEUS MOZART, *Don Giovanni*, 2. Akt, Szene 3, »Horch auf den Klang der Zither«.

15 *Pala Pesaro* in der Frari-Kirche in Venedig.

16 Das sogenannte Claude-Glas, benannt nach Claude Lorrain, ist ein kleiner konvexer Spiegel, der mit farbigen Gläsern abgetönt werden kann; Sujet für die Malerei war die im Claude-Glas gespiegelte Landschaft.

17 Vgl. SHAKESPEARE, *Ein Sommernachtstraum*, 4. Akt, 1. Szene.

18 Siehe unter www.tate.org.uk. Suchbegriffe »Turner« und »Lancaster Sands«.

19 JOHN RUSKIN, *Praeterita*, in: *The Works of John Ruskin*, hrsg. von Edward T. Cook und Alexander Wedderburn, London 1903–1912, Bd. 35, S. 313. Im Folgenden wird nach dieser Ausgabe, der sogen. Library Edition, zitiert.

20 PETER H. WALTON, *The Drawings of John Ruskin,* Oxford 1972.

21 JOHN RUSKIN, *Letters*, Library Edition Bd. 36, S. 131. Zu Ruskin-Zitaten in deutscher Übersetzung, die nicht der vorliegenden Ausgabe entnommen sind, vgl.: WOLFGANG KEMP, *John Ruskin. 1819–1900.* Leben und Werk, München 1984, S. 454.

22 Siehe hierzu STUART MACDONALD, *The History and Philosophy of Art Education*, London 1970, und WOLFGANG KEMP, *»... einen wahrhaft bildenden Zeichenunterricht überall einzuführen«. Zeichnen und Zeichenunterricht der Laien 1500–1870*, Frankfurt am Main 1979.

23 *Grundlagen des Zeichnens*, S. 11.

24 CHARLES DICKENS, *Hard Times,* Kapitel zwei.

25 PHILIP COLLINS, *Charles Dickens and Education,* London 1963, S. 156ff.

26 WOLFGANG KEMP, *»... einen wahrhaft bildenden Zeichenunterricht überall einzuführen«*, S. 217.

27 Library Edition Bd. 16, S. XXXVIII.

28 *Grundlagen des Zeichnens*, S. 106.

29 *Elements of Drawing*, S. 16.

30 Library Edition, Bd. 15, nach S. 462, Taf. X.

31 MARY GARTSIDE, *Essay on Light and Shade, on Colours and on Composition in General,* London 1805, S. 7.

32 Siehe unter www.tate.org.uk. Suchbegriffe »Turner« und »Reflections and Refractions in a Transparent Globe«. Freundlicher Hinweis Monika Wagner.

33 *Grundlagen des Zeichnens*, S. 9.

34 JAMES DUFFIELD HARDING, *On Drawing Trees and Nature,* London o. J., S. 42. Das Buch liegt zwar seit 2005 in einem modernen Reprint vor, ist aber im Original nicht im Katalog der British Library aufgeführt und dürfte in den 1840er Jahren herausgekommen sein.

35 *Grundlagen des Zeichnens*, S. 22.

36 *Grundlagen des Zeichnens*, S. 9.

37 *Grundlagen des Zeichnens*, S. 17.

38 *Grundlagen des Zeichnens*, S. 25.

39 Zitiert nach WOLFGANG KEMP, *»... einen wahrhaft bildenden Zeichenunterricht überall einzuführen«*, S. 315.

40 Die Konkurrenten Ruskins auf dem Gebiet des Zeichenunterrichts für Dilettanten, vor allem die wirkungsästhetisch ausgerichteten sind erschließbar über arthistoricum.net, Suchbegriffe »Turner«, »Hugo«, »Moreau«. Ich verdanke Mira von Plato wichtige Hinweise.

41 JOHN RUSKIN, *Praeterita,* in: Library Edition, Bd. 35, S. 315.

42 JOHN RUSKIN, *The Pre-Raphaelites,* in: Library Edition, Bd. 12, S. 157.

43 *Grundlagen des Zeichnens,* S. 7.

44 JOHN BURNET, *An Essay on the Education of the Eye with Reference to Painting,* 1837, S. 1.

45 JOHN RUSKIN, *Modern Painters,* Library Edition, Bd. 5, S. 387.

46 Als Einführung in *Modern Painters:* WOLFGANG KEMP, *John Ruskin. Leben und Werk 1819 bis 1900,* München 1983, Kap. 2 und 4.

47 GOTTFRIED KELLER, *Der Grüne Heinrich.* Erste Fassung, Kap. 12.

48 J. D. HARDING, *The Principles and Practice of Art,* London 1845, S. 17.

49 J. D. HARDING, *On Drawing Trees and Nature,* London o. J., S. 41.

50 Ebda., S. 47.

51 *Grundlagen des Zeichnens,* S. 99.

52 JOHN RUSKIN, *Praeterita,* in: Library Edition, Bd. 35, S. 315.

53 *Grundlagen des Zeichnens,* S. 170.

54 *Elements of Drawing,* S. 181–188.

55 *Elements of Drawing,* S. 188.

56 *Grundlagen des Zeichnens,* S. 128.

IMPRESSUM

ISBN 978-3-87162-101-7
2. Auflage 2020
© 2019, Dieterich'sche Verlagsbuchhandlung, Mainz
Gesetzt aus der Baskerville Original
Satz und Reihenkonzept:
de Jong Typografie, Essen
Druck: *Memminger MedienCentrum* AG
Bindung: Josef Spinner Großbuchbinderei GmbH
Gedruckt auf säurefreiem und
alterungsbeständigem Papier

Bibliographische Information der Deutschen Nationalbibliothek: Die Deutsche Nationalbibliothek verzeichnet diese Publikation in der Deutschen Nationalbibliographie: detaillierte bibliographische Daten sind im Internet unter http://dnb.d-nb.de abrufbar.

Abbildungsnachweis S. 232: John Ruskin, Stone Pines at Sestri, Gulf of Genoa, 30 April 1845. Image © Ashmolean Museum, University of Oxford. Abbildungsnachweis S. 4, 14, 96, 148: Kupferstiche nach Zeichungen von William Turner, aus: SAMUEL ROGERS, *Italy: a poem.* London 1836.

www.dvb-mainz.de